古典文獻研究輯刊

二三編

潘美月・杜潔祥 主編

第 17 冊

元曲釋詞（增訂版）（七）

王學奇、王靜竹 著

國家圖書館出版品預行編目資料

元曲釋詞（增訂版）（七）／王學奇、王靜竹 著 -- 初版 --
新北市：花木蘭文化出版社，2016〔民105〕
目 24+278 面；19×26 公分
（古典文獻研究輯刊 二三編：第 17 冊）
ISBN 978-986-404-856-4（精裝）
1. 元曲 2. 曲評
011.08   105015206

ISBN-978-986-404-856-4

9 789864 048564

古典文獻研究輯刊
二三編　第十七冊　　　　　　　ISBN：978-986-404-856-4

元曲釋詞（增訂版）（七）

作　　者　王學奇、王靜竹
主　　編　潘美月　杜潔祥
總 編 輯　杜潔祥
副總編輯　楊嘉樂
編　　輯　許郁翎、王筑　美術編輯　陳逸婷
企劃出版　北京大學文化資源研究中心
出　　版　花木蘭文化出版社
社　　長　高小娟
聯絡地址　235 新北市中和區中安街七二號十三樓
　　　　　電話：02-2923-1455／傳眞：02-2923-1452
網　　址　http://www.huamulan.tw 信箱 hml 810518@gmail.com
印　　刷　普羅文化出版廣告事業
初　　版　2016 年 9 月
全書字數　1182776 字
定　　價　二三編 21 冊（精裝）新台幣 40,000 元

元曲釋詞（增訂版）（七）

王學奇、王靜竹　著

目次

wu

X

xi

xie

元曲釋詞（增訂版・七）

王學奇　王靜竹著

搲（wā）

《陳州糶米》一【油葫蘆】白：「我量與你米，打個雞窩，再搲了些。」

同劇同折【天下樂】白：「這米還尖，再搲了些者！」

搲，挖字的異體，以手探穴之謂。明・張岱《陶庵夢憶》卷五「爐峰月」條：「余挾二樵子，從壑底搲而上。」「搲而上」之搲，同此意。《元曲選》音釋：「搲音娃。」

瓦市
瓦子

《虎頭牌》二【月兒彎】：「伴著火潑男也那潑女，茶房也那酒肆，在那瓦市裏穿。」

《百花亭》三、白：「纔離瓦市，恰出茶房，迅指轉過翠紅鄉。」

宋、元時代妓院、茶樓、酒館、卦鋪、游戲場、賭博場等集中的場所，叫做瓦市或瓦子。關於兩宋瓦市的盛況，宋・孟元老《東京夢華錄》卷二「東角樓街巷」條云：「街南桑家瓦子，近北則中瓦，次裏瓦。其中大小勾欄五十餘座。內中瓦子、蓮花棚、牡丹棚、裏瓦子、夜叉棚、象棚最大，可容數千人。自丁仙現、王團子、張其聖輩，後來可有人於此作場。瓦中多有貨藥、賣卦、喝故衣、探搏、飲食、剃剪、紙畫、令曲之類。」周密《武林舊事》卷六「瓦子勾欄」條，記有「南瓦（清冷橋熙春樓）、中瓦（三元樓）、大瓦

（三橋街，亦名『上瓦』）、北瓦（眾安街『下瓦』）、蒲橋瓦（亦名『東瓦』）、便門瓦（便門外）、候潮門瓦（候潮門外）、小堰門瓦（小堰門前。宋刻『門外』）、新門瓦（亦名『四通館瓦』）、薦橋門瓦（薦橋門前。宋刻『門外』）、菜市門瓦（菜市門外）、錢湖門瓦（省馬院前）、赤山瓦（後軍寨前）、行春橋瓦、北部瓦（又名大通店）、米市橋瓦、舊瓦（石板頭）、嘉會門瓦（嘉會門外）、北關門瓦（又名新瓦）、艮山門瓦（艮山門外）、羊坊橋瓦、王家橋瓦、龍山瓦。」所以名「瓦市」或「瓦子」者，蓋取「聚則瓦合、散則瓦解」之義。今杭州瓦子巷，是其遺迹。

其見於小說者，如：《水滸》第六十六回：「又撞見杜遷、宋萬兩個從瓦子裏走將出來。」《警世通言·福祿壽三星度世》：「當下把些錢，同顧一郎去南瓦子內，尋得卦鋪。」《二刻拍案驚奇·宋公明鬧元宵雜劇、八》：「從此小街進去，便是李家瓦子了。」《西湖二集·巧妓佐夫成名》：「一時瓦子、勾闌之盛，殆不可言。」皆是。

瓦鉢（wǎ bō）

《五侯宴》三、白：「秋收已罷，賽社迎神，開筵在葫蘆棚下，酒釀在瓦鉢磁盆。」

《生金閣》三【牧羊關】：「止不過瓦鉢內斟村釀，那裏有金盞內泛羊羔？」

《七里灘》三【三】：「休將閑事爭提，莫將席面冷，磁甌瓦鉢似南陽興。」

《梨園樂府》中盧摯小令【蟾宮曲·箕山感懷】：「五柳莊甕瓦鉢，七里灘雨笠煙簑。」

僧人盛飯器具曰鉢，古作盋。宋·程大昌《演繁露》：「盋，音撥，今僧家名其食器為鉢，則中國古有此名，而佛徒用之。」瓦鉢，陶製之鉢。鉢，梵語「鉢多羅」的省稱。《三國志平話》卷上：「放下酒壺、瓦鉢」，亦其例。

瓦糧

《度柳翠》四【雙調新水令】白：「長老，師父問我時，說我化瓦糧去了也。」

《㲃江亭》二、白：「俺員外化瓦糧來了也。」

《智度論偈》云：「汝已剃頭著染衣，執持瓦器行乞食。」「執持瓦器行乞食」，意即手執瓦鉢化「道糧」，謂之瓦糧。元‧鄧玉賓散套【中呂粉蝶兒】：「化下道糧，賷下茱疏，蒲團閒靠，則待倚南窗和世人相傲」句，可互參。

元明間無名氏雜劇《破風詩》三【滾繡毬】：「〔白侍郎云：〕你這寺內，怎生僧人稀少？〔正末云：〕山下化瓦糧去了。」亦其例。

瓦懺
瓦查

《劉知遠諸宮調》十一【仙呂調‧相思會】：「為做一片瓦懺，盛著些殘羹粥。」

《盆兒鬼》四【醉高歌】：「俺只待提起來望這街直下，摔碎你做幾片零星瓦查。」

瓦懺，即瓦查。今北方人呼碎瓦片曰瓦查或瓦碴兒。懺、查，雙聲通用。

歪纏
歪廝纏

《東坡夢》二【南呂一枝花】：「那蘇子瞻一謎裏歪纏，更和著白牡丹有千般標致。」

《張天師》楔、白：「不要歪廝纏，衙裏久等著哩。」

《老君堂》楔、白：「論文一口氣直念到蔣沈韓楊，論武調隊子歪纏到底。」

《舉案齊眉》三【鬼三臺】：「去波，你歪纏些怎的？」

《延安府》三【醉春風】白：「你不要歪纏，我不曾惹下事。」

歪纏，一作歪廝纏，謂無理糾纏。《喻世明言‧蔣興哥重會珍珠衫》：「老身沒有許多空閒，與你歪纏。」《桃花扇‧守樓》：「田家親事，久已回斷，如何又來歪纏？」《石點頭》第七回：「氣惱不過，偏要與這夢鰍歪廝纏，弄他個不利市。」皆其例。此語現在還沿用。

歪剌骨

歪剌

《竇娥冤》一【賺煞】白：「這歪剌骨，便是黃花女兒，剛剛扯的一把，也不消這等使性，平空推了我一交，我肯乾罷！」

《救風塵》一【幺篇】白：「這歪剌骨好歹嘴也！我已成了事，不索央你。」

《城南柳》三【煞尾】：「這歪剌骨無禮，我偌遠趕來尋你，你不回去，只戀著那先生，是甚麼緣故？」

《鴛鴦被》三、白：「這個歪剌骨，我千央及，萬央及，休說道是你，便是那劉道姑，他也肯了。」

《貨郎旦》二【雁兒落】白：「難道你不聽得？任憑這老乞婆、臭歪剌罵我哩。」

歪剌骨，省作歪剌，為舊時辱罵婦女的話，含有潑辣、臭肉、不正派等意；現代方言中仍有此語。或作「歪臘骨」，如明‧無名氏雜劇《南牢記》三折：「歪臘骨，你這等纏漢子，不識羞！」或作「瓦剌姑」，如明‧湯顯祖《牡丹亭》三十【尾聲】白：「一天好事，兩個瓦剌姑。掃興，掃興。」或作捱剌骨，如《金瓶梅》第十一回：「好賊捱剌骨！」或作「歪剌貨」，如《今古奇觀‧趙縣君喬送黃柑子》：「如今你心愛的縣君，不知是那一家的歪剌貨？」或作「歪臘」，如明‧無名氏《南牢記》三折：「誰是歪臘？你是歪臘！」按：上面所舉歪臘骨、瓦剌姑、捱剌骨、歪剌貨、歪臘，與「歪剌骨」義並同。明‧周祈《名義考》：「呱（quā）拉，俗謂一呱拉。呱拉姑，猶言不正之婦也。洪容齋《俗考》：「瓦剌虜人最醜惡，故俗詆婦女之不正者曰瓦剌國。《儂雅》：今俗轉其音曰歪剌貨。」按上舉歪剌骨、瓦剌姑等辭，即呱拉姑、瓦剌國的音轉。

外

外末　外旦　外孤　外淨

《漁樵記》一：「〔正末扮朱買臣同外扮楊孝先上。〕」

《賺蒯通》二：「〔外扮隨何上，詩云：〕曾為君王使九江，立教英布早歸降，漢朝若問能言士，只有隨何一個更無雙。」

《謝金吾》二：「〔外扮焦贊上，詩云：〕鎮守三關爲好漢，殺的番兵沒逃竄，軍前陣後敢當先，則我是虎頭魚眼焦光贊。」

《拜月亭》一【金盞兒】：「〔外末與正末廝認住了。〕」

《救風塵》一：「〔卜兒同外旦上。〕」

《曲江池》一：「〔淨同外旦上。〕」

《調風月》二：「〔外孤一折〕」

同劇四：「〔老孤、外孤上。〕」

《慶朔堂》二【小梁州】：「〔外淨跪下云：〕」

　　外，爲元劇外末、外旦、外孤、外淨的省稱，是正角以外的次要腳色。王國維《古劇腳色考》云：「外則或扮男，或扮女，外末、外旦之省爲外，猶貼旦之後省爲貼也。」又云：「曰外，曰貼，均係一義，謂於正色之外，又加某色以充之也。」外作爲腳色出現，始見於戲文《張協狀元》，在該戲中外既扮張協之父，又扮勝花女子之母，所扮對象不分男女。但到明代，就專指扮演男子者曰外，扮演女子者爲貼；而且在明清傳奇和一些地方劇種中，外逐漸成爲專演老年男子的腳色。

外呈

《降桑椹》一：「〔外呈答云：〕得也麼，看這廝！」

同劇同折：「〔興兒云：〕我不敢說謊，我要說謊，就是老鼠養的。〔外呈答云：〕得也麼，潑說！」

《獨角牛》二【尾聲】：「〔外呈答云：〕好唱也！好唱也！〔折折驢云：〕隨邪的弟子孩兒，那裏唱的好？」

　　外呈，指劇外腳色。元雜劇的表演，除腳色出場外，其餘人也都排立在場後，輪到表演時，便出至場中說唱，猶今北人之秧歌劇，每一齣的演員，雖不過一二人，其餘的人，卻仍參加走旋。（《太平樂府》卷九高安道散套【哨遍·淡行院】：「喝破子把腔兒莽誕。」所云「唱破子」，或亦「外呈」之意。）

外郎

《救孝子》二【倘秀才】：「官人休發怒，外郎你莫生嗔，且聽咱從長議論。」

《勘頭巾》二、詩云：「官人清似水，外郎白如麵；水麵打一和，糊塗成一片。」

同劇同折、白：「他口裏必律不剌說了半日，我不省的一句，張千，與我請外郎來！」

《灰闌記》二【逍遙樂】白：「這婦人會說話，想是個久慣打官司的；口裏必不剌的說上許多，我一些也不懂的，也去請外郎出來。」

《陳州糶米》四、白：「今日包待制大夫陞廳坐衙，外郎，你與我將各項文卷打點停當，等僉押者。〔外郎云：〕你與我這文卷，教我打點停當，我又不識字，我那裏曉的？〔州官云：〕好，打這廝！你不識字可怎麼做外郎那？〔外郎云：〕你不知道，我是催將來的頂缸外郎。」

外郎，官名。漢代中郎將分掌三署，有議郎、中郎、郎中，其餘的散郎叫做外郎，是一種佐吏、書吏。《漢書・惠帝紀》：「謁者、執楯、執戟、武士、騶比外郎。」蘇林注云：「外郎，散郎也。」唐・杜佑《通典・職官・武官下》：「漢中郎將分掌三署，郎有議郎、中郎、侍郎、郎中凡四等，皆秦官，無定員，多至千餘人，皆掌門戶，出充車騎，其散郎謂之外郎。」借官名以尊稱人，是宋、元人的種習尚。明・陸容《菽園雜記》卷二云：「吏人稱外郎者，古有中郎、外郎，皆臺省官，故僭稱以尊之。醫人稱郎中，鑷工稱待詔，磨工稱博士，師巫稱太保，茶酒稱院使，皆然。此元時舊習也。」唐代亦有此名，如《唐闕史》卷下「賤買古畫馬」條：「請以所虧價書罪，外郎不能決。」唐代習稱六部各司的郎中為正郎，員外郎為外郎。元代，則習稱衙門中的佐吏等為外郎。

彎犇

灣犇　頑犇

《三戰呂布》一、白：「戰馬彎犇出大營，旌旗招展統雄兵。」

同劇同折、白：「征人奮勇，戰馬彎犇，有似那飛雲流水，四下裏
大兵滾滾的圍將上來也。」

《襄陽會》二【紫花兒序】：「則願的馴良純善，怕的是踢跳灣犇。」

《老君堂》三【喜遷鶯】白：「好相持也！六員將頓劍搖環，六匹馬
踢跳彎犇。」

輯佚《神龍殿犖巴嘆酒》【南呂一枝花】：「火騾子跳踢彎犇，火猢
猻摻交上竿。」

《樂府群珠》卷二失注【南呂小令・題情】：「敗殘軍受魔陣，德（得）
勝將馬頑犇。」

彎犇，一作灣犇、頑犇，狀戰馬奔突之勢。犇，爲奔的異體字。但在元、
明戲曲中，讀如歡。元明間無名氏雜劇《定時捉將》三折：「撞陣馬踢跳彎犇，
三員將似虎離山。」《單刀劈四冦》四折：「則見那戰馬彎犇，威風越顯。」《衣
錦還鄉》二折：「憑著俺戰馬彎犇，軍兵踴躍，撞重圍攔住。」皆其例。

蹲跧（wān quán）

彎跧

《殺狗勸夫》二【滾繡毬】：「兀的般滿身風雪蹲跧臥。」

《岳陽樓》二【菩薩梁州】：「打的我死狗兒彎跧。」

《太平樂府》卷二貫酸齋小令【清江引・知足】：「閑來偃臥歌，醉
後蹲跧臥。」

同書卷七關漢卿散套【青杏子・離情】：「華胥一枕蹲跧覺。」

蹲跧，一作彎跧，蜷（quán）伏貌。宋・范成大《驂鸞錄》：「九日大雨，
連日小舟跧彎病倦」，是倒用彎跧的例子。又如戲文《張協狀元》一【犯思
園】：「蹲跧何處過今宵」，皆是。或又作攣拳、灣轉，如明・無名氏《白兔
記》十六【綿搭絮】：「每夜攣拳獨睡。」成化本十七齣作「每日彎轉獨睡。」
按：蹲、攣二字，均不見字書，俗書求偏傍整齊，增「足」作「蹲」，加「手」
作「攣」，與「囘耐」作「㘞耐」同例。拳、跧音義俱近；跧、拳，一聲之
轉，故可互用。

引申上義，爲艱難險阻，如明・柯丹丘《荊釵記》三十七【月上海棠】：
「程途趲，拚擔些巇嶮，受此蹲跧。」蹲跧、巇嶮互文見意，可證。

完體將軍

《介子推》四【調笑令】：「封官時宰相每苦議論，則封個完體將軍。」

《東堂老》四【殿前歡】：「他去那麗春園納了那顆爭鋒印，你休鬧波完體將軍。」

完體將軍，指三國時魏國的大將夏侯惇。他的左眼在戰爭中被射瞎，軍隊裏稱他爲「盲夏侯」（見《三國志·魏書·夏侯惇傳》裴注引《魏略》）。後來在《三國志演義》裏，禰衡譏稱他是「完體將軍」（見二十三回《禰正平裸衣罵賊》）。劇中借用，蓋寓無目之義。現在揚州諺語，說人下作、沒出息、作事不漂亮，通稱爲「夏侯惇」。

頑涎（wán xián）（兒）

《金線池》二【三煞】：「頑涎兒卻依舊，我沒福和你那鶯燕蜂蝶爲四友，甘分做跌了彈的斑鳩。」

同劇四【梅花酒】：「憶分離自去年，爭些兒打散文鴛，折破芳蓮，咽斷頑涎。」

《黑旋風》一【耍孩兒】：「那廝鼻中殘涕望著我這耳根邊噴，那廝口內頑涎望著我面上零。」

《玉壺春》一【么篇】：「但得他舌尖上甜唾，纔止住這口角頭頑涎。」

《兩世姻緣》一【鵲踏枝】：「他見我舞蹁躚，看的做玉嬋娟；抹一塊鼻凹裏沙糖，流兩行口角底頑涎。」

《金錢記》二【叨叨令】：「誰待要頑涎醉倒瓊林宴，我則怕鴛鴦不鎖黃金殿。」

頑涎（兒），現在口語叫做頑皮涎臉。涎，即唾液、口水。杜甫《飲中八仙歌》：「道逢麯車口流涎」，是也。頑，貪婪之意。故頑涎，就是饞水，北語曰哈剌子，常用來比喻羨慕，死皮賴臉，非欲得之不可的情狀。《元曲選》音釋：「涎，徐煎切。」兒，爲詞尾。

綰（wǎn）角兒

《望江亭》二【普天樂】：「新的是半路裏姻眷，舊的是綰角兒夫妻。」

《任風子》二【滾繡毬】：「你莫不和馬丹陽是綰角兒妻夫？」

《氣英布》二【梁州第七】：「隨何也，喒是你綰角兒弟咱，怎生來漢王不把喒欽敬？」

《神奴兒》四【鴈兒落】：「俺是綰角兒夫妻。」

綰，打結之謂。如綰個扣，把頭髮綰起來，即此意也。角，髻也。《禮‧內則》：「剪髮爲鬌（duǒ），男角女羈。」綰角，猶總角，小兒束髮於頭，標誌男女未及冠笄（未成年）的打扮。綰角夫妻，即結髮夫妻；綰角弟兒，即幼年之交。綰，一作綄，音義同，如《警世通言‧萬秀娘仇報山亭兒》：「自從小時綄著角兒，便在萬員外家掉盞子。」

萬福

《董西廂》卷一【正宮調‧尾】：「聽啞的門開瞬目覷，見箇女孩兒深深地道萬福。」

《生金閣》二【小桃紅】：「〔正旦上，云：〕此間是他臥房門首。〔做入見旦兒科，云：〕姐姐，萬福。〔旦兒云：〕嬢嬢，萬福。」

《瀟湘雨》一【混江龍】：「〔孛老云：〕翠鸞孩兒，你過來把體面與哥哥相見者。〔正旦做見科，云：〕哥哥，萬福。」

《秋胡戲妻》三【滿庭芳】：「我慌還一個壯家萬福。」

唐、宋時婦女相見行禮，爲表達祝願，口稱萬福，類乎男子相揖時口稱唱喏。一般祝人健康，亦稱萬福，如唐‧韓愈《與孟尚書書》：「眠食何似，伏惟萬福。」敦煌變文《維摩詰經菩薩品變文甲》：「不審維摩尊體萬福。」皆是。宋‧羅大經《鶴林玉露》：「陸象山每日晨興，家長率子弟聚揖於廳，婦女道萬福於堂；暮安置亦如之。」一般用萬福作爲婦女行禮的代稱。《京本通俗小說‧錯斬崔寧》：「小娘子還了萬福道：『是奴家要住爹娘家去，因走不上，權歇在此。』」

尪羸（wāng lěi）

尫羸　尩羸

《薛仁貴》二【商調集賢賓】：「折倒的我來瘦懨懨，身子尪羸。」

《董西廂》卷五【中呂調・古輪臺】：「張兄病體尪羸，已成消瘦，不久將亡。」

《降桑椹》二、白：「爭奈老身年紀高大，肌體尪羸，我那裏躭的這般病證？」

《盆兒鬼》三【越調鬪鵪鶉】：「可憐俺斑白頭毛，尪羸的這瘦體。」

《飛刀對箭》四【甜水令】：「我則見他便老弱尪羸，腰屈頭低，霜髯雪鬢。」

《碧桃花》二【紅繡鞋】：「我見他黃甘甘容顏憔悴，更那堪骨體尪羸。」

《樂府群珠》卷三盧疎齋小令【折桂令・勸世】：「七十年間，十歲頑童，十歲尪羸，五十歲平分晝黑。」

《太平樂府》卷八王仲元散套【粉蝶兒・集曲名題秋怨】：「折倒的風流體尪羸，紅衫兒寬褪，翠裙腰難繫。」

尪羸，瘦弱；或作尫羸、尩羸。或又作尪羸，如《清平山堂話本・風月相思》：「尪羸減，玉香消，誰與訴衷腸？」或又作尨羸，如《新編五代晉史平話》卷上：「病勢日增，弱不勝衣，尨羸愈甚。」按：尪、尫、尨，用字異體，音汪。本作尩，通作尫，俗作尪；意爲羸弱。羸（yíng）、嬴（yíng），因形近而誤；應作羸（lěi）。《左傳・桓公六年》：「少師侈，請羸師以張之。」以上「尪羸」各例，意指身體瘦弱。

晉・葛洪《抱朴子・內篇・遐覽》「唯余尪羸，不堪他勞。」溫庭筠《謝所知貺集賢墨啓》：「於潛曠達，建業尪羸。」蘇軾《上神宗皇帝書》：「世有尪羸而壽考，亦有盛壯而暴亡。」皆其例。

王母

《酷寒亭》楔【幺篇】白：「自家蕭娥是也，自小習學談諧歌舞，無不通曉，當了三年王母，我如今納下官衫帔子，改嫁良人去也。」

同劇一、白：「有孔目鄭嵩，因蕭行首當了三年王母，與他除了名字，做了良人，這幾日則在他那裏住下，不肯回家。」

《竹葉舟》四【堯民歌】詞云：「從今王母瓊筵上，共獻蟠桃增一人。」

《漁樵記》二【滾繡毬】白：「動不動便說做官，……直等的……王母娘娘賣餅料：……那其間你還不得做官哩！」

前兩例，王母指官妓。元代迎神賽會，在勾闌中扮作王母的，滿三年則免其役，與此劇例正合。後二例指神話中的西王母；《後漢書・張衡傳》：「聘王母於銀臺兮。」李賢注：「王母，西王母也。」又《爾雅・釋親》則謂王母指祖母，如云：「父之考爲王父，父之妣爲王母」，與元劇例不同。

王留

主留

《誤入桃源》三【幺篇】：「眞乃是重色不重賢，度人不度己，使的這牛表、沙三、伴哥、王留，暢叫揚疾。」

《酷寒亭》三【哭皇天】：「小人幾曾離了鏇鍋，我是王留一般弟兄兩個。」

《李逵負荊》一【仙呂點絳唇】：「尋村酒，恰問罷王留。」

《竹葉舟》四【滾繡毬】：「看王留撇會科，聽沙三嘲會歌。」

《元人小令集》劉致《道情》五之二：「呼主留喚伴可（哥）無一個。」

王留、沙三、伴哥、牛表、牛勉等，都是元劇中對通常人物的泛稱，猶如說張三、李四、阿寶、小弟之類，並非指具體的人。《元人小令集》例中把「王留」作「主留」，誤。

王魁

《調風月》三【綿答絮】：「俺那廝一日一個王魁負桂英，你被人推人推更不輕。」

《玉壺春》四【水仙子】：「怎肯教杜韋娘嫁了王魁？」

《雲窗夢》三【堯民歌】：「多情多情逢志誠，休學李免、王魁幸。」

《百花亭》三【浪裏來煞】：「怎將我王煥王魁？」

　　王魁，在愛情上是忘恩負義的典型。王魁負桂英的本事，據宋・洪邁《侍兒小名錄拾遺》引《摭遺》略云：「王魁遇桂於萊州北市深巷，桂英酌酒求詩於魁。魁時下第，桂英曰：『君但爲學，四時所須，我爲辦之。』由是魁朝去暮來。逾年有詔求賢，桂（英）爲辦西遊之用。將行，往州北望海神廟盟曰：『吾與桂英，誓不相負；若生離異，神當殛之！』魁後唱第爲天下第一，魁父約崔氏爲親。授徐州簽判，桂英不之知，乃喜曰：『徐去此不遠，當使人迎我矣。』遣僕持書，魁方坐廳決事，大怒，叱書不受。桂英曰：『魁負我如此，當以死報之。』揮刀自刎。魁在南都試院，有人自燭下出，乃桂英也。魁曰：『汝固無恙乎？』桂英曰：『君輕恩薄義，負誓渝盟，使我至此！』魁曰：『我之罪也，爲汝飯僧誦佛書，多焚紙錢，舍我可乎？』桂英曰：『得君之命即止，不知其他。』後魁竟死。」這個故事，後來被寫成劇本。據《南詞敘錄》說：「南戲始於宋光宗朝永嘉人所作，《趙貞女》、《王魁》二種實首之。」可見從南宋光宗時起，王魁就作爲愛情的反面形象流傳開了；元、明人多採用其事以撰劇本，如尙仲賢有《王魁負桂英》、楊文奎有《王魁不負心》雜劇各一本，惜皆不傳。《六十種曲》中有王玉峰《焚香記》傳奇。

枉死城

　　《生金閣》四【慶東原】詞云：「因此一點冤魂終不散，日夜飄飄枉死城。」

　　《東窗事犯》三【越調鬪鵪鶉】：「恰離枉死城中，早轉到陰山背後。」

　　《還牢末》四【二煞】：「且看鬼門關上誰先到，枉死城中那個該？」

　　《詞林摘艷》卷八無名氏散套【一枝花・八位中紫綬臣】：「行一步如登枉死城，驀一驀如上嚇魂臺。」

　　枉死，謂含冤負屈而死。《後漢書・天文志》：「大將軍竇武、尙書令尹勳、黃門令山冰等皆枉死。」宋・馬存《浩浩歌》：「屈原枉死汨羅水，夷齊空餓西山坡。」枉死城，迷信說法，皆地獄，即冤魂到陰間去的所在。《初刻拍案驚奇・懷私怨狠僕告主》：「再沒有箇含冤負屈之人，那陰間地府，也不須設得枉死城了。」《牡丹亭・冥判》：「則有枉死城中輕罪男子四名：趙大、錢十五、孫心、李猴兒；女囚一名，李麗娘：未經發落。」《長生殿・冥追》：「如

今且隨我到枉死城中去。」皆其例。據迷信說法：凡冤魂去到陰間的枉死城，都聚而不散，枉死城是專為屈死鬼而設的。

忘昏

混忘　忘魂　忘渾

《救風塵》三【幺篇】：「你則是忒現新，忒忘昏，更做道你眼鈍。」

《陳母教子》一【尾聲】：「不要你誇談主張，我說的言詞，有些老混忘。」

《風光好》三【倘秀才】白：「我便認了有何妨，難道小官直如此忘魂？」

同劇同折【滾繡毬】：「好也囉，學士你營勾了人，卻便粧忘魂。」

《替殺妻》二【滾繡毬】：「母親又無甚證候，咫尺有些老忘渾。」

忘昏，謂昏迷、健忘，亦即糊塗之意。又作忘渾、忘魂，更倒作混忘，音近義並同。《南史・劉顯傳》：「昏忘不可受策。」則南北朝已有此語矣。

旺相

旺氣　旺色

《陳摶高臥》一【天下樂】：「憑著八字兒從頭斷一生，丁寧，不教差半星，論旺相死囚憑五行。」（《陽春奏》本《陳摶高臥》「旺相」作「旺氣」）

《氣英布》四【黃鍾醉花陰】白：「好探子也！他從陣面上來，則見他那喜色旺氣。」

《柳毅傳書》二【紫花兒序】白：「電母，你從雲霧中來，看道那一家喜色旺氣？」

《張生煮海》三、白：「鍋裏水滿了也，再放這枚銅錢在內，用火燒著，只要火氣十分旺相，一時間將此水煎滾起來。」

《單鞭奪槊》四【黃鍾醉花陰】：「你只看他喜氣旺色，那輸贏勝敗早可知了也。」

相，指人的氣色，是表現於外可以看得見的東西。旺相或旺氣、旺色，據古代陰陽家的說法，是人們行時、走運的象徵。漢・王充《論衡・命祿》

云：「春夏休囚，秋冬旺相。」意思是說：五行依次旺於四時，人的行動應乘旺相之氣，才會順利。如春三月，則木旺、火相、土死、金囚、水休；夏三月，則火旺、土相、金死、水囚、木休；秋三月、冬三月以此類推。故俗語以得時（處順境）爲「旺相」，失時（處逆境）爲「休囚」。旺，古作王（wàng）。

望

望子　望杆　望竿

《劉知遠諸宮調》一【仙呂宮・六幺令・尾】：「布望高懸長三尺。」

《岳陽樓》一、白：「今日早晨間，我將這鏇鍋兒燒的熱了，將酒望子挑起來，招過客，招過客。」

《遇上皇》一、白：「今日清早晨，開了這店門，挑起望杆、燒的這鏇鍋兒熱著，看有甚麼人來。」

《看錢奴》四、詩云：「不是自家沒主顧，爭奈酒酸長似醋。這回若是又醋香，不如放倒望竿做荳腐。」

《范張雞黍》一、白：「小可是個賣酒的，在這汝陽鎮開著酒肆，掛上這望子，看有什麼人來？」

《硃砂擔》一【青哥兒】白：「今早起來燒的這鏇鍋熱，掛起望子，看有什麼人來買酒吃。」

舊時酒店門口懸掛的招子曰望或望子。宋・朱翌《猗覺寮雜記》卷下：「酒家揭帘，俗謂之酒望子。」孟元老《東京夢華錄》卷八「中秋」條：「中秋節前，諸店皆賣新酒，重新結絡門面綵樓花頭，畫竿醉仙錦旆。市人爭飲，至午未間，家家無酒，拽下望子。」望子，義同草荐、草刷。今江北凡市賈所懸，皆呼望子。訛其音乃云幌子。或作望杆、望竿，義並同。杆、竿通用。

煨（wēi）乾就濕

煨乾避濕　偎乾就濕　回乾就濕　偎乾濕

元刊本《小張屠》二【金蕉葉】：「將一娘煨乾就濕都正過，四十年受苦奔波。」

《灰闌記》一【青哥兒】白：「你養的，怎不自家乳哺了？一向在我身邊，煨乾避濕，嚥苦吐甜。」

《凍蘇秦》二【煞尾】白：「且休說懷耽十月，只從小偎乾就濕，幾口氣擡舉他偌大。」

《貶夜郎》三【鬪鵪鶉】：「更做箇抱子攜男，莫不回乾就濕？」

《降桑椹》二【商調集賢賓】：「俺母親偎乾濕三年乳哺，更懷耽十月劬勞。」

　　煨乾就濕，是說把煨乾的地方讓給幼兒，自己睡在潮濕的地方，極言母親撫育幼兒的辛苦。《孝經援神契》云：「母之於子也，鞠養殷勤，推燥居濕，絕少分甘也。」元本《琵琶記》三十三【前腔】：「休言他受濕推乾，萬千勞苦。」明·徐仲山《殺狗記》二十一【雁過沙】：「推乾就濕多勞頓。」皆其意。煨乾就濕，或作煨乾避濕、偎乾就濕、回乾就濕，或簡作偎乾濕，音近義並同。

爲人

做人

　　爲人，一作做人，有懂事、體面等義。

（一）

《調風月》一【仙呂點絳唇】：「半世爲人，不曾教大人心困：雖是搽胭粉，只爭不裹頭巾，將那等不做人的婆娘恨。」

《謝天香》一【混江龍】：「我逐日家把您相識，乞求的教您做人時。」

《青衫淚》二【醉太平】：「一個俏魂靈，不離了我打盤旋，我做人的解元。」

《西廂記》五本三折【金蕉葉】：「他識道理爲人敬人，俺家裏有信行，知恩報恩。」

　　以上各例，意爲做人，即知人事、懂事之謂。《論語·述而》：「其爲人也孝悌，而好犯上者鮮矣。」《穀梁傳·僖公二年》：「宮之奇之爲人也，達心而懦，又少長於君。」《漢書·韓信傳》：「然臣嘗事項王，請言項王爲人也。項王意烏猝嗟，千人皆廢，然不能任屬賢將，此特匹夫之勇也。」義皆同。現

代口語仍有此說法，如說：「張三很不爲人。」即指張三很不通人情、不懂事之意。

（二）

《董西廂》卷六【般涉調・麻婆子】：「姐姐爲人是稔色，張生做事忒通疏。」

《東堂老》三、白：「苦惱！苦惱！你當初也是做人的來，你也曾照顧我來，我便下的要你做傭工，還舊帳？」

《剪髮待賓》四【雙調新水令】：「母三宣朝北闕，兒一舉跳龍門。俺孩兒寒窗下爲人，今日箇成家立計，會秦晉。」

元刊本《博望燒屯》：「諸葛亮無能，賴主公洪福，眾將軍虎威，交（教）貧道做人。」

《舉案齊眉》一、白：「小姐！則揀那富貴的招一個，又爲人，又受用。」

上舉各例，猶言體面。「姐姐爲人是稔色」，謂姐姐外表漂亮也。「你當初也是做人的來」，是說揚州奴當初有錢時也是體面人。「寒窗下爲人」，謂寒門出英才，也是露臉之意。《博望燒屯》例，意謂諸葛亮所以獲得體面，是上靠主公洪福，下靠諸將虎威。宋玉《登徒子好色賦》：「玉爲人短貌閑麗，口多微辭，又性好色」，則指外表。

爲理

《金線池》楔、白：「有我八拜交的哥哥是石好問，在此爲理。」

《勘頭巾》四、白：「老夫河南府尹，奉聖人命，敕賜勢劍金牌，先斬後奏，在此爲理。」

《薦福碑》一、白：「今奉聖人命，著老夫江南採訪賢士，宋公序所除揚州爲理，只今日俺兩個便索登程去也。」

《鴛鴦被》三【紫花兒序】白：「一舉狀元及第，所除洛陽爲理。」

爲理，指作官、任職，多指作地方官；理，即治理之意。又，元代行省有理問所，設理問、副理問之官，掌勘核刑名。

為做

為作

《救風塵》四【得勝令】：「無徒，到處裏胡為做。」

《㑳梅香》二【喜秋風】：「你是個女孩兒家，端的可是甚為作？」

《替殺妻》三【石榴花】：「那婆娘打扮來便似女猱，全不似好人家苗條。上墳處說不盡喬為作，那裏怕野外荒郊？」

《猿聽經》二【感皇恩】：「他卻又連聲叫吼，好教我意急心焦，便有那騰雲的手策，番身術，怎為作？」

《盛世新聲》【大石念奴嬌・驚飛幽鳥】：「我將這紫香囊待走向夫人行告，女孩兒甚為作？」

　　為做，有二義，一謂舉動、行止，如前四例；二引申其義謂施展、對付，如例五。作，同做。

為頭

為頭兒　為頭裏

　　為頭，或作為頭兒、為頭裏，有為首、先前、從頭等義。

（一）

《黃鶴樓》三、白：「精細伶俐敢為頭，道我是智慧聰明俊俏眼。」

《麗春堂》一【天下樂】：「宰臣每為頭兒又盡忠，文官每守正直，武官每建大功，到今日可也樂昇平，好受用。」

《合汗衫》二【耍三臺】：「〔內叫科，云：〕街坊隣舍，將為頭兒失火的拏下者！」

《西遊記》二本八齣【滾繡毬】白：「天王，老僧今日為頭，會十大保官，保唐僧西遊去。」

《陳州糶米》三【烏夜啼】：「為頭兒先吃俺開荒劍，則他那性命不在皇天。」

　　為頭，猶云為首，領頭、帶頭之意，現在口語還這樣說。《元典章》：「監察合行事件，有丞相為頭，尚書官某大夫為頭，一同奏過。」《水滸》第二十四回：

「他倒無般不好，爲頭的愛偷漢子。」皆其例。按今俗集合多數人而作某件事，其首倡召集人，也叫做「爲頭」。爲頭兒，意同；兒，爲名詞語尾，無義。

（二）

《竇娥冤》四【沉醉東風】白：「這一宗文卷，我爲頭看過，壓在文卷底下，怎生又在這上頭？」

《延安府》一、白：「你不知道，他爲頭裏聽的您孩兒說了，便要與我做主。」

爲頭，這裏意爲先前、起初、已經。一作「爲頭裏」，意同；裏，爲名字語尾，無義。

（三）

《西廂記》三本二折【三煞】：「我爲頭兒看：看您箇離魂倩女，怎發付攔果潘安？」

《勘頭巾》三【浪裏來煞】：「爲頭兒對府尹說詳細，只教他欠身的立起銀交椅，驚殺了兩行公吏。」

《樂府新聲》上鄧玉賓散套【一枝花】：「此事都諳，從今日爲頭罷參。」

爲頭兒，意爲從頭、開始。金·段克己【鷓鴣天】詞：「便從今日爲頭數，比到春歸醉幾回？」「爲頭」云云，亦此意。

委果

《智勇定齊》楔、白：「聽的！聽的！委果琴響。既是響了，我回去罷。」

委果，謂確實、果然，表示得到預想的結果。《古今小說·任孝子烈性爲神》：「大尹聽罷，呆了半晌，遂問排鄰，委果供認是實。」《西遊記》第二十回：「那些猴兒看見岩下委果是個生人。」皆其例。

喂眼

慰眼

《看錢奴》二、白：「那員外空有家私，寸男尺女皆無。數次家常與小可說，街市上但遇著賣的或男或女，尋一個來與我兩口兒喂眼。」

《羅李郎》三、白：「張千，你去街市上，有賣的或兒或女，買一個來與我喂眼。」

《陳摶高臥》四【駐馬聽】：「白酒罇傍，閒慰眼金釵十二行，誤了我清風嶺上，不番身惡睡一千場。」

喂眼，謂飽看，飽眼福。喂，一作慰，音義同。《金瓶梅》第四十六回：「上畫兒只畫半邊兒，平白放出做甚麼？與人喂眼兒。」亦其例。

溫克

《張天師》二【南呂一枝花】：「他從來老老實實，忒軟善，忒溫克。」

《西廂記》二本一折【寄生草】：「他臉兒清秀身兒俊，性兒溫克情兒順，不由人口兒裏作念心兒裏印。」

溫克，謂人能以溫柔恭謹之性格自持；語出《詩·小雅·小宛》：「人之齊聖，飲酒溫克。」毛傳：「克，勝也。」箋：「飲酒雖醉，猶能溫藉自持以勝。」朱傳：「言齊聖之人雖醉，猶溫恭自持以勝，所謂不爲酒困也。」《三國志·魏志·管輅傳》裴注引《輅別傳》：「卿性樂酒，量雖溫克，然不可保，寧當節之。」梁·庾信《思舊銘》：「有酒如澠，終溫且克。」《警世通言·杜十娘怒沉百寶箱》：「公子性本溫克，詞氣愈和。」皆其例。

溫涼

溫良

《楚昭公》一【鵲踏枝】：「便休題吳姬光攧碎了溫涼玉盞。」

《貶夜郎》二【三煞】：「止不過盞號溫涼，布名火浣，瓶置玻璃，樹長珊瑚。」

《硃砂擔》三【倘秀才】：「見地曹手捧著溫良玉盞，我這裏忙擎起花紋象簡。」

溫涼，珍貴的酒杯名。明·湯顯祖《牡丹亭·謁遇》：「這是溫涼玉斝」，亦其例。涼，一作良，同音假借。

溫都赤

《陰山破虜》一、白：「溫都赤齊列著晃眼鎗刀。」

　　《元史·兵志二》：「侍上帶刀及弓矢者，曰雲都赤、闊端赤。」「雲都赤」即「溫都赤」，乃侍衛中之最親者。元·陶宗儀《輟耕錄》卷一：「國朝有四怯薛太官。怯薛者，分宿衛供奉之士為四番，番三晝夜。凡上之起居飲食，諸服御之政令，怯薛之長皆總焉。中有云都赤，乃侍衛之至親近者。雖官隨朝諸司，亦三日一次，輪流入直。負骨朵於肩，佩環刀於腰。或二人四人，多至八人。時若上御控鶴，則在宮車之前，上御殿廷，則在墀陛之下，蓋所以虞姦回也。雖宰輔之日覲清光，然有所奏請，無云都赤在，不敢進。今中書移咨各省，或有須備錄奏文事者，內必有云赤某等。」

文面

聞面　面雕金印　雕刺

　　《劉知遠諸宮調》二【高平調·賀新郎】：「文面做射粮，欲待去卻徊徨。」

　　同書二【中呂調·木笪綏】：「若太原聞了面，早來取我。」

　　《後庭花》一【混江龍】：「哎！你個身著紫衣堂候官，欺負俺這面雕金印射粮軍。」

　　《智勇定齊》三【紫花兒序】白：「將某玉環摔破，將使命文面而回，此恨痛入骨髓。」

　　《瀟湘雨》二【烏夜啼】：「你這短命賊怎將我胡雕刺，迭配去別處官司。」

　　文面，即秦、漢黥墨之刑。《後漢書·朱穆傳》：「臣願黥首繫趾。」李賢注：「黥首，謂鑿額涅墨也。」古時少數民族文面風俗頗盛，如《新唐書·南蠻傳下》：「有繡面種，生踰月，涅黛於面。有雕題種，身面涅黛。」又云：「有文面濮，俗鏤面，以青涅之。」趙宋以來，為防止軍兵或罪犯逃走，都採用面上刺字，作為標記的辦法。《水滸》第八回：「明日到了時，是必揭取林沖臉上金印回來做表證。」又同書第十一回：「誰想今日被高俅這賊坑陷了我這一場，文了面，直斷送到這裏。」皆其例。文，用作動詞，在面上刺文之意；一作聞，同音假借。文面，或作面雕金印，或作雕刺，義俱同。

文談

《裴度還帶》二【感皇恩】：「怎聽他假文談，胡答應，強支持！」

《降桑椹》二【逍遙樂】白：「甚麼文談？得也麼！」

《太平樂府》卷四關漢卿小令【朝天子・從嫁媵婢】：「規模全似大人家，不在紅娘下，巧笑迎人，文談回話，眞如解語花。」

宋、元時文士談話，喜引經據典，以顯示自己的才學和身份，當時把這叫做「文談」：這種風氣，影響所及，有時連婢僕也受到習染。

聞

聞早

聞：一謂趁也、乘也、趕也，聞早，猶云趁早或趕早；二謂說；三謂轉達、告聞、上報。

（一）

《董西廂》卷五【高平調・木蘭花】：「東傾西側的做些腌軀老，聞生沒死的陪笑。」

元刊本《竹葉舟》一【寄生草】：「你學取休官棄職漢張良，不如聞早歸山去。」

《太平樂府》卷九楊立齋散套【哨遍・世事摶沙嚼蠟】：「對江山滿目眞堪畫，休把這美景良辰作塌，清風明月不沽錢，聞未老，只合歡洽。」

《樂府新聲》中無名氏小令【沉醉東風】：「聞曉露，藤摘紫花；聽春雷，茶採萌芽。」

《陽春白雪》前集三白仁甫小令【慶東原】：「忘憂草，含笑花。勸君聞早冠宜掛。」

《樂府群珠》卷一失注小令【快活三朝天子四換頭・道情】：「張良見世途，只不如聞早歸山去。」

《盛世新聲》【中呂粉蝶兒・歸去來兮】：「想聚散若浮雲，嘆光陰如過隙，不如聞早去來兮，暢好是美、美。」

　　上舉各例，聞均作趁、乘、趕解，與聽聞之本義有別。聞早，猶云趁早、趕早。此用法唐、宋已有，如杜甫《季夏送鄉弟韶陪黃門從叔朝謁》詩：「莫度清秋吟蟋蟀，早聞黃閣畫麒麟。」「早聞」云云，乃望其早趁黃閣之便，得列爲功臣，如唐太宗時得畫像於麒麟閣也。敦煌變文《歡喜國王緣變文甲》：「須知浮世我爾是，聞早迴心莫等閑。」柳永【木蘭花令】詞：「不如聞早還卻願，免使牽人虛魂亂。」聞早，都是趁早的意思。

（二）

　　《雙赴夢》三【石榴花】：「行行裏恐懼明聞破，省可里到（倒）那虎軀挪。」

　　《救風塵》三【脫布衫】：「我更是的不待饒人，我爲甚麼不敢明聞；肋底下插柴自穩，怎見你便打他一頓？」

　　《藍采和》二【烏夜啼】：「眼睜睜不敢往前進，不敢明聞，誰敢道是彈箏？」

　　以上所舉，聞是說的意思。明聞，即說明白、說破之意。

（三）

　　《調風月》三【聖藥王】：〔旦隨上，見了：〕特地來問小姐親事，許不許聞去。」

　　《陳州糶米》二【小梁州】白：「聖人的命，勅賜你勢劍金牌，先斬後聞。」

　　此「聞」字，意謂轉達、告聞、上報，是聽聞的引申義。《禮·玉藻》：「凡於尊者有獻，而弗敢以聞。」《漢書·武帝紀》：「舉吏民能假貸貧民者以聞。」同書《韓信傳》：「何聞信亡，不及以聞，自追之。」三「以聞」之聞，均轉達、告聞、上報之意，可證。趙景深《談〈詐妮子調風月〉》，謂此「聞」字爲「回」字之誤（見《戲曲筆談》），恐未當。

穩

忍　隱

　　穩，有忍耐、安頓、隱瞞、硌（gè）等義。或作隱、忍，義同。

（一）

《救風塵》三【脫布衫】：「我為甚不敢明聞，肋底下插柴自穩。」

《合汗衫》一【賺煞尾】：「這廝他脅底下插柴不自穩。」

《凍蘇秦》四【川撥棹】：「兀良腸底下插柴內忍，全不想冰雪堂，無事哏。」

《董西廂》卷七【越調・雪裏梅花】：「恨他恨他，索甚言破？是他須自隱。」

《神奴兒》四【沉醉東風】：「我見他兩次三番如喪神，早難道肋底插柴自穩。」

上舉各例，意為忍耐；「忍」為正寫，穩、隱，音近借用。

（二）

《西廂記》四本四折【攪箏琶】：「瞞過俺能拘管的夫人，穩住俺廝齊攢的侍妾。」

《東堂老》三、白：「他兩個把我穩在這裏，推買東西去了。」

《雲窗夢》三【鬭鵪鶉】：「一壁廂穩住了雙生，一壁廂流遞了小卿。」

《翫江亭》二、白：「將那先生穩在那酒店裏，我騎著風也似快馬，來到這荒郊野外。」

以上各例，謂設計將人安頓住（即穩住），以便行事，叫做「穩」。《古今小說・沈小霞相會出師表》：「如何將好言語穩住小婦人？」亦其例。

（三）

《董西廂》卷六【中呂調・尾】：「思量又不當口兒穩，如還推死的著言支對，教你手托著東牆，我直打到肯。」

《西廂記》三本二折【朝天子】白：「紅娘，早是你口穩哩，若別人知呵，甚麼模樣？」

以上二例，「穩」謂不隨便透露隱情，有保密的含意。

（四）

《太平樂府》卷九馬致遠散套【般涉調耍孩兒・借馬】：「三山骨休使鞭來打，磚瓦上休教穩著蹄。」

　　穩，猶「咯」（gè），即被突起不平的硬質東西頂擠而致破損或疼痛之謂。這是穩字的特殊用法，不常見。

穩秀

隱袖　隱秀

　　《西廂記》四本二折、白：「娘呵，你做的穩秀者！我道你做下來也。」

　　《伊尹耕莘》二、白：「忠義懸懸皆隱袖，文雄浩浩以冲虛；民心安妥差科減，聖主施恩自有餘。」

　　《女學士》一【油葫蘆】：「似你這般博學經史世間稀，你正是懷才隱秀多聰慧，因此上韜光晦跡絕名利。」

　　《連環計》一【寄生草】：「則願你仗龍泉掃蕩風塵垢，按龍韜補盡乾坤漏，坐龍庭穩占江山秀。」

　　穩秀，即隱秀，秀藏於內而不外露之意。隱秀一詞，見於南朝宋・顏延之《家傳銘》：「青州隱秀，爰始奠居。」南朝梁・劉勰《文心雕龍・隱秀篇》：「文之英蕤，有隱有秀。隱也者，文外之重旨者也；秀也者，篇中之獨拔者也。」宋・司馬光《瑣語》引《宋書・夷蠻傳》云：「人民熾盛，安隱快樂。謂安隱即安穩。穩，俗字也。古書無穩字，故此及晉帖具借用隱字」（見《說郛》本、卷六十四）。《水滸》第四十三回：「山重水匝，真乃隱秀！」總之，以之喻人，是懷才不露；以之喻事物，是隱蔽之意。《伊尹耕莘》例中的「隱袖」，或以為「隱岫」之誤，言其皆隱於岩穴，亦可通。

穩便

　　穩便：一謂聽便、隨便；二謂妥當；三謂安穩。

（一）

　　《玉鏡臺》一【幺篇】白：「學士王事勤勞，取個坐兒來，教學士穩便。」

　　同劇二【隔尾】白：「學士穩便，老身有句話，想小姐年長一十八歲，不曾許聘他人，翰林院有一般學士，煩哥哥保一門親事。」

　　《燕青博魚》一【六國朝】白：「君子請穩便，等你這血氣定了時，我與你下針咱！」

《麗春堂》四【攪箏琶】白：「老相公請穩便，我著那歌兒舞女，來伏侍老相公。」

《倩女離魂》楔、白：「孩兒請起，穩便。」

《䤮江亭》一【金盞兒】白：「大姐，請穩便，等牛璘前後執料去者！」

穩便，此爲客套話，猶言聽便、隨便、自請方便。《舊唐書・食貨志上》：「如能約計課利錢數，分付権鹽院，亦任穩便。」辛棄疾【鵲橋仙・席上和趙晉臣數文】：「高車馴馬，金章紫綬，傳言渠儂穩便。」《水滸》第四回：「師父穩便！小人趕趁些生活，不及相陪。」穩便云云，義並同。

（二）

《董西廂》卷二【般涉調・長壽仙衰】：「不當穩便，恁時悔也應遲，賢家試自心量度！」

《張天師》一、白：「但恐早晚取擾，不當穩便。」

上與「穩便」，猶云穩妥、便利。「不當穩便」，謂不算穩妥便利也。唐・長孫無忌《冕服議》：「臨事施行，實不穩便。」《舊唐書・食貨志下》：「仍各逐穩便收貯，以時出糶，務在救人。」《京本通俗小說・碾玉觀音上》：「若說道我等在此，那郡王必然使人來追趕，不當穩便。」是知唐、宋語皆然。

（三）

《陳母教子》四【雙調新水令】：「我這轎兒上倒大來穩便，前後何曾側，左右不曾偏。」

《五侯宴》三【呆骨朵】：「知他是富貴也那安然，知他是榮華也那穩便。」

《太平樂府》卷二馬致遠小令【清江引・野興】：「尋取箇穩便處閒坐地。」

上舉「穩便」，意爲安穩、方便。

穩婆

《五侯宴》楔、白：「我分付那穩婆和家裏那小的每，長街市上，不問那裏，尋得一箇有乳食的婦人來。」

《老生兒》一【混江龍】：「我急煎煎去把那穩婆和老娘尋。」

穩婆，即收生婆，也叫做接生婆，今俗呼爲老娘。元·陶宗儀《輟耕錄》卷十四「婦女曰娘」條：「世謂穩婆曰老娘。」明·蔣一葵《長安客話》卷二「三婆」條：「每季……就收生婆中，預選名籍在官，以待內庭召用，如選女則用以辨別妍媸可否，如選奶口，則用以等第乳汁厚薄、隱疾有無，名曰穩婆。」

穩登前路
穩登雲路

《楚昭公》三【耍孩兒】白：「只願哥哥穩登前路，無驚無恐。」

《圯橋進履》楔、白：「賢士，穩登雲路！早望回音也。」

《虎頭牌》一【金盞兒】白：「相公穩登前路！」

同劇二【離亭宴煞】白：「兄弟，你穩登前路。」

《爭報恩》楔、白：「相公，穩登前路！等雨水晴時節，可來取俺老小每也。」

穩登前路，一作穩登雲路，古人送別時的祝願語，猶今云一路平安。雲路，舊時用以比喻仕途得意。劉禹錫《和蘇郎中尋豐安里舊居》詩：「同學同年又同舍，許君雲路並華輈。」穩登雲路，即祝願進取功名、一帆風順的意思。

問

問，用於介詞或動詞，有下列各義。

（一）

《黑旋風》一、白：「宋江哥哥是我舊交的朋友，我問他討一個護臂去。」又白：「特來問哥哥這裏告一個護臂來。」

《西廂記》一本二折、白：「今日去問長老借一間僧房，早晚溫習經史。」

《合汗衫》二【小桃紅】：「怎不想承歡膝下，劃的去問天買卦？」

問，作介詞，猶向。杜甫《入宅》詩：「相看多使者，一一問函關。」「問函關」，猶云向函關也。《金瓶梅》第二十一回：「玉樓道：『只許他家拿黃稈等（戥）子秤人的，人問他要，只構打骨禿出來一般，不知教人罵多少。』」「人問他要」，謂人向他索取也。現代口語仍有此用法。

（二）

《遇上皇》一【賺煞】白：「大姐，我選吉日良時，便來問親也，你可休嫁了別人！」

《牆頭馬上》一【天下樂】白：「昨日幾家來問親，小姐不語怎麼？」

問，作動詞，用於婚禮，猶「求」，古有男方向女方「問聘」之禮。《周禮‧春官‧大宗伯》：「時聘曰問。」《儀禮‧聘禮》：「小聘曰問。」

（三）

《望江亭》四【么篇】白：「將衙內問成雜犯，杖八十梢職歸田。」

《蝴蝶夢》三【倘秀才】白：「罪已問定也，救不的了。」

《曲江池》二【黃鍾煞】：「官司知，決然問，問一番，拷一頓。」

《勘頭巾》三【醋葫蘆】白：「怎麼把我也問個不應？」

《薛仁貴》一、白：「聖人遣將出師，東征問罪。」

問，作動詞，意為審訊、審判。《詩‧魯頌‧泮水》：「淑問如皋陶。」鄭玄箋：「使善聽獄之吏如皋陶者。」《薛仁貴》劇「東征問罪」，謂向東進軍，聲討其罪也。聲討是審訊的引申義。

（四）

《魯齋郎》楔、白：「不問那個大衙門裏，告他走一遭去。」

《昊天塔》二【么篇】：「問甚麼惡菩薩、狠那吒、金剛答話，我直著釋迦佛也整理不下。」

《對玉梳》三【醉春風】：「那裏問養育情懷，則（只）為俺夫妻恩愛。」

《劉弘嫁婢》一【鵲踏枝】：「天也，我問甚麼那跛臂臁，者麼那眼瞎頭禿。」

同劇二【普天樂】：「問甚麼樊素小桃：都一般開花結子。」

《延安府》一、白：「張千，你衙門首看著，不問大小事務來告，你不要攔當他。」

《藍采和》三【朝天子】：「問甚麼你死我活，那一個肯依本分隨緣過？」

問，作動詞，意猶「管」，猶「論」；「不問」，即不管、不論，現在口語仍沿用。

（五）

《謝天香》四【哨遍】：「只得向公廳祗候，不問我舞旋，只著我歌謳。」

問，用爲使令詞，猶令、教、讓。《左傳·莊公八年》：「期戍，公問不至。」注：「問，命也。」「公問不至」，謂公的命令沒有到達。但此爲名詞，《謝天香》例，用作動詞，用法小異。

（六）

《董西廂》卷六【大石調·驀山溪】：「張生是日，叉手前來告：『有事敢相煩，問庫司兄不錯。』」

問，作動詞，意猶「請」。「問庫司兄不錯」，謂請庫司兄明白鑑察也。

問取

《貶黃州》一、白：「左右，換御史臺官來，朕問取則！」

《馬陵道》二【白鶴子】：「他對著我急煎煎的忙問取，我對著他悄促促的說情由。」

戲文《小孫屠》十一【四邊靜】白：「朝朝問取莫遲延，但要公平不要錢。」

問取，即問；取，助詞，無義。李白《金陵酒肆留別》詩：「請君問取東流水，別意與之誰短長？」宋·黃庭堅【清平樂】詞：「春無蹤跡誰知？除非問取黃鸝。」明·施君美《幽閨記》二十【梁州賺】：「且與我留文，押回來問取詳細。」皆其例。

問事

問事簾

問事，一作問事簾：一謂審案時所用的簾子；二指刑具。

（一）

《鐵拐李》一【金盞兒】白：「張千，你將座位整好了，放下問事簾來！張千，你近前，依著我問他去。」

《勘金環》四【雙調新水令】白：「放下問事簾，挈上廳來！」

同劇同折【滴滴金】白：「張千，捲起問事簾，將交床來，我扣廳自問。」

問事簾，謂審案子時所用的簾子。其儀式未詳，待考。

（二）

《誶范叔》二【牧羊關】：「〔須賈云：〕將問事來！〔祗候做丟下問事〕〔正末做慌科，云：〕酒席上怎麼用這東西？〔唱：〕只見一條沉鐵索當前面，兩束粗荊棍在邊廂。」

同劇四【太平令】：「〔正末云：〕張千，將問事來！〔張千云：〕理會的！」

《陽春白雪》前集三無名氏小令【紅繡鞋】：「也不索使問事，也不索下鉗鎚。」

《雍熙樂府》卷十二散套【新水令·陳琳抱粧盒】：「打的荒把陳琳便指，你常好是無三思，我根前下問事。」

問事，指刑具。《後漢書·文苑列傳》：「（黃）祖大怒，令五百將出，欲加箠。」注：「五百，猶今之問事也。」《資治通鑑》「漢紀」漢獻帝建安九年：「孚斫問事杖，繫著馬邊。」注：「問事，卒也，主行杖，猶伍伯之類。問事杖，問事所執杖也。」可知「問事」本指行刑的役卒，後來才演變為刑具的名稱。

問訊

《昊天塔》四【駐馬聽】：「〔正末見科，云：〕官客問訊，〔楊景云：〕好一個莽和尚也。」

《來生債》四、白：「小娘子問訊。」

問訊，僧道見人時合掌當胸的一種常禮，也叫「合十」。敦煌變文《父母恩重經變文》：「晨夕問訊起居，且莫失恭顏色。」《京本通俗小說·菩薩蠻》：「可常問訊了，口念一詞，名【菩薩蠻】。」或又作「悶信」，如《清平山堂話本·快嘴李翠蓮記》：「向父母前合掌悶信拜別。」悶當為問字之訛寫。

問當

問道

《董西廂》卷一【大石調・驀山溪】：「使作得似風魔，說了依前又問當。」

《拜月亭》二【哭皇天】：「常言道：『相逐百步，尚有徘徊』，你怎生便教我眼睜睜的不問當？」

《謝天香》四【幺篇】：「不敢道是廝問廝當，廝來廝去，廝摑廝揪。」

《魔合羅》三【幺篇】：「他那裏哭啼啼口內訴衷腸，我待兩三番推阻不問當。」

《生金閣》二【紫花兒序】：「小丫鬟忙來呼喚，道衙內共我商量，豈敢行唐，大走向庭前去問當。」

《灰闌記》二【幺篇】：「俺孩兒未經滿月，蚤問當我十數遭，今日個浪包婁到公庭混賴著。」

問當，或作問道，就是問；當、道，爲語助詞。敦煌變文《維摩詰經問疾品變文》：「維摩臥疾於方丈，佛勒、文殊專問當。」亦其例。

璺（wèn）

《燕青博魚》二【醉扶歸】：「可早是打一條通長璺。」

《東坡夢》四【雙調新水令】白：「葛藤接斷老婆禪，打破沙鍋璺到底。」

《破窰記》二【倘秀才】：「打破沙鍋璺到底。」

陶器、玻璃等器皿上出現的裂紋曰「璺」。漢・揚雄《方言》卷六：「器破而未離，謂之璺。」錢繹箋疏：「今俗尚有『打破沙盆璺到底』之語，正讀如問。」明・陳沂《詢蒭錄》云：「嘗見人相詰，恒言『打破沙鍋璺到底』，不知其說。後知秦、晉方言，器破而未離者謂之璺。璺、問同音。沙鍋力薄，損則其璺到底，故借以爲言，意爲追問到底。」今仍稱器物上裂痕曰璺；並有「打破沙鍋璺到底」的諺語。

窩（兒）

《灰闌記》四【甜水令】白：「小的買窩銀子，就是這頭面衣服倒換的。」

同劇一【天下樂】白：「我如今將這頭面，兌換些銀兩，買個窩兒，做開封府公人去。」

窩，或作窩見，意謂空缺、缺額、位置。兒，名詞語尾，無義。《金瓶梅》第六十九回：「文嫂兒道：『我猜著你六娘沒了，一定教我去替他打聽親事，要補你六娘的窩兒。』」《紅樓夢》第六十回：「我聽見屋裏正經還少兩個人的窩兒，並沒補上。」皆其例。

窩弓

《紫雲庭》一【賺尾】：「俺家裏七八下裏窩弓陷坑，你便有七步才，無錢也不許行。」

《七里灘》一【賺煞尾】：「平地上窩弓，水面上張羅。」

《賺蒯通》二【耍孩兒】：「準備著窩弓將虎豹射。」

《雍熙樂府》卷十關漢卿散套【一枝花・不伏老】：「經了些窩弓冷箭蠟鎗頭。」

窩弓，謂獵人所用的伏弩，安置於草叢或浮土中，俟野獸觸其機關以撲殺之。《明律・刑律・人命・窩弓殺傷人》：「凡打捕戶於深山曠野，猛獸往來去處，穿作阬弇，及安置窩弓，不立望竿及抹眉小索者，笞四十。」纂注：「阬弇、窩弓，皆所以陷取野獸，則當防其傷人。」窩弓，一作倭弓，如元、明間無名氏雜劇《九宮八卦陣》三折：「昔年獵射打山獐，弩箭倭弓謹謹防」。「倭」是「窩」的借用字。

窩盤

窠盤

《後庭花》二【鬬蝦蟆】：「瞞著瞞著丈夫，窩盤窩盤人物。」

《盛世新聲》亥集小令【寨兒令】：「會撚酸，強成歡，生牛皮鼓兒著力鞔，儘意窠盤不放松寬。」

窩盤，一作窠盤，意爲暗中撫慰、陪伴、窩藏。《清平山堂話本・柳耆卿詩酒翫江樓》：「師師媚容艷質，香香與我情多，冬冬與我煞脾和：獨自窩盤三個。」明・朱有燉《慶朔堂》雜劇四折：「虛意兒窩盤著翡翠巢，熱斯沾逗引的蜂蝶鬧。」又《風月牡丹仙》三折：「你常是窩盤錦鯉雙雙戲，驚散鴛鴦

兩兩飛。」皆其例。或作窩伴，如《警世通言·玉堂春落難逢夫》：「自己卻去窩伴皮氏。」按「窩」與「窠」、「盤」與「伴」，均一聲之轉。

窩鋪（舖）

《澠池會》三、白：「肉吃半斤，米吃升半，聽的廝殺，窩鋪裏聲喚。」

《博望燒屯》二【賀新郎】：「你與我先點著糧車，後燒著窩鋪。」

窩鋪，謂臨時搭蓋用作防護、警備的草棚，今稱窩棚。《水滸》第四十七回：「牆裏四邊都蓋窩鋪，四下裏遍插著鎗刀軍器。」《西遊記》第二十七回：「若果有此意，叫八戒伐幾科樹來，沙僧尋些草來，我做木匠，就在這裏搭個窩鋪，你與他圓房成事。」皆其例。

窩脫銀

《貨郎旦》三、白：「我死後，你去催趲窩脫銀，就跟尋你那父親去咱。」又白：「不敢久停久住，催趲窩脫銀走一遭去。」

同劇四【九轉】：「〔祗從拿淨、外旦上科，云：〕稟爺，這兩個名下，欺侵窩脫銀一百多兩。……〔小末云：〕律上，凡欺侵官銀五十兩以上者，即行處斬。」

窩脫銀，是元代統治階級對人民進行高利貸剝削所放出的銀子。專管這項事務的機關叫「斡脫所」。窩脫，《元史》作「斡脫」，南宋·彭大雅《黑韃事略》作「窩裏陀」，都是同一名詞的異譯。

我煞

《調風月》一【上馬嬌】：「往常我冰清玉潔難侵近，是他因；則管教話兒因，我煞，待嗔，我便惡相聞。」

《漢宮秋》三【鴛鴦煞】：「我煞，大臣行說一個推辭謊，又則怕筆尖兒那火編修講。」

《三奪槊》四【滾繡毬】：「我煞，不待言，不進前。」

我煞，即「我」意；「煞」為語助詞，相當「呵」字。

臥治

《金線池》四、詩云：「三載爲官臥治過，別無一事繫心窩；唯餘故
友鴛鴦會，金線池頭意若何？」

臥治，封建時代，對地方官吏事清簡，能給人民以安居樂業的生活的一
種頌詞。《史記・汲黯傳》：「拜黯爲淮陽太守。黯（因病）伏謝不受印。……
上曰：君薄淮陽耶？吾今召君矣。顧淮陽吏民不相得，吾徒得君之重，臥而
治之。」「臥治」一語本此。南朝・丘遲《魚浦潭》詩：「坐嘯皆有委，臥治
今可尚」。明・李贄《復梅客書》：「士民蓋仰公之臥治，戍夷賴李牧之在邊。」
明・蓬然子雜劇《蕉鹿夢》六【秋藥香】：「止水常懸衡鑑，盈庭兩造無冤，
鉤距不施刑自簡，還看臥治餘閒。」皆此意也。

臥牛城

《陳摶高臥》一【金盞兒】：「欲尋那四百年興龍地，除是這八家里
臥牛城。」

《合汗衫》二【收尾】：「空指著臥牛城內富人家。」

《神奴兒》二【四塊玉】：「一壁廂說與廂長，一壁廂報與坊正，恨
不的翻過那物穰人稠臥牛城。」

宋代汴京（今開封市）城的形狀像臥牛一樣，因稱爲臥牛城。清・周城
《宋東京考》一：「新城創於周。其城四十八里二百二十三步，十三門。周
世宗顯德三年，以其土麤，取鄭州虎牢關土築之。俗呼臥牛城。」《水滸全
傳》第七十二回：「州名汴水，府號開封。……山河形勝，水陸要衝。……
層迭臥牛之勢，上界戊己中央；崔嵬伏虎之形，象周天二十八宿。」《古今
小說・宋四公大鬧禁魂張》：「東京百八十里羅城，喚做臥牛城。」

斡運（wò yùn）

《楚昭公》一【混江龍】：「這劍按陰陽斡運，順天地循環。」

《智勇定齊》三【紫花兒序】：「憑著我五行斡運，八卦周流，萬象
璇璣。」

《龍門隱秀》二【幺篇】：「你如今仗雄威鎮天斡運。」

《樂府群珠》卷三小令【金盆沐髮・功成行滿】:「天地安排，陰陽斡運，今古消磨。」

斡運，謂旋轉運行，如上舉各例是也。明・柯丹丘《荊釵記》十四【掛眞兒】白：「孩兒，家寒難斡運，謾自心頭悶。」意爲周轉，是前義的引申。

嗚咂

嗚嘬

《董西廂》卷五【大石調・洞仙歌】:「拍惜了一頓，嗚咂了多時，緊抱著噉，那孩兒不動。」

同書同卷【正宮・梁州三臺】:「姿姿地覷了可喜冤家，忍不得恣情嗚嘬。」

《太平樂府》卷八宋方壺散套【一枝花・蚊蟲】:「廝嗚廝咂，相抱相偎。」

嗚咂，謂接吻。咂（zā），一作「嘬」（zuō），一聲之轉。明・湯顯祖《牡丹亭・歡撓》:「待噉著臉恣情的嗚嘬。」清・洪昇《長生殿・窺浴》:「不住的香肩嗚嘬。」皆其例。

吾當（wú・dang）

《劉知遠諸宮調》十二【仙呂調・繡裙兒・尾】:「知遠怒將洪信喝，匹夫開眼覷吾當。」

《單刀會》四【得勝令】:「魯子敬聽者！你心內休喬怯，暢好是隨邪，吾當酒醉也。」

《梧桐雨》一【仙呂八聲甘州】:「卻是吾當有幸，一箇太眞妃傾國傾城。」

同劇三【步步嬌】:「就勢兒把吾當諕，國家又不曾虧你半掐。」

《漢宮秋》一【賺煞】:「休煩惱，吾當且是要鬬，卿來便當眞假。」

《詞林摘艷》卷三馬東籬散套【粉蝶兒・寶殿涼生】:「對銀釭一寸寒燈，枕席間，靈寢處，越顯的吾當薄倖。」

吾當，即我，自稱之詞；當，語助詞，無義。敦煌變文《伍子胥變文乙》:「吾當不用弟語，遠來就父向誅，奈何奈何？」可見唐語已然。

無始

> 《張生煮海》一、白：「貧道乃東華上仙是也。自從無始以來，一心
> 好道，修煉三田，種出黃芽至寶，七返九還，以成大羅神仙，掌判
> 東華妙嚴之天。」

　　無始，佛道兩家的說法，一切世間，如眾生等，都沒有「始」。今生來自前世，前世又來自它的前世，展轉上推，沒有頭兒，故稱無始。《莊子・知北遊》：「無古無今，無始無終。」同書《列禦寇》：「彼至人者歸精神乎無始，而甘冥乎無何有之鄉。」

無徒

尢圖

> 《董西廂》卷七【中呂調・古輪臺】：「被那無徒漢，把夫妻拆散。」
> 《救風塵》四【得勝令】：「淫亂心情歹，兇頑膽氣粗，無徒，到處
> 裏胡爲做。」
> 《梧桐雨》二【滿庭芳】：「慣縱的無徒祿山，沒揣的撞過潼關，先
> 敗了哥舒翰。」
> 《魔合羅》四【道和】詞云：「潑無徒敗倫傷化，押市曹正法嚴刑。」
> 《殺狗勸夫》二【四煞】：「怎不尋那兩個無徒說話？」
> 《劉知遠諸宮調》三【南呂宮・一枝花】：「兩個又尢徒多性氣，儘
> 交休理會。」
> 同書十二【般涉調・耍孩兒】：「尢圖兄嫂由（猶）然在，往日兇頑
> 不斷卻傷心處。」

　　無徒，猶無賴、壞蛋，即無賴之徒的省稱。近代北京的青皮混混，上海的白相人，均屬此類。元劇多罵無賴漢爲潑無徒。明・余繼登《典故紀聞》卷十四釋「無徒」云：「原其所由，皆無籍之徒，竊假投獻，而漁獵其中。」字或作無圖，意謂無正當生業者，除前所舉《劉知遠諸宮調》例外，如《元典章・刑部十三》：「今有無圖之人，貪竊財物，盜發邱塚。」又《刑部十九》：「今體知得一等無圖小民，因弄蛇蟲禽獸，聚集人眾，街市貨藥。」皆其例。

　　徒、圖（啚），同音假借；尢，「无」之訛寫。

無常

《黃粱夢》一【天下樂】白：「全不想生死事急，無常迅速，不如跟貧道出家去。」

《伍員吹簫》一【元和令】：「便做道人生在世有無常，也不似俺一家兒死的來忒枉。」

《硃砂擔》二【黃鍾尾】：「罷、罷、罷，我這性命呵，似半輪殘月三更後，一日無常萬事休。」

《來生債》二【上小樓】：「看你那無常時，可便帶的他同去。」

　　無常，本佛家語，梵文 Anitya 的意譯。佛家謂世間一切事物，如萬物之成壞、眾生之生死、意念之起滅，都在發展變化，不能久住，故稱「無常」。世俗更傅會其說，傳播迷信，謂有無常鬼，能拘攝人的靈魂到陰間去，因又稱「死」為「無常」。南朝梁・慧皎《高僧傳》：「談無常則令心神戰慄，語地獄則怖淚交零。」敦煌變文《父母恩重經變文》：「秪怕無常一念催。」唐・范攄《雲溪友議》卷下「蜀僧喻」條有句云：「無常忽到來，知身在何處？」以上「無常」云云，都指死。元劇諸例意同。

無邊

《漢宮秋》二、白：「想漢家宮中，無邊宮女，就與俺一個，打甚不緊？」

《符金錠》楔、白：「為因我家中有一所花園，是朝廷所賜的，其中花木無邊。目今百花開放，聖人命著傾城士庶，都是園內賞玩花木。」

　　無邊，原意是廣大而無邊際，如杜甫《登高》詩：「無邊落木蕭蕭下，不盡長江滾滾來。」引申為無數、很多的意思。

無字碑

《東窗事犯》四【尾】：「秦檜賊臣不須論，想他誑上欺君，苦虐黎民。近有東岳靈文，交替了陳壽千年無字碑，古自證不的本。」

　　沒有刻上文字的碑曰「無字碑」。一作沒字碑，義同。常用以比喻虛有儀表而不通文字的人。《新五代史・任圜傳》：「崔協不識文字，而虛有儀表，號為沒字碑。」又《安叔千傳》：「叔千狀貌堂堂，而不通文字，所為卑陋，時

人謂之沒字碑。」宋・孫光憲《北夢瑣言》卷三：「崔協者，少識文字，時人呼爲無字碑。」

　　上例是借用「無字碑」一語罵秦檜雖爲堂堂宰相，但所爲卑鄙、誑上欺君、誣陷忠良、苦害百姓，實爲天地所不容。

無明火

　　《劉知遠諸宮調》十一【般涉調・蘇幕遮】：「當時間知遠惡忿氣塡胸，怎納無明火？」

　　《氣英布》一【寄生草】：「嗒心頭早發起無明火，這劍頭磨的吹毛過，你舌頭便是亡身禍。」

　　《昊天塔》四【川撥棹】：「這廝待放懞掙，早撥起喒無明火不鄧鄧。」

　　《貨郎旦》一【金盞兒】：「俺這廝偏意信調唆，這弟子業口沒遭磨，有情人惹起無明火。」

　　《來生債》一、詩云：「斷絕貪嗔癡妄想，堅持戒定慧圓明，自從滅了無明火，煉得身輕似鶴形。」

　　無明火，即忿火，取義來源於佛典。《大乘義章》卷四：「言無明者，痴闇之心，體無慧明，故曰無明。」又爲一切煩惱之異名，所云忿火，當即本於不悟事理而生煩惱所起。敦煌變文《維摩詰經菩薩品變文甲》：「一點無明火要防。」元・陶宗儀《輟耕錄》卷十五「與妓下火文」條：「與君一把無明火，燒盡千愁萬恨心。」《古今小說・張古老種瓜娶文女》：「一把無明火，高三千丈，按捺不下。」皆其例。

　　或簡作無明，代稱怒火，如：《董西廂》卷二【正宮・甘草子】：「法聰覷了，勃騰騰地無明發。」《紅樓夢》第二十八回：「次日又可巧遇見餞花之期，正在一腔無明，未曾發洩，又勾起傷春愁思。」此詞，現代口語中仍沿用。

無明夜

無名夜

　　《雙赴夢》一【天下樂】：「換馬處側一會兒身，行行至吃一口兒食，無明夜不住地。」

《拜月亭》二【梁州】：「則我一個婆娘，與他無明夜過藥煎湯。」

《陳母教子》四【沽美酒】：「著他每按月家請著俸錢，誰著他無明夜趲家緣？」

《樂府群珠》卷二曾瑞卿小令【南呂·罵玉郎過感皇恩採茶歌·閨中聞杜鵑】：「無明夜閒聒噪，廝禁持。」

同書同卷無名氏小令【玉嬌枝·閨情】：「梅香乖劣，每日調唆著小姐後園中戲耍無名夜。」

無明夜，謂無明無夜，不分晝夜，猶云夜以繼日。一作無名夜，義同，「名」為「明」字之訛。

無碑記

《樂府新聲》中無名氏小令【水仙子】：「牆板般世事無碑記，料想來爭甚的？則爭個來早來遲。」

《太平樂府》卷七周德清散套【鬥鵪鶉·雙陸】：「翻雲覆雨無碑記，則袖手旁觀笑你。休把色兒嗔，宜將世情比。」

《雍熙樂府》卷十九無名氏小令【小桃紅·西廂百詠五十三】：「投至相逢在今日，可知裏，淒涼受了無碑記。」

張相《詩詞曲語辭匯釋》卷四云：「無碑記，猶言無數也；不可計也。」是。明·湯顯祖《南柯記》四十四【清江引】：「長夢不多時，短夢無碑記，普天下夢南柯人似蟻。」亦其例。

無遮大會

《合汗衫》三、白：「今有陳相公做這無遮大會，一應人等，都要捨貧散齋，小僧已都準備下了。」

無遮大會，是佛教法會名稱。無遮，寬容廣大之意。故無遮大會，即無論聖賢道俗、貴賤上下，一律都可以參加的大會。《梁書·武帝紀下》：「癸巳，輿駕幸同泰寺，設四部無遮大會。」《大唐三藏取經詩話下·到陝西王長者妻殺兒處第十七》：「回來之日，修崇無遮大會，廣布梁（良）緣，薦拔先亡，作大因果。」或名「大施會」，意同。

五奴

《羅李郎》一【醉中天】：「我將皇城扣，索共那五奴虔婆出頭。

輯本《海神廟王魁負桂英》【梅花酒】：「稱了那郎君子弟心，呀！

敢快活殺虔婆五奴意。」

《劉行首》二【叨叨令】：「則聽的虔婆教，五奴教，怎不受神仙教？」

《梨園樂府》上商政叔散套【一枝花·嘆秀英】：「只爲你沒情腸五

奴虔婆，毒害相扶持得殘病了我。」

　　五奴，即龜奴，是對妓院中執役男子的蔑稱。「五」疑係「烏龜」之「烏」字的借音。唐·崔令欽《教坊記》：「蘇五奴妻張四娘，善歌舞，有邀迓者，五奴輒隨之前。人欲得其速醉，多勸酒。五奴曰：『但多與我錢，喫糙子亦醉，不煩酒也。』今呼鬻妻者爲『五奴』自蘇始。」明·朱有燉《香囊怨》二【滾繡毬】：「但有些錢呵，又道是豪旺了五奴攛丁。」明·馮惟敏《僧尼共犯》二【感皇恩】：「當家兒一族，勝強如五奴：犯清規，傷王化，壞風俗。」皆其例。或又作仵奴，如《水滸》第五十一回：「雷橫大怒，便罵道：『這仵奴，怎敢辱我！』白玉喬道：『便罵你這三家村使牛的，打甚麼緊！』」仵、五同音，亦借用之字。

五服

《鐵拐李》二【倘秀才】：「非五服内男兒不曾教見一見，你有人材

多嬌態正中年。」

《劉弘嫁婢》三【鬼三臺】白：「識認下子母，另置宅安居，如骨肉

五服之親。」

　　封建社會依血統親疏，把喪服分爲斬衰、齊衰、大功、小功、緦麻五種，稱做「五服」。《禮記·學記》：「師無當於五服，五服弗得不親。」現通指在同一個高祖父、母血統下的子孫，爲不出五服的親屬。

五南

《魯齋郎》四、白：「奉聖人的令，差老夫五南採訪。」

《陳母教子》楔、白：「聖人著老夫五南路上採訪賢士走一遭去。」

《剪髮待賓》三、白：「五南路採訪賢良。」

《陳州糶米》三、白：「我跟著這包待制大人，上五南路採訪回來。」

五南，舊指江南、湖南、嶺南、海南、雲南。實際上，負責採訪的官吏，如肅政廉訪使，只能對一路負責，故此「五南」應為泛指。或謂五嶺之南，如《漢書·張耳陳餘傳》：「南有五領（嶺）之戍」，顏師古引裴氏《廣州記》注云：「大庾、始安、臨賀、桂陽、揭陽，是為五領。」不確。

五鬼

《冤家債主》一【混江龍】：「這的是敗家五鬼，不弱如橫禍飛災。」

五鬼，迷信說法，謂五窮鬼，即智窮、學窮、文窮、命窮、交窮。韓愈《送窮文》云：「凡所以使吾面目可憎、語言無味者，皆子之志也。其名曰志窮：矯矯亢亢，惡圓喜方，羞為姦欺，不忍害傷。其次名曰學窮：傲數與名，摘抉杳微，高挹群言，執神之機。又其次曰文窮：不專一能，怪怪奇奇，不可時施，祇以自嬉。又其次曰命窮：影與形殊，面醜心妍，利居眾後，責在人先。又其次曰交窮：磨肌戛骨，吐出心肝，企足以待，寊我讎冤。凡此五鬼，為吾五患。」又，南唐馮正中與「其弟馮延魯交結魏岑、陳覺、查文徽，侵損時政，時人謂之五鬼」（見馬令《南唐書·馮正中傳》），則是指五個壞人而言。

五陵

《蝴蝶夢》三【滾繡毬】：「俺秀才每比那題橋人無那五陵豪氣。」

《燕青博魚》二【金盞兒】：「比及問五陵人，先頂禮二郎神。」

《王粲登樓》三【上小樓】：「我怎肯與鳥獸同群，豺狼作伴，兒曹同輩，兀的不屈沉殺五陵豪氣？」

西漢元帝以前，在渭水橋北岸、今咸陽市附近有漢代五個皇帝的墳墓，即：高帝長陵、惠帝安陵、景帝陽凌、武帝茂陵、昭帝平陵，合稱「五陵」。陵墓地區，風景壯觀。當時豪富之家，多聚居在那一帶，後因作豪俠少年所居之地的代稱。東漢·班固《西都賦》：「南望杜、霸，北眺五陵。」南朝陳·徐陵《玉臺新詠序》：「五陵豪族，充選掖庭。」杜甫《秋興》詩：「五陵衣馬自輕肥」，白居易《琵琶行》詩：「五陵年少爭纏頭」，皆其例。

五間（jiàn）

《風雲會》三【收尾】：「作戰先將九地量，決戰須將五間防。

間（jiàn），指間諜；在戰爭中為奪取戰爭的勝利，必須使用間諜，了解敵情。兵法家孫子謂用「間」有五，計：「有因間，有內間，有反間，有死間，有生間。五間俱起，莫知其道，是為神紀，人君之寶也。因間者，因其鄉人而用之。內間者，因其官人而用之。反間者，因其敵間而用之。死間者，為誑事於外，令吾間知之，而傳於敵間也。生間者，反報也。」（見《孫子兵法》）《後漢書·高彪傳》：「人有計策，六奇五間。」

五代史

《紫雲庭》一【混江龍】：「我唱的是《三國志》，先饒十大曲；俺娘便《五代史》，續添《八陽經》。」

《羅李郎》三【後庭花】：「人都道你是教師，人都道你是浪子，上長街百十樣風流事，到家中一千場《五代史》。」

《對玉梳》二【滾繡毬】：「每日間《八陽經》便少呵，也有三千卷；《五代史》至輕呵，也有二百合。」

《翫江亭》二【尾聲】：「好一會，弱一會，連麻頭，續麻尾，空著我念《五代史》，啕到有一車氣。」

《樂府新聲》中無名氏小令【滿庭芳】：「《五代史》般聒聒炒炒，《八陽經》般絮絮叨叨，動不動尋人鬧，羅織人左錯，誰不怕俺娘焦。」

五代史，謂吵鬧、胡鬧，意同八陽經；因五代十國時代，戰亂頻繁，因借喻紛亂、吵鬧。與二十四史中之新、舊《五代史》無關。

五花誥

金花誥

《謝天香》楔、白：「小生若到京師闕下得了官呵，那五花官誥、駙馬香車，你便是夫人縣君也。」

《牆頭馬上》三【駐馬聽】：「憑男子豪傑，平步上萬里龍庭雙鳳闕；妻兒貞烈，合該得五花官誥七香車。」

《兩世姻緣》四【落梅風】：「可知可知賣弄那金花誥。」

《金錢記》四【雙調新水令】：「可知道金榜名標，誰請受五花誥？」

《碧桃花》一【後庭花】：「現如今擁雙鵱做宰臣，許下我五花誥爲縣君。」

古代，丈夫做了官，妻子可以按照丈夫的品級得到皇帝給予的相應的封號；這種封號的證書叫做「誥」。因爲它是用五色綾羅做的，其上有金色花飾，故名之曰「五花誥」或「金花誥」。《金史·百官志四》：「官誥：縣君、孺人、鄉君，紅遍地雜花錦褾，素五色小綾十幅，銀裏間鍍軸。軸之制：如徑二寸餘大錢貫之兩端，復以犀象爲鈿以轄之，可圓轉如輪。」

五花驄

五花驄

《玉鏡臺》四【雙調新水令】：「我前面騎的是五花驄。」

《張天師》一【醉扶歸】：「四下裏旌旄簇擁，準備著五花驄，緩向天街鞚。」

《詞林摘艷》卷一張鳴善小令【普天樂·詠世】：「五花驄，千金夜，青銅鏡缺，碧玉簪折。」

驄（cōng），青白兩色相雜的駿馬之稱。唐代開元、天寶間，社會風尚，極考究馬飾，凡是名馬，都把馬鬃剪成花瓣形狀，以爲美觀。剪成五瓣的，叫做五花驄或五花馬。如李白《將進酒》云：「五花馬，千金裘，呼兒將出換美酒。」韓翃《送王光輔歸青州》詩云：「遠憶故人滄海別，當年好躍五花驄。」後來作爲形容駿馬的泛稱。

五眼雞

《神奴兒》一【賺煞尾】：「則你那狀本兒如瓶注水，俺親兄弟看成做了五眼雞。」

《元人小令集》張鳴善【失題】：「說英雄誰是英雄？五眼雞岐山鳴鳳，兩頭蛇南陽臥龍，三腳貓渭水飛熊。」（原載元·陶宗儀《輟耕錄》卷二十八，調作【水仙子】）

　　五眼雞，本爲好鬬的雄雞，引申爲討厭之物，比喻親骨肉之間因鬧矛盾而傷和氣。明‧何良俊《四友齋叢說》卷二：「吳獻臣至孔廟行香講禮畢，問諸生五眼雞、三腳貓故事，諸生無以應。」亦其例。或作「烏眼雞」，如《金瓶梅》第十一回：「弄得漢子烏眼雞一般，見了俺們便不待見。」《紅樓夢》第七十五回：「嗒們倒是一家子親骨肉呢，一個個都像烏眼雞似的，恨不得你吃了我，我吃了你。」「五」係「烏」的借音字。烏者，言其不辨親疏也。

五瘟使

五瘟神

　　《西廂記》三本一折【元和令】：「金釵敲門扇兒。〔末云：〕是誰？〔紅唱：〕我是箇散相思的五瘟使。」

　　《西遊記》二本八齣【滾繡毬】：「我將那五嶽欺，五氣掌，五瘟神遣之於霄壞。」

　　五瘟使，一作五瘟神，即瘟神之意。明‧閔遇五注《西廂記》以爲應作「五氳氳」，雖有所本，但從文藝角度看，終不如「五瘟使」本色。故劇作家多用「五瘟使」，而不見「五氳氳」。湯顯祖《牡丹亭‧冥判》：「便寫不盡四大洲轉輪日月，也差的著五瘟使號令風雷」。又，佛家謂色（形相）、受（情欲）、想（意念）、行「行爲」、識（心靈）爲「五蘊」，是支配人的五種因素；因「蘊」、「瘟」音近而訛，並具體化，戲劇中遂變成了神的名稱。備參。

五臟神

　　《董西廂》卷三【雙調‧惜奴嬌】：「再見紅娘，五臟神兒都歡喜，請來後何曾推避。」

　　《後庭花》一【後庭花】：「那壁廂歡喜殺三貞婦，這壁廂鑊鐸殺五臟神。」

　　《金鳳釵》二【十二月】：「百忙裏要饅頭麵糕，枉把你五臟神虛邀。」

　　《西廂記》二本二折【上小樓】：「秀才每聞道請，恰便似聽將軍嚴令，和他那五臟神願隨鞭鐙。」

　　《東堂老》三【滿庭芳】：「則你那五臟神也不到今日開屠。」

　　五臟神，元劇中調侃語，多指脾胃。心、肝、脾、肺、腎爲五臟；加以具體及神化，遂名之曰五臟神，意指食慾。白居易《感事》詩：「睡適三屍性，慵安五臟神」。《太平廣記》卷三五八：「鄭齊嬰」條云：「鄭齊嬰，開元中爲吏部侍郎、河南黜陟使，……忽見五人，衣五方色衣，詣廳再拜。齊嬰問其由。答曰：是大使五藏（臟）神。齊嬰曰：神當居身中，何故相見？答曰：是以守氣，氣盡當散。」

五李三張

　　《岳陽樓》一【仙呂點絳唇】：「這墨光照文房，取煙在太華頂上仙人掌，更壓著五李三張，入硯松風響。」

　　宋·周輝《清波雜志》卷五：「張滋墨，世謂勝李廷珪。」張、李二氏在宋代都以善製墨著稱。清·查愼行《得樹樓雜鈔》：「古人製墨，牽用松煙，漢取諸扶風，晉取諸廬山，唐則易州、上黨。自李超徙歙，張谷徙黟，皆世其業。」《何遂墨記》：「沈珪，嘉禾人，每云韋仲將法，止用五十兩之膠。至李氏渡江，始用對膠，而祕不傳爲可惜。一日與張處厚於居彥實家造墨，而出灰池失早，墨皆斷裂。」此云「五李三張」，是泛指善製墨的人。

五道將軍

　　《魔合羅》一【天下樂】白：「原來是五道將軍廟；多年倒塌了，好是凄涼也。」

　　同劇二、白：「這裏有個李德昌，他去南昌做買賣回來，利增百倍；如今在城南五道將軍廟裏染病，教我與他寄個信。」

　　五道將軍，係迷信傳說中東嶽的屬神，古人認爲他是掌管人生死的神。敦煌變文《大目乾連冥間救母變文》：「大王啓言和尚：『共童子相隨，問五道將軍，應知去處。』」《醒世恒言·鬧樊樓多情周勝仙》：「奴陽壽未絕，今被五道將軍收用。」皆其例也。據晉·魚豢《三國典略》說：崔季舒未遇害，其妻畫魔，云見人長一丈，徧體黑毛，欲來逼己。巫曰：此是五道將軍，入宅者不詳。

五烈不楪

《午時牌》一【鵲踏枝】白：「俺兩箇弓馬上五烈不楪，早晚阿媽跟前，倒刺孛知赤伏侍，阿媽但見了俺兩箇便喜歡。」

五烈不楪，蒙語，不濟、不強、不好之意。

五裂箋迭

《哭存孝》二【尾聲】白：「哥哥，阿媽道：『五裂箋迭！』醉了也，怎生是了？」

同劇四、白：「夫人，……我說道：『五裂箋迭，我醉了也。』他怎生將孩兒五裂了！」

五裂箋迭，酒醉之意。明・火源潔《華夷譯語・通用門》：「『不』曰兀祿，『知』曰箋迭。」又「不管」亦曰「兀祿箋迭」。按：不知、不管，即酒醉後腦子不清醒之意也。

仵作（wǔ zuò）

仵作

《救孝子》二【四煞】：「這裏又離城側近，怎不喚一行仵作，仔細檢報緣因。」

《冤家債主》三【二煞】：「只幾箇仵作行送出城門去，又無那花冠彩轝，多管是蓆捲椽舁。」

《曲江池》二【牧羊關】：「送殯呵須是仵作風流種，唱挽呵也則歌吟詩賦人。」

舊時官署中檢驗死傷的吏役，稱為仵作。他們除檢驗外，也兼營棺木、殯葬等事。宋・廉布《清尊錄》「大桶張氏」條：「呼其鄰張三者告之，使治其喪。鄭以送喪為業，世所謂仵作行者也。」《警世通言・喬彥傑一妾破家》：「王酒酒便隨程五娘到褚堂仵作李團頭家，買了棺木，叫兩個火家來河下撈起屍首，盛於棺內，就在河岸邊存著。」清・錢大昕《恒言錄》卷四云：「宋時，執役葬事者，謂之仵作。方勺《泊宅編》：『近歲除直祕閣者，尤多運判。蔣彝應副朱冲葬事得之，號仵作學士是也。』今制，州縣設仵作，專司檢驗民人鬭毆死傷，蓋沿明代之稱。」《清會典・刑部》：「凡鬭毆傷重不能動履之人，不得扛擡赴驗，該管官即帶領仵作親往驗看。」

仵作，或作忤作，如上舉之《冤家債主》例。或作伍作，如《牡丹亭・冥判》：「白虎臨官，一樣價打貼刑各催伍作」，亦其例。按忤、伍俱爲「仵」之借音字。

武陵溪

武陵源　武陵原

《救風塵》三【幺篇】：「嗏武陵溪畔曾相識，今日佯推不認人。」

《東牆記》三【幺篇】白：「東牆相見後，疑是武陵源。」

《青衫淚》三【駐馬聽】：「則是遞流花草武陵溪，幽囚風月藍橋驛。」

《誤入桃源》四【殿前歡】：「這時節武陵溪怎暗約，桃花片空零落，胡麻飯絕音耗。」

《西廂記》一本一折【賺煞】：「春光在眼前，爭奈玉人不見，將一座梵王宮疑是武陵源。」

《玉壺春》四【雙調新水令】：「這廝，他不明白，硬撞入武陵溪。」

《貶夜郎》四【殿前歡】：「酒如川，鷺鷗長聚武陵原。」

《城南柳》三【賀新郎】：「你休錯認章臺路，管取你誤入武陵源。」

《北詞廣正譜》卷二【醉扶歸】：「有緣千里能相會，劉晨曾誤入武陵溪。」

神仙傳說故事，東漢人劉晨、阮肇到天台山採藥迷路，遇見仙女，並與之相戀。見南朝・宋・劉義慶《幽明錄》。元曲作家以武陵源、武陵溪用作天台、漢皋之意，乃是誤用陶潛《桃花源記》本事。唐・王維《桃源行》：「居人共住武陵源，還從物外起田園。」宋・眞西山【蝶戀花】詞云：「盡道武陵溪上路，不知迷入江南去。」武陵源，即武陵溪，源，或作原。

兀自

古自　骨子　故自　尚兀自　尚兀剌　上兀自　向兀自　尚古自　尚古子　上古自　尚故自

《玉鏡臺》二【牧羊關】：「他兀自未搟起金衫袖，我又早先聽的玉釧鳴。」

同劇二【隔尾】：「一對不倒踏窄小金蓮尚古自剩。」

《調風月》二【醉春風】：「哎！你，你，教我沒想沒思，兩心兩意，早辰（晨）古自一家一計。」

《董西廂》卷五【中呂調‧尾】：「紅娘覷了吃地笑，俺骨子不曾移動腳，這急性的郎君三休飯飽。」

同書卷三【南呂宮‧瑤臺月】：「渾如睡起，尚古子不曾梳裏，綠鬢瓏璁斜軃。」

同書卷八【中呂調‧渠神令】：「誰知今日見伊，尚兀自鰥居獨自，又沒箇婦兒妻子。」

《西廂記》四本二折【調笑令】白：「〔夫人云：〕你故自口強哩！若實說呵，饒你；若不實呵，我直打死你這箇賤人！誰著你和小姐花園裏去來？〔紅云：〕不曾去，誰見來？〔夫人云：〕歡郎見你去來，尚故自推哩！」

《楚昭公》二【越調鬭鵪鶉】：「他走樊城兀自紅顏，過昭關早成皓首。」

《後庭花》四【滾繡毬】：「對清官磕牙料嘴，古自道無憂愁無是無非。」

輯佚《鼓盆歌莊子嘆骷髏》【天下樂】：「直睡到紅日上花稍，向兀自睡未覺。」

《雍熙樂府》卷四散套《志士未遇》：「上古自毛錐紙上鑽。」

同書同卷散套【點絳唇‧揚州夢】：「上兀自，盞能消萬斛愁。」

《詞林摘艷》卷十陳大聲散套【鬭鵪鶉‧伴了些珠履瓊簪】：「中年無計作生涯，流落他人下，尚兀刺留戀當時枕邊話。」

　　兀自，用作副詞，一般含有尚、還、猶諸義。在上列各例中，兀自，又作古自、骨子、故自、尚兀自、上兀自、尚兀刺、向兀自、尚古自、上古自、尚古子、尚故自。此外，還作「尚兀子」，如宋話本《快嘴李翠蓮記》：「尚兀子調嘴弄舌。」又簡作「兀」，如《董西廂》卷四【般涉調‧哨遍纏令】：「解開遂披讀，兀然心下疑猜。」又簡作「骨」，如戲文《張協狀元》：「今日見協骨恁嗔。」等。按北語「兀」與「古」通，故「蒙古」或譯作「蒙兀」。「兀」與「古」、「骨」、「故」，「自」與「子」、「刺」，皆一音之轉。「兀自」等詞上

冠以「尚」字，如「尚兀自」、「尚古自」等，就成了複義詞。「上」字爲同音借用，「向」字是形誤。此語宋已有之，如朱秋娘【採桑子】詞：「梅子青青又帶黃，兀自未歸來。」此詞至今北語仍在使用，如說：「他心裏便老大的不樂意，兀自埋怨道……」。（見林青《秋收的時候》）

　　又，「兀自」有時也作「一個勁地」解釋，如話本《碾玉觀音》：「秀秀道：『你記得當時在月臺賞月，把我許你，你兀自拜謝，你記得也不記得？』」此例雖罕見，亦可備一解。

兀那

　　《竇娥冤》一、白：「兀那婆婆，誰喚你哩？」

　　《救風塵》二、白：「兀那賤人，我手裏有打殺的，無有買休賣休的。」

　　同劇三【倘秀才】白：「兀那老弟子不識羞，直趕到這裏來」。

　　《牆頭馬上》二【牧羊關】白：「兀那漢子，我將你拖到官中，不道的饒了你哩！」

　　《漢宮秋》一【混江龍】白：「兀那彈琵琶的，是那位姑娘？聖駕到來，急忙迎接者！」

　　《合汗衫》四、白：「孩兒你不知，兀那陳虎，不是你的父親。」

　　《殺狗勸夫》二【太平令】白：「兀那吃麵的是誰？〔旦云：〕是孫二叔叔。」

　　兀那，就是那，指示詞，與「這」（近指）相對。兀，爲發語詞，無義，只起加強語氣作用。山東威海衛人則以「兀那」爲應聲。

兀良

　　《漢宮秋》三【七弟兄】：「說甚麼大王、不當、戀王嬙，兀良，怎禁他臨去回頭望！」

　　《生金閣》三【梁州第七】：「呀、呀、呀，兀良，早過了些碧澄澄野水橫橋。」

　　《玉壺春》三【十二月】：「那裏怕邏惹著囊揣的這秀才，兀良，我則怕生諕殺軟弱的群釵。」

《倩女離魂》四【尾聲】：「兀良，早則照不見伴人清瘦影。」

《小尉遲》二【隨尾】：「兀良，我把那敗殘軍直趕過李陵臺。」

《合同文字》一【油葫蘆】：「則俺這人離財散央親眷，兀良，誰齎發我一根椽？」

《雍熙樂府》卷十三散套【鬥鵪鶉・半世飄零】：「到中秋，月色幽，醉醺醺無日不登樓，兀良，抵多少風雨替花愁！」

兀良，用作襯詞，與文意無關，是句子中的獨立成分，不爲義。放在句首，有加強語氣或指示方向的作用；放在句中，起調音節的作用；有時表示驚訝，略如現代漢語的「啊呀」。一作兀剌，音近義同，參見「兀剌」條。

兀剌

忽喇　忽剌

兀剌：一用作名詞，指靴子；二用作形容詞語尾；三用作襯字，起調節音節作用，無義。

(一)

《漁樵記》二【滾繡毬】白：「蚊子穿著兀剌鞋。」

《破天陣》一、白：「髮垂雙練狗皮袍，腳穿兀剌忒清標。」

《太平樂府》卷九楊立齋散套【哨遍・皮匠說謊】：「新靴子投至能勾完備，舊兀剌先磨了半截底。」

兀剌，一作烏喇，靴子名。烏拉草產於吉林，冬季盛入烏拉皮鞋內，溫暖異常。諺云：吉林有三寶，人葠、貂皮、烏拉草。今北方農民以整塊牛皮製靴，實以烏拉草，也叫做「兀剌」。宋・魏了翁《鶴山渠陽經外雜鈔》卷二：「今西羌之人，忽劣爲靴。」「忽劣」猶「兀剌」也。《西遊記》第六十五回：「腳踏烏喇鞋一對。」烏喇，音義並同「兀剌」。明・火源潔《華夷譯語》謂腳底曰兀剌，故靴子名兀剌，實從腳底的意義而來。今通書作「靰鞡」。

(二)

《玉鏡臺》四【折桂令】：「軟兀剌走向前來。」

《梧桐雨》四【倘秀才】：「軟兀剌方纔睡著。」

《西廂記》二本三折【雁兒落】：「軟兀剌難存坐。」

《張生煮海》三【倘秀才】：「怎做這般熱忽喇的勾當？」

《舉案齊眉》三【越調鬥鵪鶉】：「鋪的是乾忽剌的葦蓆。」

兀剌，或作忽喇、忽剌，用作形容詞語尾，形容「軟」、「熱」、「乾」等詞。今仍有此用法。兀、忽通用。

（三）

《陽春白雪》後集四王伯成散套【鬥鵪鶉·聖藥王】：「醉醺醺無月不登樓，兀剌，抵多少風雨替花愁。」

此「兀剌」，《雍熙樂府》卷十三作「兀良」，故兀剌，猶「兀良」，「剌」與「良」，一聲之轉。在曲文中，「兀剌」作爲襯詞，主要起的是調節音節的作用，無意義。參看「兀良」條。

兀的

兀得　兀底　阿的　窩的

兀的，或作兀得、兀底、阿的、窩的。含義有三：一用爲指示詞，猶這；二在反問語氣中用之，有怎不、豈不、這不是等義；三用作發語詞，無義。

（一）

《董西廂》卷六【越調·蠻牌兒】：「這的般愁，兀的般悶。」

同書卷一【仙呂調·尾】：「這一雙鶻鴒眼，須看了可憎底千萬，兀底般媚臉兒不曾見。」

同書同卷【仙呂調·醉落魄】：「君瑞正行之次，僕人順手直指，道：『兀底一座山門！』」

《調風月》一【勝葫蘆】：「覷了他兀的模樣，這般身分。」

《哭存孝》三【醉春風】白：「阿的好小番也！暖帽貂裘最堪宜，小番平步走如飛；吾兒存孝分訴罷，盡在來人是與非。」

《伍員吹簫》三【醉春風】：「兀的班人物，遭逢著恁般時勢。」

《介子推》三【普天樂】：「兀的是還你魂的高車駟馬，那的是取你命的大纛高牙。」

《黃鶴樓》二【禾詞】白：「喝了五六碗茶，阿的們大燒餅喫了六七箇。」

《樂府群珠》卷四張鳴善小令【普天樂‧嘆世】：「阿的般恩愛，怎生麼離別？」

《詞林摘艷》卷一張鳴善小令【普天樂‧詠世】：「生忔支前生少欠，阿的般今世塡還。」

上舉各例，兀的、兀底、阿的，都用作指示詞，猶這。從例中「兀的」與「這的」、「恁般」相對照，又與「那的」相反襯，皆可證。細玩之，兀的，實包含這、這個、這樣等義。在某些劇例中，又含有著重和驚嘆的語氣。如例句中：「兀底一座山門！」「阿的好小番也！」都兼表驚異的口氣。「阿的般恩愛，怎生麼離別！」又表現了對「恩愛」的強調。上溯其源，「兀的」一詞，實由晉人俗語「阿堵」音轉而來。南朝宋‧劉義慶《世說新語》云：「顧長康畫人，或數年不點目睛。或問之，顧曰：『四體姸妍，本無關於妙處，傳神寫照，正在阿堵之中。』」《晉書‧王衍傳》：「衍疾郭（衍之妻）之貪鄙，故口未嘗言錢。郭欲試之，令婢以錢繞牀，使不得行。衍晨起見錢，謂婢曰：『舉阿堵物卻！』」阿堵即這個之意。故宋‧馬永卿《嬾眞子》云：「古今之語，大都相同，但其字各別耳。古所云阿堵者，即今所云兀底也。」兀的、兀底、阿的，字形雖與「阿堵」各別，實爲一音之轉，義同。

（二）

《董西廂》卷一【中呂調‧牧羊關】：「得後是自家采，不得後是自家命。更打著黃昏也，兀的不愁殺人！」

《竇娥冤》二【黃鍾尾】白：「明日市曹中殺竇娥孩兒也，兀的不痛殺我也！」

《牆頭馬上》四【滿庭芳】：「教齋長休題柱，想他人有怨語，兀的不笑殺漢相如？」

《西廂記》一本一折【柳葉兒】：「小姐呵，則被你兀的引了人意馬心猿？」

《紫雲庭》一【醉中天】：「俺這虔婆道：兀得不好拷末娘七代先靈！」

《黃鶴樓》三【尾聲】白：「我把你拔開看咱，兀的不是一枝箭！」

《替殺妻》一【元和令】白：「窩的不諕殺人也！怎生嫂嫂今日説出這般這言語？」

《鎖魔鏡》一【天下樂】：「〔末云：〕鬼力，將過弓箭來者！〔鬼力云：〕理會的，兀的不是弓箭在此！」

「兀的」與否定詞「不」字連用時，表示反問語氣，有怎不、豈不、好不、如何、這不是等義。兀得、窩的，與兀的音近義同。

（三）

《襄陽會》楔：「〔劉備云：〕先生通名顯姓咱！〔司馬云：〕好、好、好，你休問我，問兀的那個人去。」

同劇楔、白：「兀的那前頭又有軍馬來了。」

《陳摶高臥》一【仙呂點絳唇】白：「兀的那壁有個賣卦先生，咱且聽他説些甚的。」

《衣襖車》二【烏夜啼】白：「兀的那押扛車人作急的行，後面則怕有人趕將來也。」

以上各例，「兀的」冠於「那」之上，用作發語詞，無義。

兀誰

《董西廂》卷二【仙呂調·繡帶兒】：「立於廊下，其時遂把諸僧點：『搜搜好漢每兀誰敢？』」

同書卷四【黃鍾宮·黃鶯兒】：「墙東裏一跳，在墻西裏撲地，聽一人高叫道：『兀誰？』生曰：『天生會在這裏！』」

同書卷五【仙呂調·瑞蓮兒】：「到此際，兀誰可憐見我這裏！」

元本《琵琶記》四【吳小四】白：「老賊！你眼又昏，耳又聾，又走動不得，教孩兒出去，萬一有些差池，教兀誰管來？」

戲文《張協狀元》一【鳳時春】白：「兀誰不識此人？兀誰不敬重此人？」

《太平樂府》卷七李致遠散套【新水令·離別】：「恁時綠暗紅嫣，兀誰管春山翠眉淺？」

兀誰，即誰，爲疑問人稱代詞。「兀」爲發語辭，無義，猶「阿誰」之「阿」字，「伊誰」之「伊」字。明・陳耀文《花草粹編》載楊西庵【太常引】詞曰：「則待不思量，兀誰管今宵夜長？」《警世通言・萬秀娘仇報山亭兒》：「看著焦吉道：『你見甚麼？便說我和兀誰說話。』」皆其例。可參閱「阿誰」、「伊誰」條。

兀剌赤

哈剌赤　阿堵兀赤

> 《幽閨記》十【前腔】：「兀剌赤，兀剌赤，門外等多時。」

> 《岳飛精忠》一、白：「卜兒赤一隻眼，兀剌赤豁著唇。」

> 《陰山破虜》一、白：「哈剌赤招展起雲月皀雕旗，禿魯赤擺列著朱纓畫戟。」

> 《誠齋樂府・桃源景・四》：「〔淨白：〕俺是蒙豁阿堵兀赤。〔末白：〕他說他是達達人放馬的。」

兀剌赤，蒙古語，駕車馬的人。《華夷譯語》謂馬夫曰兀剌赤。清・虞兆湰《天香樓偶得》云：「兀剌赤，元人掌車馬者之稱，故《拜月》有云：兀剌赤，兀剌赤，門外等多時。」元・楊瑀《山居新語》云：「中途有酒車百餘乘，其回車之兀剌赤，多無禦寒之衣」。

後二例之「哈剌赤」及「阿堵兀赤」，蒙古語，指牧馬的人。《元史・吐吐哈傳》：「班都察舉指迎降，世祖命掌尙方馬畜，歲時挏馬乳以進，色清而味美，因目其屬曰哈剌赤。哈剌赤，譯言黑馬乳也。」阿堵兀赤，據《誠齋樂府》，明言爲放馬的人；當爲哈剌赤之又一譯音。朱居易《元劇俗語方言例釋》謂：「兀剌赤，駕馬或牧馬的人。一作兀赤，意同。」把駕車馬的人和牧馬的人混爲一談，誤。但因兩者音義略相近，故放在一起解釋。

兀兀禿禿

> 《生金閣》三【牧羊關】白：「我如今醞下些不冷不熱，兀兀禿禿的酒與他吃。」

兀兀禿禿，即「兀禿」的重言，不冷不熱之意，今北京、湖北、昆明等地仍有此俗語。兀禿，本爲「溫暾」的音轉。「溫暾」一詞，見於唐詩者有：

元稹《酬獨孤二十六歸通州》詩云：「寧受寒切烈，不受暘溫暾。」白居易《開元寺東池早春》詩云：「池水暖溫暾。」王建《宮詞》云：「新晴草色暖暾。」溫暾，又作溫燉、溫黁、溫屯、溫吞等。元·陶宗儀《輟耕錄》卷八：「南人方言曰溫暾者，乃微煖也。」清·翟灝《通俗編》：「溫暾與溫黁、溫屯義同，音亦相近。」後世演變爲「兀禿」。

勿勿勿

勿勿勿，象聲詞，形容噓寒聲或喜笑聲，例釋如下。

（一）

《看錢奴》二【滾繡毬】：「便有那剡溪中禁回他子猷訪戴，則俺這三口兒兀的不凍倒塵埃？〔做寒戰科，帶云：〕勿，勿，勿！」

《東堂老》二【三煞】：「你回窨去，勿、勿、勿，少不得風雪酷寒亭。」

《凍蘇秦》二【笑歌賞】：「待不去來，則這裏勿、勿、勿，風共雪相催逼。」

同劇三【梁州第七】：「〔正末做到冰雪堂冷科，云：〕勿，勿，勿！」

《漁樵記》二【滾繡毬】：「哎喲！勿、勿、勿，暢好是冷的來奇怪。」

勿勿勿，噓寒聲，由於寒冷而口中發出的聲音。

（二）

《望江亭》三【鬼三台】：「〔衙內做喜科，云：〕勿、勿、勿！〔張千與李稍做喜科，云：〕勿、勿、勿！」

這裏的「勿勿勿」，是形容喜笑時所發的聲音，略同喔喔喔、呵呵呵。

物事

《董西廂》卷三【雙調·御街行】：「這書房裏往日曾來，不曾見這般物事。」

《岳陽樓》三【倘秀才】：「哎！村物事，潑東西，怎到得那裏？」

《還牢末》二【浪裏來煞】白：「那李孔目如今是我手裏物事，搓的圓，捏的匾，拚行將他盆吊死了。」

《范張雞黍》二【隔尾】白：「小生墮落文章，似賣著一件物事，不
　能出手。」

物事，吳語，猶北人稱「東西」或「傢伙」。戲文《張協狀元》八：「你
來刼我物事。」《京本通俗小說・西山一窟鬼》：「一夜熱亂，不曾吃一些物事。」
《古今小說・張古老種瓜娶文女》：「眾人皆坐，老夫請你們食件物事了去。」
皆其例。

有時亦指事情。《公羊傳・隱公元年》：「漸，進也。」何休注：「漸者物
事之端，先見之辭。」

焐（wù）

焐腳

《硃砂擔》三、白：「溼是溼的，熱身子焐乾了。」

《青衫淚》二【滾繡毬】白：「小子久慕大名，拿著三千引茶，來與
大姐焐腳，先送白銀五十兩，做見面錢。」

《燕青博魚》三【幺篇】：「〔搽旦云：〕我那親哥哥，如今天熱，你
便殺了我。到那寒冷臘月裏害腳冷，誰與你焐腳？〔燕大云：〕兄
弟，不爭我殺壞了他，誰與我焐腳？我委實下不的手。」

北方人謂以熱物就涼物使之變熱叫焐，作去聲。或作務，如《西遊記》
第三十七回：「原說只做和尚，如今拿做奴才，日間挑包袱、牽馬，夜間提
尿瓶、務腳。」呼上聲曰熓，如《岳飛精忠》一折：「皮襖熓殺人」；或作搗，
如《開詔救忠》一折：「刺塌皮襖搗殺人」，則有悶熱之意。「焐腳」之意，
是指夫妻同衾、頭足反向而臥，故有「娶妻焐腳」與「腳頭妻」之語。這種
睡法，今冀、魯、豫某些地區仍有之，魯東人呼此為打通腿兒。舊時亦指宿
妓，如上舉之《青衫淚》例是也。明・朱有燉《慶朔堂》二【小梁州】曰：
「見小生的二十兩黃金與大姐，情願與大姐焐腳。」亦其例。

吸地

吸的

《董西廂》卷五【仙呂調・滿江紅】：「紅娘聞語，吸地笑道：『一言
賴語，都是二四。』」

《樂府群珠》卷四失名小令【普天樂・贈妓】：「見人便壓的拜，忽
的羞，吸的笑。」

《詞林摘艷》卷一張鳴善小令【普天樂・詠世】：「立東風一朵巫雲，
淹的轉身，吸的便哂，森的消魂。」

吸地，猶吃地，形容笑聲。地，一作的，音義同。或又作嘻的，如《今
古奇觀・趙縣君喬送黃柑子》：「婦人一看，嘻的一笑。」

吸利打哄

《救孝子》二【滾繡毬】白：「小官姓鞏，諸般不懂，雖然做官，吸
利打哄。」

希利打哄，猶言胡混、鬼混，即糊里糊突過日子的意思。或作希里打哄，
如明・無名氏雜劇《度黃龍》三、白：「近日跟著這雲遊的呂先生，希里打
哄。」也作稀里打哄，如《金瓶梅》第八十七回：「你休稀里打哄，做啞裝
聾，自古蛇鑽窟洞蛇知道，各人幹的事兒，各人心裏明白」，此謂裝糊塗，
與上舉曲例意亦近。

按：吸利打哄、希里打哄、稀里打哄，皆一聲之轉。

希夷

《太平樂府》卷一趙顯宏小令【殿前歡・閒居】：「去來兮，東林春
盡蕨芽肥；回頭那顧名和利，付與希夷。」

希夷，謂不聞不視。《老子》十四：「視之不見，名曰夷；聽之不聞，名
曰希。」河上公注：「無色曰夷，無聲曰希。」《易緯・乾鑿度上》：「而後有
希夷名。」柳宗元《愚溪詩序》：「超鴻蒙，混希夷，寂寥而莫我若也。」宋
人陳摶賜號希夷先生，本此。按：「希夷」之說，乃古代道家對宇宙的不可知
論。他們以為道的本體（即客觀世界的存在），無形無聲，無從視聽，天地茫
茫，不可得而知。

希差

希詫　希咤　稀詫　稀姹

《劉知遠諸宮調》一【南呂宮・應天長】：「此般希差事，我慈父你
試猜圍。」

同書十二【大石調‧紅羅襖】：「方欲出門行，一事好希差。」

《後庭花》三【太平令】：「我見他扭身子十分希詫。」

《盆兒鬼》一【金盞兒】：「只爲這適間夢裡多希詫，見一個碑亭般大漢把短刀拿。」

《風雲會》一【油菇蘆】：「你道我堯眉舜目堪圖畫，湯肩禹背實稀詫。」

《太平樂府》卷九楊立齋散套【哨遍】：「也不希咤。」

《詞林摘艷》卷一張鳴善小令【普天樂‧詠世】：「三般兒陡恁的稀姹。」（《樂府群珠》卷四亦錄此曲）

希差，應作希詫，希奇、驚異的意思，多指不常見的事物。希，一作稀，通用。詫，或作差、姹、咤，同音借用，義並同。又作希吒、希姹，如《張協狀元》十【出隊子】：「貧女回來必不容它，憑小聖說教希吒。」同劇十六【紅繡鞋】：「婆婆討卓來看，甚希姹！」音義俱同上。

宋‧洪邁《夷堅志》卷四載【減字木蘭花】詞云：「家門希差，養得一枚依樣畫。」亦其例。

希留合剌

稀里豁落

《殺狗勸夫》二【叨叨令】：「將這領希留合剌的布衫兒，扯得來亂紛紛碎。」

《雍熙樂府》卷三散套【端正好】：「被那疋丟撲答的銅鎚兒，打爛他稀里豁落的肉。」

希留合剌、稀里豁落，形容物不堅牢之狀。也形容翻書頁的聲音，如《醒世恒言‧張淑兒巧智脫楊生》：「開著古書薄葉，一雙手不住的翻，吸力豁剌，不夠喫一杯茶的時候，便看完一部。」按：希留合剌、稀里豁落、吸力豁剌，皆一聲之轉。北語亦作希四哈撒。總之，口語的特徵，隨聲取義，用字原無定形。現在口語中，一般寫作稀哩嘩啦。

希颸胡都

《羅李郎》四【亂柳葉】：「哎！你個定奴兒快疾將你爺來認。早是我希颸胡都喜，則管裏迷丟答都問，我須是匹配你的大媒人。」

《樂府群玉》卷三鄭光祖小令【蟾宮曲・夢中作】：「見希颸胡都茶客微醒。」

希颸胡都，用作副詞，形容喜出望外的神情。或作奚丟胡突，音近義同，如明・馮惟敏雜劇《僧尼共犯》二【梁州】：「喜的他兩意兒奚丟胡突。」又，希颸胡都，也形容剛剛睡醒的樣子，如例二。

息颯 (xí sà)

《殺狗勸夫》三【南呂一枝花】：「是甚麼響息颯驚咱醒？」

息颯，表聲詞，狀微動聲。又作淅颯，元・吳師道《晚霜曲》：「僵禽淅颯動庭竹，城上啼鳥怨如哭。」又作息索、綷縩，並雙聲通用，義同；現在口語中叫做「息息嗦嗦。」

奚奴

《太平樂府》卷一高栻小令【殿前歡・題小山蘇隄漁唱】：「小奚奴，錦囊無日不西湖。才華壓盡香奩句，字字清殊。」

同書卷五曾瑞卿小令【醉太平】：「相邀士夫，笑引奚奴。」

《樂府群珠》卷一張小山小令【齊天樂過紅衫兒・道情】：「喚奚奴，繪鱸魚，何必謀諸婦？」

同書卷三曹明喜小令【折桂令・江頭即事】：「索三杯分付奚奴。」

奚奴，舊時謂僕役；複義詞，奚、奴，均古代奴隸之稱。《周禮・天官・冢宰》：「酒人……奚三百人。」鄭玄注：「古者從坐男女沒入縣官為奴，其少才知以為奚，今之侍史官婢，或曰奚官女。」清・梁章鉅《稱謂錄・僕・奚奴》：「《禮記疏》：有才能曰奚，無才能曰奴，今混稱僕為奚奴。」李商隱《李賀小傳》：「恒從小奚奴，騎距（駏）驢背一古破錦囊，遇有所得，即書投囊中。」元・陶宗儀《輟耕錄》卷七「奚奴溫酒」條：「宋季，參政家公鉉翁，於杭將求一容貌才藝兼全之妾。經旬餘，未能愜意，忽有奚奴者至，姿色固美，問其藝，則曰能溫酒，左右皆失笑，公漫爾留試之。」明・桑紹

良雜劇《獨樂園》三【小桃紅】：「奚奴擁篲掃庭除。」據上述，知奚奴之稱，由來已久。

傒倖

傒倖　奚幸　咭嗒　嗒

傒倖一詞，明人閔遇五解爲「僥倖」、「成事」；凌濛初解爲「僥倖」、「蹺蹊」、「可幾幸」、「無著落」；南西廂改作「僥倖」；並失曲意。近人張相則謂「傒倖，有希冀義；有戲弄義；有疑惑義；有尷尬義」（見《匯釋》卷五）。較前進了一步。但未看出《董解元西廂記》的「咭嗒」一詞，《王西廂》俱作「傒倖」，所釋仍欠全面的。按「傒倖」的含義；一、是惦記、叨念、盼望；二、是迷惑不解；三、是苦惱、折磨；四、是哄騙、戲弄。例釋如下：

（一）

《西廂記》一本三折【東原樂】：「鄰絕筒悄悄相問，他那裏低低應，月朗風清恰二更。廝傒倖：他無緣，小生薄命。」

《韓翠蘋御水流紅葉》【快活三】：「莫不是有誰人題詩在上溜頭，怎肯道是我干休？好教我廝傒廝倖苦追求，我與你親把河神咒。」

《硃砂擔》一【四季花】：「哥也，我則怕沿路上歹人傒倖。」

《神奴兒》二【南呂一枝花】：「好著我膽戰心驚，急攘攘空傒倖。」

《雍熙樂府》卷一散套【醉花陰·趕蘇卿】：「驀聽得幽香縹緲，則不見可意的娉婷，心中傒倖，意痴痴，愁轉增。」

《詞林摘艷》卷六無名氏散套【端正好·月將闌人初靜】：「尋思半晌空傒倖，想起來怎不傷情？」

以上各例，意爲惦記、叨念、盼望。《硃砂擔》例，被「歹人傒倖」，是不懷好意的惦記，即覬覦算計之意。

（二）

《合汗衫》二【青山口】：「只看張家，往日豪華，如今在那搭？多不到半合兒，把我來傒倖殺。」

《後庭花》三【夜行船】：「三下裏葫蘆提，把我來傒倖殺。」

《趙氏孤兒》四【醉春風】白：「兀的不傒倖殺我也！」

元刊本《趙氏孤兒》四【石榴花】：「想絕故事無猜處，畫著個奚幸我的悶葫蘆。」

《昊天塔》二【紅繡鞋】：「一個將眼角覷，一個將腳尖蹋，好著我半合兒傒倖殺。」

傒倖，意爲迷惑不解。或作傒倖、奚幸，音義同。

（三）

《西廂記》二本二折【四煞】：「休傒倖，不要你半絲兒紅線，成就了一世兒前程。」

《勘頭巾》二【黃鍾煞】：「爲明見，費神思。張鼎呵，少不得去司房中悶懨懨傒倖死。」

《來生債》四【殿前歡】：「我可便記塵緣，則爲那市塵中傒倖我二十年。」

《連環計》二、白：「丟下一樁悶公事在俺心上，兀的不傒倖殺人也呵！」

上舉諸例，意爲焦躁、苦惱、折磨。

（四）

《紅梨花》二【哭皇天】：「枉將伊傒倖，說與你便省。」

《董西廂》卷四【般涉調‧牆頭花】：「親曾和俺詩韻，分明寄著簡帖。誰知是咭啅，此恨教人怎割捨？」

同書卷六【中呂調‧牧羊關】：「甚不肯承當，抵死諱定，只管廝瞞昧，只管廝咭啅？」

同書卷三【仙呂調‧戀香衾】：「九百孩兒，休把人廝啅，你甚胡來我怎信？」

咭啅、傒倖，音近義同；謂哄騙、戲弄。咭啅，又省作「啅」。

傒落

傒落　奚落　嗘落

傒落，或作傒落、奚落、嗘落，有譏笑、辱罵、遺棄等義。奚、傒、嗘形音俱近，借用。

（一）

《虎頭牌》二【喜人心】：「只落的我兄弟行傒落，嬸子行熬煎，姪兒行埋怨。」

《樂府群珠》卷三盛從周小令【折桂令·離情】：「怕相思弄假成眞，又被相思，傒落愁人。」

宋元戲文輯佚《崔鶯鶯西廂記》【仙呂近詞·河傳序】：「巴到西廂，把咱廝奚落，教我埋怨到今。」

《董西廂》卷四【中呂調·鶻打兔】：「適來怎地，把人奚落。」

《梨園樂府》上無名氏散套【新水令】：「眼見的東陽瘦損，嗐落美滿再團圓，受過的相思正不得本。」

傒落，一作奚落、嗐落，意謂譏笑、嘲弄。《金瓶梅》第二十三回：「怪小油嘴兒，休傒落我罷麼。」亦其例。現在口語仍這樣說。清·翟灝《通俗編言笑》：「《荀子·非十二子》篇：『無廉恥而任謑詢。』按，謑，謂辱罵也。高則誠《琵琶》曲有奚落語。奚，蓋謑誤。」今按，辱罵與譏笑程度雖有不同，而羞辱對方之意則一，故曲文各例，取義亦有深淺之異也。落，語尾助詞，如冷落、剝落等均是。

（二）

《㑇梅香》三【雪裏梅】白：「小姐既有此心，休傒落我也。」

《張天師》楔、白：「枉著我扶病等了一夜，仙子，則被你傒落殺小生也！覺的這病勢越越沉重。」

傒落，一作傒落，遺棄之意。徐渭《南詞敘錄》：「奚落，遺棄也。」奚落同傒落。

洗剝

《金鳳釵》三【牧羊關】白：「贓已有了，你還不招等甚麼？左右人，洗剝了打著者！」

《瀟湘雨》二【牧羊關】白：「左右，拏將下去，洗剝了與我打著者！」

《酷寒亭》二、白：「你老子在家罵我，我如今洗剝了，慢慢的打你。」

《千里獨行》楔、白：「把那廝拿過來，洗剝了打上四十，搶出去！」

　　洗剝，謂脫光衣服。古名家雜劇本《酷寒亭》作「選剝」。鈔本《陽春白雪》後集四孫叔順散套【粉蝶兒】：「選剝了裩布無衣。」亦其例。《金瓶梅》又作「跣剝」或「旋剝」，如第八回：「把這小妮子跣剝去了身上衣服，拏馬鞭子，下手打了二三十下。」第十二回，西門慶道：「奴才還搗鬼，與我『旋剝』了衣服，拿板子打。」按：洗、選、跣（xiǎn）、旋（xuǎn），均一音之轉，義並同。《元曲選》音釋：「洗音選。」

洗兒會

洗兒

　　《梧桐雨》楔、白：「是貴妃娘娘與安祿山做洗兒會哩【正末云：】既做洗兒會，取金錢百文，賜他做賀禮。」

　　古名家雜劇本《帝妃春遊》【憶嬌鶯】白：「我是兒子，反詔我去，只合侍奉宮中，亦不枉娘娘雞頭肉乳哺之恩，金銀錢洗兒之惠。」

　　洗兒會，亦稱洗三；舊俗：小孩子生下第三天，大人替他洗澡，親朋會集慶賀，叫做「洗兒會」。這種風俗，唐宋時代已盛行。唐·王健《宮詞》「妃子院中初降誕，內人爭乞洗兒錢。」唐·韓偓《金鑾密記》：「天復二年，大駕在岐，皇女生三日，賜洗兒果子。」宋·孟元老《東京夢華錄》卷五「育子」條：「至滿月，則生色及綳繡錢，貴富家金銀犀玉爲之，并菓子，大展洗兒會。親賓盛集，煎香湯於盆中，下菓子綵錢蔥蒜等，用數丈綵繞之，名曰『圍盆』。以釵子攪水，謂之『攪盆』。觀者各撒錢於水中，謂之『添盆』。盆中棗子直立者，婦人爭取食之，以爲生男之徵。浴兒畢，落胎髮，遍謝坐客，抱牙兒入他人房，謂之『移窩』。」宋·吳自牧《夢粱錄》卷二十「育子」條：「至滿月，則外家以綵畫錢或金銀錢雜果，及以綵段珠翠顋角兒食物等，送往其家，大展『洗兒會』。親朋俱集，煎香湯於銀盆內，下洗兒果綵錢等，仍用色綵繞盆，謂之『圍盆紅』。尊長以金銀釵攪水，各曰『攪盆釵』。親賓亦以金錢銀釵撒于盆中，謂之『添盆』。盆內有立棗兒，少年婦爭取而食之，以爲生男之徵。浴兒落胎髮畢，以髮入金銀小合，盛以色線結縧絡之，抱兒徧謝諸親坐客，及抱入姆嬸房中，謂之『移窩』。若富氏宦家，則用此禮。貧下之家，則隨其儉，法則不如式也。」陸游《老學庵筆記》卷二引《北戶錄》云：「嶺南俗家富者，婦產三日或足月，洗兒。」據以上所

引，唐、宋以來此風俗很普遍。但此排場，如吳自牧所說，「只限富家，貧家無力爲之也。」直到解放前，南方各地仍有這種儀式，不過簡單一點。

喜恰

喜洽　喜呷

《紅梨花》一【油葫蘆】：「秀才每從來我羨他，提起來偏喜恰。」

《揚州夢》三【南呂一枝花】：「模樣兒十分喜恰。」

《趙禮讓肥》一【醉扶歸】：「我陪著個笑臉兒百般的喜洽。」

《太平樂府》卷五楊澹齋【梧葉兒・戲賈觀音奴】：「龐兒俊，更喜恰，堪詠又堪誇。」

同書卷八喬夢符散套【一枝花・離情】：「那些，喜呷，天來大怪膽兒無些怕。」

喜恰，或作喜洽、喜呷，意謂喜悅、喜愛、喜相。恰、洽、呷同韻，作助詞用，無義。《宋史・樂志》：「喜洽祥流，雲蒸川增。」明・朱權《荊釵記》三十二：「月再圓，花重發，那其間歡生喜恰。」重言之，則曰喜恰恰，如《盛世新聲》亥集小令【山坡裏羊】：「喜恰恰，笑呷呷，近來無有閑牽掛，一任霜雪添鬢髮。」皆其例。

喜神

神

《看錢奴》三、白：「父親，你孩兒趁父親在日，畫一軸喜神，著子孫後代供養著。」

《太平樂府》卷八鍾嗣成散套【一枝花・自序醜齋】：「寫神的要得丹青意。」

喜神，猶今云畫像。宋時俗語把畫像叫做「喜神」，謂其畫得酷似，神態儼然也。宋・宋伯仁有《梅花喜神譜》，內畫梅花各種形態，故亦用「喜神」之名。清・錢大昕《竹汀先生日記鈔》卷一：「讀宋伯仁《梅花喜神譜》……凡百圖，圖後各綴五言絕句一首，題曰『喜神』，蓋宋時俗語，以寫像爲喜神也。」清末仍有此稱，如《二十年目覩之怪現狀》第七十九回：「此刻可請老伯母的喜神出來了。」

喜神，亦簡作神，義同。

喜蛛兒

蟢蛛兒

《西廂記》五本二折【迎仙客】：「疑怪這噪花枝靈鵲兒，垂簾幙喜蛛兒，正應著短檠上夜來燈爆時。」

《三奪槊》二【賀新郎】：「怪日來喜蛛兒的溜溜在簷外垂，靈鵲兒咋咋地頭直上噪，昨夜個銀臺上剝地燈花爆。」

《倩女離魂》三【紅繡鞋】：「則兀那龜兒卦無定准、枉央及，喜蛛兒難憑信，靈鵲兒不誠實，燈花兒何太喜？」

《盛世新聲》【南呂四塊玉，效比翼成連理】：「這些時靈鵲兒不報喜，蟢蛛兒難信實。」

喜蛛兒，一作蟢蛛兒，俗呼喜子，動物學上曰喜蛛，體細長，褐色，前肢長全身三倍。每於房簷或牆角等處結網，狀有輪形。古名蠨蛸，或謂之長踦。《爾雅·釋蟲》：「蠨蛸，長踦。」郭璞注：「小鼅鼄（蜘蛛）長腳者，俗呼為喜子。」

古人認為喜蛛出現，喜鵲叫喚，燈花爆烈，都是有喜事的徵兆，預告有親客至或有喜事。唐·權德輿《玉臺體》詩云：「昨夜裙帶解，今朝蟢子飛；鉛華不可棄，莫是藁砧（丈夫）歸？」明·湯顯祖《紫釵記·妝臺巧絮》：「裙腰沾蟢子，暗地心頭喜。」蟢子，即喜蛛兒。均其例。

喜收希和

《黃粱夢》四【叨叨令】：「那婆子將粗剌剌陳米來喜收希和的播。」

希收希和，狀簸米聲。

細軟

《竇娥冤》二、白：「不若收拾了細軟行李，打箇包兒，悄悄的躲到別處，另做營生。」

《對玉梳》三、白：「嗨！誰想顧玉香夜來收拾了房中細軟，共梅香逃走，不知去向。」

舊時把珠寶綢帛等貴重而又輕便易於攜帶的財物，叫做細軟，是對粗重而言。《百喻經》三《估客駝死喻》：「駝上所載，多有珍寶，細軟上氈，種種雜物。」《京本通俗小說·馮玉梅團圓》：「收拾細軟家財，打做兩個包裹。」《水滸》第三回：「魯提轄回到下處，急急捲了些衣服盤纏、細軟銀兩。」皆其例。軟，或作輭，同字異體。

細絲

> 《九世同居》二【紅芍藥】白：「我倒好笑，挈著細絲銀子兒、鞍馬
> 衣服，白與了別人去了。」

細絲，指紋銀，銀錠上有很細的紋道；或名「敲絲」。元代元寶（即銀錠）成色最高的，叫細絲銀。故西人譯元寶，即作「細絲」之音。明·吳中情奴雜劇《相思譜》六【短拍】白：「多謝！多謝！不是我胡言亂道，那得一塊細絲白銀？」《古今小說·閒雲菴阮三償冤債》：「那尼姑貪財，見了這兩錠細絲白銀，眉花眼笑道：『大官人，你相與是誰？委我幹甚事來？』」明·劉若愚《酌中志》卷十六：「逆賢擅政，久廢不造，只以細絲銀分賞。」皆其例。

細絲，有時亦指琴瑟等絃樂器。《樂纂》：「司馬法，軍中樂，鼓笛為上，使聞之者壯勇。而樂和細絲高竹不可用也。」

細酸

> 脈望館鈔校本《曲江池》一：〔末扮細酸上。〕
> 古雜劇本《倩女離魂》楔：〔末扮細酸上。〕
> 脈望館鈔校本《張天師明斷辰鉤月》：〔末扮細酸上，云：〕
> 自笑平生枉讀書，循章守句不如無；鬼神幽顯皆茫昧，真是區區一
> 腐儒！
> 古名家雜劇本《兩世姻緣》一：〔正末扮細酸引旦梅香同上。〕

細酸，戲劇角色名。清·焦循《劇說》卷一：「酸，謂秀士。凡稱酸，謂正末扮秀士當場也」又云：「《莊嶽委談》云：『世謂秀才為措大，元人以秀才為細酸。』」但「酸」作為一種戲劇角色，在宋雜劇和金元院本中，就已經和「孤」、「旦」並列，以表現不同的人物形象了。現存雜劇院本諸名目

中尚有《秀才下酸擂》、《急慢酸》、《眼藥酸》、《麻皮酸》、《老酒酸》等。並有《酸孤旦》一目。元‧高安道散套【哨遍‧淡行院】有「做不得古本酸孤旦」句，可以證明此劇在元初還普遍流行演出。細酸的表現是更文弱，更裝模作樣一些。這個腳色，到明中葉還存在，如明‧康海雜劇《王蘭卿》四：〔正旦唐巾長衫、改扮細酸上。〕可證。其裝束亦尚可考見。

細數（shǔ）

《冤家債主》四【得勝令】白：「兄弟，你聽者！聽下官從頭細數，犯天條合應受苦。」

《澠池會》三【倘秀才】：「文通《三墳》典，武解《六韜》書，聽小臣細數。」

《陳州糶米》二【滾繡毬】白：「本待將衷情細數，奈硬咽吞聲莫吐。」

細數，意為仔細陳訴（如例二、三）、列舉過錯（如例一）。清‧汪懋麟【惜佳期‧閨怨】詞：「待他重與畫眉時，細數郎輕薄。」此「細數」也是列舉過錯的意思。宋‧王安石《北山》詩：「細數落花因坐久」，金‧元好問《贈鶯》詩：「恨不掌上看，毛羽得細數」，此皆為仔細計算之意。晏幾道【臨江仙】詞：「細從今夜數，相會幾多時？」細數二字分開用，則為仔細計算時間之意。

細樂

《生金閣》一【醉扶歸】：「〔正末云：〕這生金閣兒不打緊，若放在有風處吹動，仙音嘹亮，若在無風處將扇子搧動，也一般的聲響，豈不是箇寶貝？……〔衙內云：〕挈一把扇子來搧動者。〔正末做搧，細樂響科。〕〔衙內云：〕是好一件寶貝也。」

《金安壽》一、白：「下次孩兒每，臥番羊者，動著細樂，大吹大擂，慢慢的做個筵席。」

同劇同折【寄生草】：〔扮歌兒引細樂上，舞科。〕

《雍熙樂府》卷十七【風流小傳】：「細樂中響盞是天王磬。」

《盛世新聲》【南呂一枝花‧鴻鈞轉管莝】：「歌音溜亮，舞態翩躚，霓裳縹緲，細樂喧塡。」

細樂，指管絃等樂器，和打擊樂器（如鑼鼓等）相對而言。吳自牧《夢粱錄》卷二十「妓樂」條云：「大凡動細樂，比之大樂，則不用大鼓、杖鼓、羯鼓、頭鼓、琵琶等，每只以簫、笙、觱篥、嵇琴、方響，其音韻清且美也。」《元史‧祭祀志六》：「儀鳳司掌漢人、回回、河西三色細樂，每色各三隊，凡三百二十四人。」《宣和遺事》前集：「去羯鼓、御侍細樂。」孔尚任《桃花扇‧入道》：〔內奏細樂介。〕皆是。

細柳營

《襄陽會》三、白：「坐的是七重金鼎蓮花帳，更壓著周亞夫屯軍細柳營。」

《王粲登樓》二【滾繡毬】：「〔正末云：〕論扎寨呵，〔唱：〕我不讓周亞夫屯細柳安營扎寨。」

《兩世姻緣》四【水仙子】：「也曾細柳營中大會垓。」

細柳，地名，在今陝西省咸陽西南，是漢初周亞夫治軍的地方。漢將軍周亞夫，爲防止古貝南侵，駐紮在細柳，軍紀非常嚴肅。漢文帝自往慰勞將士。至霸上棘門營中，逕直馳入，沒有阻攔。後到細柳營，不得入。文帝派使者持節詔見將軍。亞夫乃開壁門，請以軍禮見。禮畢而去。文帝曰：此眞將軍也！霸上、棘門，如兒戲耳。後世因以細柳營比喻治軍嚴肅的模範軍營（事見《史記‧周亞夫傳》）。唐‧胡曾《細柳營》詩贊云：「文帝鑾輿勞北征，條侯此地整嚴兵，轅門不峻將軍令，今日爭知細柳營！」

細索麵

《誶范叔》二【牧羊關】：「敢怕喫那細索麵，醒酒湯，便是油汁水瀺污也何妨。」

宋‧孟元老《東京夢華錄》卷八「是月巷陌雜賣」條：「細料餶飿兒、麻飲雞皮、細索涼粉、素籤、……之類。」「細索」即細條之意。細索麵，猶今最細的掛麵。

匣牀

押牀　匣床

《黑旋風》三、白：「擡上匣牀，便上滾肚索，拽，拽，拽！」

《蝴蝶夢》三、白：「李萬，擡過押牀來，丟過這滾肚索，去扯緊著！」

《女姑姑》三【雙調新水令】白：「我師父五年不下這匣床來了。哦！是禪床。」

匣牀，是古代牢獄中的刑具之一，即重犯所睡的囚牀，用繩索捆縛囚犯，使之不能轉動，以防潛逃。或作押牀、匣床，意並同。又作枷牀，如明·朱有燉《豹子和尚》一折：「您子待坐枷牀，我子愛坐禪牀。」明·陳與郊《靈寶刀》八：「把他扯上枷牀，先打一百榔頭。」清·孔尚任《桃花扇·會獄》：「免了上枷床，就算好的狠哩。」皆是。按：正寫應爲枷牀，俗稱匣牀或押牀。牀、床同字異體。

匣蓋

《合汗衫》二【調笑令】：「倘或間俺命掩黃沙，則將這衫兒半壁匣蓋上搭。」

匣蓋，謂棺材蓋。用薄木板釘成的極簡陋的棺材，俗稱「匣子」。

狹邪

《青衫淚》一、詩云：「偷將休沐暇，去訪狹邪家。」

狹邪，亦作狹斜，梁·沈約《麗人賦》：「狹斜才人。」唐·盧照鄰《長安古意》：「長安大道連狹斜。」孟浩然《美人分香》：「春風狹斜道。」沈既濟《任氏傳》：「以是長安狹斜，多與之通。」均是。按：「狹斜」，原意指小路、曲巷，由於妓院多在曲巷之內，後因以「狹斜」指妓院或妓女，稱狎妓爲「狹斜遊」。如《摭言》所謂：「杜牧爲狹斜遊無虛夕」，《李師師外傳》所謂「更思微行，爲狎邪遊」，是也。古樂府《長安狹斜行》中有「相逢狹路間，道隘不容車」和「堂上置樽酒，作使邯鄲倡」句，劇意本此。

挾細拿粗

挾細搻麁　拿粗挾細　搻粗挾細

《魯齋郎》三【中呂粉蝶兒】：「倚仗著惡黨兇徒，害良民肆生淫欲，誰敢向他行挾細拿粗？」

《延安府》一【六么序】：「他那爺不良，兒又跋扈，則向那小民行挾細搻麁。」

《後庭花》一【一半兒】：「若有那拿粗挾細踏狗尾的但風聞，這東西一半兒停將一半兒分。」

《陳州糶米》楔、白：「俺兩個全仗俺父親的虎威，拿粗挾細，揣歪捏恠，幫閒鑽懶，放刁撒潑，那一個不知我的名兒！」

《隔江鬥智》二【醉春風】：「那一個掌親的怎知道弄假成真，那一個說親的早做了藏頭露尾，那一個成親的也自會搻粗挾細。」

挾細拿粗，本意是隨意奪取，巧取豪奪。上舉前四例，引申爲尋是生非；例五意爲計較得失。挾細拿粗，或作挾細搻麁、拿粗挾細、搻粗挾細。拿、搻同字異體，俗作拿。粗，同麤（cū）通作粗，俗作麁。

蝦蛆

猳駒　鰕

《遇上皇》二【梁州】：「擡起頭似出窟頑蛇，縮著肩似水渰老鼠，躬著腰人樣蝦蛆幾時到帝都？」（一本作鰕巨）

《西廂記》五本四折【折桂令】：「俺姐姐更做道軟弱裏揣，怎嫁那不值錢人樣猳駒？」

《太平樂府》卷七喬夢符散套【新水令·閨麗】：「佇頭憑闌，一日三衙。唱道成時節準備著小意兒粧鰕，不成時怎肯呆心兒跳塔？」

同書卷八喬夢符散套【一枝花·雜情】：「曹大家賣杏虎，裴小蠻學撒撒，溫太真索粧鰕。」

蝦蛆，即蝦之乾製品，用以形容人曲背像乾蝦的樣子。蝦蛆，或作蝦駒、猳駒、鰕巨，一也。按：蝦、猳，同字異體；鰕（jiā 家）爲音近借用；蛆、駒、巨均爲「胊（qú）」字的音近誤寫。宋·黃山谷《宜州乙酉家乘》可證：

「二日，辛未，遣永州腳夫四人回，寄糟蟹、鰕朐、梨蟓子。」又曰：「寄一羊及子魚、鰕朐、蛤蜊醬。」《公羊傳》昭公二十五年：「高子執簞食與四脡脯。」何注：「屈曰朐，申曰脯。」因知鰕朐，蓋即鰕之乾製者。明人閔遇五、凌蒙初並引《左傳》「公豬曰艾豭」爲說，是引證愈古，去原意愈遠了，不足取。（採王季思說，見解放後版《西廂記》注本。）「蝦蛆」亦僅作「鰕」，「粧鰕」，謂裝作乾蝦的樣子，譏其曲背，低首下心奉承人的姿態。見《太平樂府》例。

蝦鬚（簾）

鰕鬚（簾）

《牆頭馬上》四【中呂粉蝶兒】：「簾捲蝦鬚，冷清清綠窗朱戶。」

《盛世新聲》【雙調新水令·碧雲邊一朵瑞雲飄】：「帳設鮫綃，簾捲蝦鬚。」

《詞林摘艷》卷一劉庭信小令【水仙子·相思】：「蝦鬚簾控紫銅鈎。」

《金安壽》三【得勝令】：「簾低篏碧鰕鬚，沉細爇紫金鑪。」

《梧桐葉》二【二煞】：「香裊龍涎，簾漾鰕鬚。」

《生金閣》一【醉扶歸】白：「兀那秀才，你不知道我那庫裏的好玩器，有……東海蝦鬚簾。」

蝦鬚，一作鰕鬚，簾之別名。南唐·李煜【采桑子】詞：「百尺蝦鬚在玉鈎。」宋·陸游《簾》詩：「勞將素手捲蝦鬚，瓊室流光更綴珠。」蘇易簡【越江吟】詞：「蝦鬚半捲天香散。」元·馬祖常《琉璃簾》詩：「吳儂巧製玉玲瓏，翡翠蝦鬚迥不同。」《輟耕錄》卷二十「珠簾秀」條載馮海粟【鷓鴣天】云：「蝦鬚影薄微微見，龜背紋輕細細浮。」元·王舉之有詠「蝦鬚簾」小令（見《樂府群玉》卷五）。皆其例。

下火

《度柳翠》三【幺篇】：「〔旦兒偈云：〕五漏作形骸，半生全不悟，脫卻驢馬身，正果天堂路，今日遇眞僧，燒衣便歸去。弟子燒衣，師當下火。〔正末云：〕是，弟子燒衣，師當下火，燒了柳翠的衣服也。」

《猿聽經》四【沉醉東風】禪師白：「哎！誰想此人言下大悟眞機，
歸空去了，貧僧就與他親身下火。」

佛教徒行舉火葬禮，謂之下火。元・陶宗儀《輟耕錄》卷十五「與妓下
火文」條載錢塘道士洪丹谷爲其側室作下火文曰：「二十年前我共伊，只因彼
此太癡迷；忽然四大相離後，你是何人我是誰？」又載道川爲崑山倡周氏作下
火文曰：「與君一把無明火，燒盡千愁萬恨心。」「下火文」，火葬時之祭文也。

下世

《玉鏡臺》一【金盞兒】白：「學士休得推辭，只看你下世姑父的面
皮，教訓女孩兒則箇。」

《倩女離魂》楔白：「因伯父下世，不曾成此親事。」

《東堂老》楔、白：「渾家李氏，不幸早年下世。」

下世，猶云去世（死亡）。《管子・大匡》：「吾君卜世。」《經籍纂詁》：
「卜，下字之壞。下世，謂死。」南朝・鮑照《東武吟行》：「將軍既下世，
部曲亦罕存。」《烈火傳・柳下惠妻》：「嗟乎惜哉，乃下世兮！」宋・陸游
《老學庵筆記》卷一：「過而訪之，亦已下世。」皆其意。也指後世，如《商
君書・開塞》：「上世親親而愛私，中世上（尙）賢而說（悅）仁，下世貴貴
而尊官。」也指下界，如宋・張君房《雲笈七籤》：「度寫妙形，傳流下世。」
有時亦指陰間，如《古今小說・史弘肇龍虎風雲會》：「你前日在門前正做生
活裏，驀然倒地，便死去。摸你心頭時，有些溫，扛你在牀上兩日。你去下
世做甚的來？」許政揚注：「下世，這裏是地下、陰間的意思。」

下官

《竇娥冤》三：「〔外扮監斬官上，云：〕下官監斬官是也。」

《玉壺春》三【二煞】白：「下官陶伯常，新任嘉興府太守。張千，
擺開頭踏，慢慢的行。」

《合汗衫》三【普天樂】白：「老和尚，有下官的那一分齋，與了那
兩口兒老的吃罷。」

下官，官吏自稱的謙詞，元曲諸例屬之。清・趙翼《陔餘叢考》：「戲本
凡官員自稱皆曰下官。」實際早已有之，如：漢樂府《孔雀東南飛》：「下官

奉使命。」《晉書・庾敳傳》：「下官家有二十萬，隨公所取矣。」《梁書・曹景宗傳》：「高祖數讌見功臣，共道故舊，景宗醉後謬忘，或誤稱下官，高祖故縱之以爲笑樂。」敦煌變文《伍子胥變文乙》：「下官形骸若此，自拙爲人。」等等皆是。南宋・趙彥衛《雲麓漫鈔》卷四：「古人多自稱下官，見於傳記不一，蓋漢、晉諸侯之國，並於其主稱臣，宋孝武孝建中，始有制，不得稱臣，止宜云下官。文選：江文通詣見平王書，是也。今人猶有言者。」經宋歷元，到了明清，仍是這樣稱呼，如《桃花扇・誓師》云：「下官史可法，日日經略平原，究竟一籌莫展」，是也。

又下僚、屬吏，亦稱下官，如《漢書・賈誼傳》：「不謂罷頓，曰下官不職。」

下架

《看錢奴》二【隨煞】：「別人家便當的一週年，下架容贖解。〔帶云：〕這員外呵！〔唱：〕他巴到那五個月還錢本利該。」

舊時典當衣物，都放在架子上，期滿則下架，以備贖取，故「下架」即標誌典當期限已滿之意。

下馬

《裴度還帶》二【尾聲】白：「問我夫主要下馬錢千貫。」

《賺蒯通》一、白：「令人，報復去，道有樊噲下馬也。」

同劇一【混江龍】白：「可早來到了也，令人，報復去，道有張子房下馬也。」

《陳州糶米》三、白：「他但是到的府州縣道，下馬陞廳，那官人里老安排的東西，他看也不看。」又：「你快些安排下馬飯我喫。」

《馮玉蘭》四、白：「老爺，且請了下馬飯。」

舊時稱官吏到任曰「下馬」。下馬，古時亦作下車，如：《漢書・敘傳上》：「畏其下車作威，吏民竦息。」《後漢書・劉寵傳》：「自明府下車以來，狗不夜吠，民不見吏。」李白《與韓荊州書》：「昔王子師爲豫州，未下車，即辟荀慈明；既下車，又辟孔文舉。」《書言故事・仕進類》：「初到任，曰下車之初。」皆其例。

下得

下的　誑的

下得：一、猶忍得、捨得；二、謂下來。或作下的、誑的，音義並同。

（一）

《董西廂》卷五【黃鍾宮・雙聲疊韻】：「細覷了，這病體，好不忝，怎下得！」

《薦福碑》四【梅花酒】：「呀！張仲澤你忑下得！」

《魔合羅》二【節節高】：「怎生下得教哥哥身天？」

《竇娥冤》楔【仙呂賞花時】白：「爹爹，你直下的撇了我孩兒去也。」

《秋胡戲妻》二【醉太平】：「爹爹也，你可便只恁般下的？」

《合汗衫》二【紫花兒序】白：「孩兒，怎下的閃了俺也？」

《殺狗勸夫》二【笑和尚】白：「哥哥，你好下的凍殺你兄弟也。」

《兒女團圓》三【柳葉兒】：「便則道腸裏出來腸裏熱，怎生把俺來全不借？你誑的波小爹爹，你今番去了，再幾時來也？」

下得，即「捨得」的聲轉；忍心之意，猶云忍得、捨得。《元曲選》音釋：「得，當美切。」下，一作「誑」，同音假借。得，一作「的」，音義同，語尾詞。

有時在「下得」中間插一「著」字，寫做「下著得」，意亦同，如話本《快嘴李翠蓮記》：「虧你兩口下著得，諸般事兒都不理。」但此爲湊足七字句，非常例。

（二）

《猿聽經》二【隔尾】白：「我下的禪床來呵，那壁供桌上放著物件，我自看去。」

《詞林摘艷》卷三無名氏散套【粉蝶兒・羊角風趫地趫天】：「見一人下的駿騠，直來到我根前。」

此二例，下的，爲下來之意。「下的禪床」，即由禪床上下來；「下的駿騠」，即由駿馬上下來。皆用爲動詞。

又，下的，亦指僕役，爲「下次小的」之省詞，如明・孟稱舜《眼兒媚》一、白：「今夜月色正明，那陳教授敢又來也，只得分付下的等候咱！」（見柳枝集本）

下梢

下稍

《董西廂》卷一【大石調・梅梢月】：「此愁今後知滋味，是一段風流冤業，下梢管折倒了性命去也！」

《救風塵》一【混江龍】：「尋前途，覓下稍，恰便是黑海也似難尋覓。」

《老生兒》二【倘秀才】：「那其間我正貧困裏，可便奪的一個富豪；今日個上戶也，可怎生卻無了下稍？」

《伍員吹簫》四【喬牌兒】：「我只怕大恩人沒下稍，怎當這村廝兒又哀告。」

樹枝的末端曰梢，下梢，喻事之終局、收場、結果。《朱子全書・論語四》：「曾子便是著實步步做工夫，到下梢方有所得。」《清平山堂話本・張子房慕道記》：「火院前程無下稍。」《西遊記》第十五回：「只因累歲逃遭，遭喪失火，到此沒了下梢，故充爲廟祝，侍奉香火。」皆其例。也有時指將來，如《董西廂》卷六【黃鍾宮・侍香金童纏令】：「是即是下梢相見，咱大小身心，時下打疊不過。」「下梢」與「時下（目前）」反襯見意。

梢，誤作稍，音義同。

下處

《生金閣》一【金盞兒】白：「兀那秀才，你有下處麼？〔正末云：〕小生無下處，則纏到的這酒務兒裏避雪哩。」

《竹葉舟》楔【仙呂賞花時】白：「你看這秀才功名心急，想是要回下處溫習經史去哩。」

《爭報恩》三：「〔花榮云：〕是誰家？〔徐寧云：〕就是那千嬌姐姐做下處的這家。」

下處，猶云住處，元曲裏一般多指旅店或其他臨時寓所。按：「下」字有住的意思，例如：《董西廂》卷一：「策馬攜僕，尋得箇店兒下。」《燕青博魚》一折：「俺這店裏下著個瞎大漢。」《西廂記》一本一折：「官人要下呵，俺這裏有乾淨店房。」等等，並可證。《福惠全書・蒞任部・酬答書札》：「應送下處，送米麵下程。」《兒女英雄傳》第二十三回：「早有張進寶等，在德勝關一帶，預備下下處。」《紅樓夢》第十五回：「騰出兩間房子來做下處。」均其例。

舊時最低等的妓院也叫下處。有時亦指男妓住處，見《官場現形記》第二十四回。

下飯

嗄飯

> 《小尉遲》二、白：「若有人請我，到的酒席上，且不吃酒，將各樣好下飯，狼餐虎噬，則一頓都嚰了。」

> 《襄陽會》一、白：「俺這裏安排一席好酒，多著些湯水，多著幾道嗄飯，準備碗甜醬，我著他酒醉飯飽，走不動。」

下飯，用為動詞，是用菜肴佐餐之意；用為名詞，通常是指吃飯時的菜肴。上舉元曲各例均指後義。宋・范公偁《過庭錄》：「（王）子野正食，羅列珍品甚盛。水生適至，子野指謂公曰：『試觀之，何物可下飯乎？』生遍視良久曰：『此皆未可，唯饑可下飯爾。』」《朱子語類》：「文只如喫飯時下飯耳。」此兩例，皆用為動詞，即以菜肴佐餐之意。下飯，或作嗄（shà）飯，音近義同。

在古典小說中，「下飯」、「嗄飯」亦並用，如：《水滸》第四回：「春臺上放下三個盞子，三雙筯，鋪下些菜蔬果子嗄飯等物。」又第三十八回：張順答道：「些小微物，何足掛齒，兄長食不了時，將回行館做下飯。」《醒世恒言・張廷秀逃生救父》：「酒保將酒、菓、嗄飯擺來。」《今古奇觀・崔俊臣巧會芙蓉屏》：「飲至半晌時，嗄飯中拿出鱉來。」等等，例不勝舉。又有作「下口」者，意同下飯，如《水滸》第十五回：「阮小二道：『有甚麼下口？』小二哥道：『新宰得一頭黃牛，花糕也似好肥肉。』阮小二道：『大塊切十斤來。』」

下裏

下廂

《董西廂》四【雙調・芰荷香】：「休休！定是前緣，今宵免得兩下裏孤眠。」

《金線池》四【梅花酒】：「爲老母相間阻，使夫妻死纏綿，兩下裏正熬煎，謝公相肯矜憐。」

《哭存孝》三【二煞】：「今日九牛力，當不的五輛車五下裏把身軀拽。」

《單鞭奪槊》楔、白：「敬德，……你若不降呵，俺眾兵四下裏安環，八下裏拽炮，提起這城子來，摔一個粉碎。」

《遇上皇》一【么】：「八下裏胡論告，惡商量。」

《後庭花》三【夜行船】：「三下裏葫蘆提把我來傢俥殺。」

《氣英布》一【玉花秋】：「嗏一下裏相迎，你且一下裏趂。」

《紫雲庭》一【賺尾】：「俺家裏七八下裏窩弓陷坑，你便有七步才，無錢也不許行。」

《紅梨花》二【一煞】：「慌出蘭堂，四下裏天如懸鏡，夜氣撲人冷。」

《千里獨行》楔【正宮端正好】白：「若曹丞相軍來呵，俺三下裏軍兵好救應。」

《射柳捶丸》三【聖藥王】：「四下廂軍兵滿野暗伏埋。」

下裏，猶「方面」，凡云幾下裏，猶云幾方面。現代口語中，還是這樣說。一下裏，即一方面；兩下裏，即兩方面；三下裏，即三方面；依此類推。或作「下廂」，義同。或簡作「下」，略去「裏」字，如《黑旋風》一折：「寨名水滸，泊號梁山，縱橫河渠一千條，四下方圓八百里。」「四下」，即四下裏也。

此用法唐已見，如柳宗元《駁復讎議》：「今若取此以斷兩下相殺，則合於禮矣。」今仍習用之，如天津等地方言，即有「八下里」等說法。

下場頭

《竇娥冤》一【賺煞】：「兀的不是俺沒丈夫的婦女下場頭？」

《謝天香》一【金盞兒】：「猛覷了那容姿，不覺的下堦址，下場頭少不的跟官長廳前死。」

《兒女團圓》楔【仙呂賞花時】：「哎！這便是我沒孩兒的那個下場頭。」

《陳州糶米》二【耍孩兒】：「看你那於家爲國下場頭，出言語不識娘羞。」

　　下場頭，即下場，指落得的結果、結局。「頭」爲名詞語尾，無義。明・孟稱舜雜劇《英雄成敗》四折：「潑富貴似眼底的花；到如今下場頭，單剩得惡名兒，人人唾罵。」明・朱有燉雜劇《慶朔堂》三折：「嫂嫂，這是我揮金統鏝的下場頭。」皆其例。

下鍬钁

下鍬钁　下鍬撅　排鍬钁

《西廂記》四本四折【水仙子】：「硬圍著普救寺下鍬钁，強當住咽喉仗斧鉞，賊心腸饞眼腦天生得劣。」（原作下鍬撅，兹從《雍熙樂府》改）

《對玉梳》二【倘秀才】：「話不投機一句多，你待要裝標垛，下鍬钁，哎，罷呵！」

《樂府新聲》上商政叔散套【一枝花・歎秀英】：「紂撅丁走踢飛拳，老妖精縛手纏腳，揀掙勤到下鍬钁，甚娘過活？」

《太平樂府》卷三張小山小令【寨兒令・妓怨】：「腆著臉不怕風波，睁著眼撞入天羅；雄糾糾持劍戟，硶可可下鍬钁。」

《兒女團圓》三【梧葉兒】：「他是個不覩事的喬男女，你便橫枝兒待犯些口舌，那廝敢平地下鍬撅。」

《貨郎旦》一【油葫蘆】：「你望著巫山廟，滿斗兒燒香火，怎知高陽臺，一路排撅钁？休道這般枕上說，都是他栽下的科。」

　　鍬（qiāo）是鐵鍬，钁（jué）是大鉏（chú），都是挖土或刨土的農具。下鍬钁，即使用鍬钁挖洞刨坑之意，喻設圈套暗中害人。下，一作「排」，意同。钁，一作「钁（huò）」，形近而誤。《金瓶梅》第二十回：「賊王八，你錯下這個鍬撅了」，謂錯打了主意。「撅」爲同音借用字，義同。

下次小的每

下次孩兒每

《老生兒》楔、白：「便著下次小的每鞍馬，送老的往東庄兒上去。」

《合汗衫》一【混江龍】白：「下次小的每，與我扶上樓來者！」

《倩女離魂》楔、白：「孩兒請坐！下次小的每，說與梅香，繡房中請出小姐來，拜哥哥者！」

《飛刀對劍》一、白：「下次小的每，前街後巷，不問那裏，尋將薛驢哥來。」

《虎頭牌》一、白：「下次孩兒每，安排下茶飯，則怕千戶來也。」

又同劇三、白：「夫人，著下次孩兒每，安排酒來，我和夫人玩月，暢飲幾盃？」

下次，下邊、下面之意。「小的」或「孩兒」均指奴僕。「每」，語尾詞。合而言之，即謂下面聽候使令的奴僕。次，七四切，濁音字，或呼作四。魯人呼下次（四），則寓鄙夷不屑之意。

下次小的每，或省稱為「下的」，而意義不變，例見《柳枝集》本《眼兒媚》，前「下的」條已引，可參閱。

嚇魂臺

歇魂臺　攝魂臺

《冤家債主》三【迎仙客】詩云：「鼕鼕衙鼓響，公吏兩邊排；閻王生死殿，東岳嚇魂臺。」

《金鳳釵》三【賀新郎】：「覷著這梢房門一似嚇魂臺。」

《李逵負荊》四【駐馬聽】：「敬臨山寨，行一步如上嚇魂臺。」

《灰闌記》四、詩云：「當年親奉帝王差，手攬金牌勢劍來，盡道南衙追命府，不須東岳嚇魂臺。」

《存孝打虎》一【鵲踏枝】：「上陣似歇魂臺，臨軍如捨身崖。」

《小張屠》三【迎仙客】：「出神州十字街，下東岳攝魂臺。」

迷信傳說，謂陰司中掌管生死勾押推勘的地方為「嚇魂臺」，因此劇中常用以比喻面臨的險境。嚇，同唬；或作歇、攝，音近義通。

仙音院

《唐明皇哭香囊》【綿搭絮】：「說與那教坊司、仙音院，莫落後。」

《梧桐雨》二【快活三】：「囑咐你仙音院莫怠慢。」

《漢宮秋》四【剔銀燈】：「猛聽得仙音院鳳管鳴，更說甚簫韶九成。」

《麗春堂》一【混江龍】：「仙音院整理絲桐。」

《抱粧盒》一【仙呂點絳唇】：「動絃管仙音院。」

仙音院，猶今之音樂院。唐代設有仙韶院，伶人所居（見《唐會要》卷三十四及《新唐書・禮樂志》）。舊題唐・李垕《續世說》卷九：「特詔每月割仙韶院月料錢三百千添給，議者以與伶官分給，可爲恥之。」仙音院是元代元統元年設立的音樂機關，後改稱玉宸院（見《續文獻通考・樂考二》）。

先生

先生，是對各種人的敬稱，範圍很廣泛：一、指道士；二、謂父弟；三、對書生的尊稱；四、對司賬者之稱。

（一）

《陳摶高臥》一【天下樂】白：「這麼一個先生，無有人識他，咱過去買卦去來。」又白：「有勞先生，將我兩人賤造看一看。」

《岳陽樓》一、白：「不免按落雲頭，扮做一個賣墨的先生。」

《勘頭巾》三【幺篇】白：「你那姦夫，不是俗人，是個先生。」

舊時稱醫卜星相等人爲先生；亦用來稱呼道士，如上舉各例是也。《至元辨僞錄》：「先生言道門最高，秀才稱儒門第一。」原注：「元人稱道士爲先生。」《元代白話碑集錄・鳳翔長春觀公據碑》：「和尚根底寺……先生根底觀院。」《水滸》第十五回：「門前有個先生，要見保正化齋糧。」皆其例。現在仍有稱醫生爲先生的，如馬烽《一架彈花機》：「小病就是大病的由頭，還是趁早讓先生看看吧！」

（二）

《岳陽樓》二【梧桐樹】：「管甚麼餛飩皮，饅頭餡、和剩飯，總是個『有酒食先生饌。』」

上舉「先生」，謂父兄、長輩。《論語·爲政》：「有酒食，先生饌。」何晏集解引馬融曰：「先生，謂父兄。」這種用法（稱父兄），後世已不常見。

（三）

《西廂記》一本二折【快活三】白：「先生是何言語！早是那小娘子不聽得哩，若知呵，是甚意思！」

《㑇梅香》二【歸塞北】白：「先生宜加調治，妾身回夫人話去也。」

先生，這裏用爲對書生的尊稱。《孟子·告子下》：「宋牼將之楚，孟子遇於石丘曰：『先生將何之？』」朱熹注：「趙氏曰：『學士年長者，故謂之先生。』」漢·韓嬰《韓詩外傳》卷六：「問者曰：古之謂知道者曰先生，何也？猶言先醒也。」湯顯祖《牡丹亭·延師》：「久聞先生飽學，敢問尊年有幾？祖上可習儒？」皆其例。

（四）

《看錢奴》二【倘秀才】白：「我這解典庫裏有一個門館先生叫做陳德甫。」

先生，此爲司賬者之稱，今仍有「賬房先生」之語。

除以上各解外，它如：《孟子·離婁上》：「樂正子見孟子。孟子曰：『子亦來見我乎？』曰：『先生何爲出此言也？』」按樂正子乃孟子弟子，這是學生稱老師爲先生之一例。此稱呼，今仍通行。舊時也常用爲別號的連用語，如晉之陶潛號五柳先生，唐之王績號五斗先生。舊時蘇杭一帶也以先生稱妓女，如《官場現形記》第八回：「這位陶大人是從山東來的，今天下輪船，叫你先生多唱幾支曲子。」等等，不備舉。

先兒

《降桑椹》二【南青哥兒】白：「胡先兒，他這箇是甚麼病？」

同劇同折【逍遙樂】白：「早間宋先兒使人來請我，說蔡秀才的母親害病，請俺下藥。」

《小尉遲》二、白：「二位老先兒在此，小子特來議事。」

《東籬賞菊》一【混江龍】白：「小可人乃沙三是也，這箇是伴哥，俺兩箇都與這陶先兒家傭工做活。」

先爲先生之簡稱，現在河南方言，還是這樣稱呼。「兒」爲名詞語尾，無義。明代宦官稱士大夫爲「老先」，即「老先生」。清・趙翼《陔餘叢考・老先生》：「王新城謂：明朝中官稱士大夫爲老先。」清・翟灝《通俗編・尊稱・老先》：「《香祖筆記》：今人稱先生，古人亦有只稱先者。漢梅福曰：「叔孫先非不忠也。師古注：先，猶言先生。又鄧先好奇計，及張談先之類，後世中官稱士大夫曰老先，非無因也。」《西遊記》第四十五回：「這先兒只好哄這皇帝，搪塞黎民，全沒些眞實本領。」明・李玉《占花魁・巧遇》白：「家兄祝方青同衛太史老先到玄墓看梅花去了。」皆其例。

又先兒指藝人；女先兒，指女藝人。例如《紅樓夢》第四十三回：「不但有戲，連耍百戲並說書的女先兒全有。」

先輩

> 《董西廂》卷一【大石調・驀山溪】：「法聰頻勸道：『先輩休胡想，一一話行藏，不是貧僧說謊。』」

> 同書卷三【雙調・惜奴嬌】：「相國夫人，謹陪奉張君瑞，道：『輒敢便屈邀先輩。子母孤孀，又無箇，別準備。可憐客寄，願先生高情勿罪！』」

> 《裴度還帶》二【烏夜啼】：「那其間青霄獨步上天梯，看姓名亞等呼先輩。」

> 《㑳梅香》二【初問口】：「不爭你先輩顛狂，枉惹的吾儕恥笑。」

先輩，對人之尊稱，猶如後來稱先生。用爲推敬之語，唐代已習見。唐・李肇《唐國史補》下云：「（進士）互相推敬，謂之先輩。」李賀《春坊正字劍子歌》：「先輩匣中三尺水，曾入吳潭斬龍子。」宋・孫光憲《北夢瑣言》：「王凝和知貢舉，司空圖第四人登第，王謂人曰：『今年榜帖，全爲司空先輩一人而已。』」俱可證。

關於「先輩」一語的起源問題，宋・吳曾《能改齋漫錄》卷二「先輩之稱」條云：「李肇《國史補》並《唐摭言》以舉子互相推稱，則曰先輩，蓋前輩之義也。然《南齊書・劉懷珍傳》曰：『此數子皆宿將舊勳，與太祖比肩爲方伯，年位高下，或爲先輩，而薦成君側』云云。乃知先輩之稱，南朝以來有矣。」實則「先輩」之稱，上古就有。《詩・小雅・採薇》箋：「今薇生矣，

先輩可以行。」《三國志・魏志・陶謙傳》注：「《吳書》『……郡守張磐，同郡先輩，與謙父友，意殊親之，而謙恥爲之屈。』」

忺（xiān）

《蕭淑蘭》一【油葫蘆】：「斗帳春寒起未忺，睡不甜，任教曉日壓重檐。」

同劇同折【金盞兒】：「這生不心忺，倒憎嫌。」

《諷風月》二【耍孩兒】：「我便作花街柳陌風塵妓，也無那則忺過三朝五日。」

《太平樂府》卷六曾瑞卿散套【行香子・嘆世】：「榮貴路景稠粘，沾惹情忺。」

《詞林摘艷》卷一劉庭信小令【寨兒令・戒漂蕩】：「統鏝俫忺，愛錢娘嚴，著你便積里漸里病懨懨。」

忺，《元曲選》音釋：「忺，希兼切。」意謂高興、適意、喜悅。唐・韋應物《寄二嚴》詩：「絲竹久已懶，今日遇君忺。」宋・林逋《雜興》詩：「散帙揮毫總不忺。」潘元質【賀新郎】詞：「雲鬢嚲，未忺整。」孫道絢【南鄉子・春閨】詞：「曉日壓重簷，斗帳春風起未忺。」清・洪昇《長生殿・聞樂》：「清遊勝，滿意忺。」皆其例。

枚濺（xiān jiǎn）

《遇上皇》二【南呂一枝花】：「風又緊，雪又撲，恰便似枚濺篩揚，恰便似摀綿扯絮。」

枚，俗作「枚」，鍬屬，見梁・顧野王《玉篇》。濺，猶「潑」，猶「倒」。這裏是形容大雪臨風飄舞，就像用枚潑、倒的樣子。

祆（xiān）廟火

燒祆廟　火燒祆廟　祆神廟

《西廂記》二本三折【得勝令】：「白茫茫溢起藍橋水，不鄧鄧點著祆廟火。」

《太平樂府》卷七無名氏散套【鬭鵪鶉・妓好睡】:「祆廟火燒著不知,藍橋水淨死合宜。」

《西遊記》五本第十七齣【金盞兒】:「莫不是淨藍橋、燒祆廟的腌神將,比唐僧模樣更非常。」

《爭報恩》一【混江龍】:「我今夜著他個火燒祆廟,水淹斷了藍橋。」

《詞林摘艷》卷一無名氏小令【四塊玉・憶別】:「水淨藍橋,火燒祆廟,好心焦。」

《誤入桃源》四【鴈兒落】:「本則合暮登天子堂,沒來由夜宿祆神廟。」

祆廟,爲祀祆神之廟,即拜火教的寺院。此教是波斯人瑣羅惡斯特所創立,崇拜火,南北朝時傳入中國。今印度、伊朗尚有信徒。《魏書・波斯國傳》:「俗事火神天神,……神龜中,其國遣使上書貢物云。」宋・贊寧《大宋僧史畧》下《大秦末尼》:「火祆教法,本起大波斯國,號蘇魯支。……貞觀五年,有傳法穆護何祿將祆教詣闕聞奏。」張邦基《墨莊漫錄》卷四:「東京城北有祆廟。祆神本出西域。蓋胡神也,與大秦穆護同入中國,俗以火神祠之。」

火燒祆廟,是我國民間傳說中蜀帝的公主和乳母陳氏的兒子戀愛的故事。《淵鑑類函》卷五十八「公主、三」引《蜀志》云:「昔蜀帝生公主,詔乳母陳氏乳養。陳氏攜幼子與公主居禁中。約十餘年後,以宮禁出外六載,其子以思公主疾亟。陳氏入宮,有憂色,公主詢其故,陰以實對。公主遂託幸祆廟爲名,期與子會。公主入廟,子睡沈,公主遂解幼時所弄玉環,附之子懷而去。子醒見之,怨氣成火,而廟焚也。」後來遂借此比喻愛情的忠貞。

祆廟火、燒祆廟、火燒祆廟、祆神廟,義並同。

涎鄧鄧

涎涎鄧鄧　涎涎瞪瞪　涎涎澄澄　涎涎憕憕

涎(xián)鄧鄧,或作涎涎鄧鄧、涎涎瞪瞪、涎涎澄澄、涎涎憕憕,形容癡眉鈍眼的樣子,引申之有死皮賴臉、神魂迷惘等義,例證如下。

（一）

《李逵負荊》四【離亭宴煞】：「涎鄧鄧眼睛剜，滴屑屑手腳卸，磣可可心肝摘。」

《連環計》三【叨叨令】：「那老賊涎鄧鄧的眼腦兒偷情望。」

《秋胡戲妻》三【十二月】：「眼腦兒涎涎鄧鄧，手腳兒扯扯也那捽捽。」

以上各例，涎鄧鄧、涎涎鄧鄧，都是形容痴眉鈍眉的樣子。《清平山堂話本·錯認屍》：「這周氏如常涎鄧鄧的引他，這小二也有心，只是不敢上前。」亦其例。或作涎瞪瞪，如《水滸》第四十五回：「兩隻眼涎瞪瞪的只顧睃那婦人的眼。」

（二）

《太平樂府》卷九無名氏散套【耍孩兒·拘刷行院】：「盼得他來到，早涎涎澄澄，抹抹颭颭。」

《詞林摘艷》卷一張鳴善小令【水仙子·富樂】：「敲才但與些話兒甜，早列側著身子扎挣著臉，涎涎瞪瞪粧風欠。」

以上各例，為死皮賴臉之意。或作涎涎鄧鄧，如元明間無名氏雜劇《渭塘奇遇》一折：「走將來涎涎鄧鄧說甚麼親。」或作涎涎答答，如《誠齋樂府·小桃紅劇》：「他把那即即世世的甜話，引起你涎涎答答的興。」細玩曲意，此與第一義是一致的，但程度上則更進一步。

（三）

明鈔本《四春園》三【金蕉葉】：「他吃的來涎涎鄧鄧，他則待殺壞人的性命。」

《金線池》三【上小樓】：「閃的我孤孤另另，說的話涎涎鄧鄧。」

《盛世新聲》【南呂一枝花·黃花助酒情】：「這些時把一箇俊潘安老得來兀兀騰騰，瘦沈約害得來涎涎憕憕。」

上舉之例，意為神魂迷惘，顛三倒四。總上三意，中心不離一個「痴」字。按：鄧、瞪、澄、憕為同音字，鄧、答為雙聲字。瞪為正字，其它是借用。

閒可

閑可

　　《望江亭》一【混江龍】白:「那白日也還閒可,到晚來獨自一個,好生孤恓!」

　　《西廂記》二本三折【月上海棠】:「而今煩惱猶閒可,久後思量怎奈何?」

　　《雍熙樂府》卷六散套【粉蝶兒·嘲慳吝】:「今番負痛猶閒可,慶官酒怎的殺割?」

　　閒,輕也。閒可,猶輕可,意謂還無所謂、還不打緊。閒,一作閑,通用。可爲語助詞,無義,與少可、猛可、輕可、省可等可字同例。明·無名氏雜劇《齊天大聖》一折:「這仙酒猶閑可,這九轉金丹,非遇聖人,不可食之。」《打韓通》二折:「他還猶閑可,他是韓通的大徒弟,則怕惹起禍來。」《水滸》第六回:「我無妻時猶閒可,你無夫時好孤悽!」皆其例。

閒家

閑家

　　《貨郎旦》四【三轉】:「拋著他渾家不睬,只教那媒人往來,閒家擘劃。……早將一箇潑賤的煙花娶過來。」

　　《雍熙樂府》卷十二散套【夜行船·間阻】:「女伴啈,閒家每哨,柳青娘冷句兒搬調。」

　　《詞林摘艷》卷五劉庭信散套【夜行船·青樓詠妓】:「錯下書三婆恁,硬散楚的閑家譜。」

　　閒家,謂閒漢,即無正業而以幫閒爲事的人。宋·吳自牧《夢粱錄》卷十六「分茶酒店」條:「有百姓入酒肆,見富家子弟等人飲酒,近前唱喏,小心供過,使令買物命妓,謂之閒漢。」閒、閑,同字異體。

閒焦

　　《老生兒》二【脫布衫】:「今日個散錢呵您不合閒焦,看我面也合道是虬饒,他主著意和人硬挺,便眼著眼大呼小叫。」

　　閒焦，意謂無端吵鬧。蓋閒，空虛也，引申義爲無端；焦，叫也。《西遊記》五本十七齣【金盞兒】：「焦則麼那村柳舍，叫則麼那唔顏郎。」這裏焦、叫並舉，證明焦即叫的意思。

閒淘氣

閑淘氣　閑咷氣　閒陶氣　淘閒氣

　　《東坡夢》二【哭皇天】：「我這裏做方做便，陪酒陪歌，東坡比那【滿庭芳】，【滿庭芳】可便省些閒淘氣。」

　　《倩女離魂》三【三煞】：「不是我閒淘氣，便死呵，死而無怨；待悔呵，悔之何及！」

　　《還牢末》一【寄生草】：「爲甚麼苦眉努目閒淘氣，你來我去無些禮？」

　　《太平樂府》卷五曾瑞卿小令【罵玉郎帶感皇恩採茶歌・閨中聞杜鵑】：「無情杜宇閑淘氣，頭直上，耳根底，聲聲聒得人心碎。」

　　《貶夜郎》二【滿庭芳】：「得了兒不語一官半職，做了箇六證三媒，枉了閑咷氣。」

　　《東堂老》二【滾繡毬】：「老的，你可也閒陶氣哩！」

　　《救風塵》一【寄生花】：「幹家的乾落得淘閒氣，買虛的看取些羊羔利，嫁人的早中了拖刀計。」

　　淘氣，謂嘔氣、生氣、惹氣。閒淘氣，謂不因緊要事而產生的煩惱或憤怒。古典小說中亦有此例，如《西遊記》第八十八回：「活淘氣！活淘氣！」按閒、閑同字異體。淘爲正寫，咷、陶同音借用。

　　又，小孩頑皮，至今口語猶謂之淘氣。

閒邀邀

閑遙遙　閑遙遙　閒搖搖　閑悠悠

　　《小尉遲》二、白：「這些時沒人來，手頭區短，終日家閒邀邀的悶坐。」

　　《拜月亭》三【笑和尚】：「閑遙遙身枝節，悶懨懨怎捱他如年夜？」

　　《飛刀對箭》一【油葫蘆】：「空著我每夜思量計萬條，閑遙遙的何日了？」

《九世同居》一【六幺序】:「爲儒的早趁三餘,篤志詩書,休得閒遙遙惰卻身軀。」

《黃梁夢》一【油葫蘆】:「俺閒遙遙獨自林泉隱,你虛飄飄半紙功名進。」

《劉行首》二【煞尾】:「你不肯頂簪冠,披鶴氅,閒遙遙,穩拍拍,蓬萊方丈把玄機曉。」

《陳搏高臥》二【梁州第七】:「想他那亂擾擾紅塵內爭利的愚人,更和那鬧攘攘黃閣上爲官的貴人,爭如這閒搖搖華山中得道的仙人?」

《詞林摘艷》卷三李致遠散套【粉蝶兒・歸去來兮】:「閑悠悠無半點爲官意。」

閒邀邀,形容投閒置散、自由自在的精神狀態。邀邀,或作遙遙、搖搖、悠悠,均爲助語。又作約約,如元明間無名氏雜劇《薛苞認母》二折:「不要你忙急急幹些衣食,我教你閑約約快活到底。」又作夭夭,如《雍熙樂府》卷十散套【一枝花・閑樂】:「閑夭夭樂有餘。」按:邀邀、遙遙、搖搖、約約、夭夭,均爲同音字。「悠悠」與「邀邀」等爲雙聲字,借用。閒、閑,同字異體。

閑瞧

《飛刀對箭》一【那吒令】:「我似不的閔子般賢,我學不的曾參般孝,和你一箇瞢瞍把我閑瞧。」

閑,輕;瞧,看;閑瞧,即輕視、瞧不起之意。

閑街市

《西廂記》五本二折【朝天子】:「自思、到此,甚的是閑街市?」

「甚的是閑街市」,王伯良注《西廂》曰:「言從不曾胡行亂走也。」所謂「胡行亂走」,蓋指鶯鶯所擔心於張生的:「還將舊來意,憐取眼前人」,即耽心張生到處遊逛、另有所遇,而喜新厭舊。

撏（xián,又讀 xún）

撏,有拔、扯、摘取諸意,分別例釋如下。

（一）

《生金閣》三【牧羊關】白：「你若著人偷了鞍子，剪了馬尾去，我兒也，你眼扎毛我都撏掉了你的。」

《曲江池》三【堯民歌】：「捉的那錦鴛鴦，苦死欲撏翎。」

《陳州糶米》楔、白：「若不與我呵，就踢就打，就撏毛。」

《百花亭》楔【仙呂端正好】：「恨天公怎不與人方便，鏟連理樹，撅並頭蓮，撏比翼鳥，打交頸鴛。」

《詞林摘艷》卷九無名氏散套【醉花陰・羞對鶯花綠窗掩】：「碧玉簪掂，金鳳翎撏，愁深似九重天塹，命薄如五更燈焰。」

以上「撏」字，意為拔。撏毛，即拔毛。現在口語中還是這樣講，如拔雞、鴨的毛，叫做撏毛。《桃花扇・哄丁》：「當他的嘴，撏他的毛」，亦其例。

（二）

《來生債》一【寄生草】：「這些時廝撏碎了魯褒的這《錢神論》。」

《詞林摘艷》卷八張小山散套【一枝花・青山失翠微】：「梨花和雨舞，柳絮帶風撏。」

以上「撏」字，意為扯。廝撏，即廝扯。例二「柳絮帶風撏」和上句梨花和雨「舞」相對。意謂梨花在雨中飄舞，柳絮在風裏被撕扯著。按：此曲寫的是雪景，梨花、柳絮皆喻雪花也。

（三）

《蕭淑蘭》一【油葫蘆】：「想他性格兒沉，語話兒謙，繡牀無意閒攀佔，嬾把綵絨撏。」

用手摘物曰撏，與（一）義相近。

嗛（xián）

嗛

《李逵負荊》二、詩云：「鴉嗛肝腑扎煞尾，狗咽骷髏抖摟毛。」

《盛世新聲》丑集曾瑞卿散套【醉花陰・懷離】：「刺不就啄穀穗鵪鶉嘴細嗛。」

《對玉梳》一【幺篇】：「遮莫你狼拖狗拽，鴉嗛鵲啄，休想我繫一
條麻布孝腰裙。」

《集韵》：「嗛，或作咁。」按：嗛即咁的訛寫。由此可知嗛與嗛，是同字
異體。意謂用嘴含或用嘴叼。音義同銜、唧。

纖須

纖需

《麗春堂》三【調笑令】：「慢慢的將釣兒，我便垂將下去，銀絲界
破波文綠，可怎生浮蜉兒不動纖須。」

《詞林摘艷》卷十無名氏散套【鬥鵪鶉・操一曲流水高山】：「探著
身軀，慢慢的將鉤兒垂將下去，則被這銀絲兒界破波紋綠，怎生這
浮游兒不動纖須？」

《伊尹耕莘》四【得勝令】：「這功績纖需，要將我標入功勞簿。」

纖須，一作纖需，謂微少或微小也。《十長生》一折：「放之行彌乎宇宙，
歛之來隱入纖須。」「彌乎宇宙」與「隱入纖須」相反襯，意更顯明。另可參
「些須」條。

北語「須」、「需」同音，古通用。

顯赫

顯豁　響豁　歇豁

《太平樂府》卷四貫雲石小令【陽春曲・金蓮】：「如今相識眼皮兒
薄，休顯赫，越遮護著越情多。」

同書卷入喬吉散套【一枝花・私情】：「不顯豁意頭兒甚好，不尋常
眼腦兒偏饞。」

《黃梁夢》四【倘秀才】：「你得了斗來大黃金印一顆，為元帥，佐
山河，倒大來顯豁。」

《對玉梳》二【滾繡毬】：「【帶云：】金錢不使呵，〔唱：〕莫不陰
司下要用他？【帶云：】珠翠不戴呵，〔唱：〕莫不靈堂前要顯豁？
〔帶云：〕綾錦不穿呵，〔唱：〕莫不留著棺函中裝裏？」

《燕青博魚》二【混江龍】：「錢呵，我若是告一場響豁，便是我半路裏落的這般勤。」

《太平樂府》卷五曾瑞小令【罵玉郎過感皇恩採茶歌·風情】：「酸丁詞客人多儌，歌白苧淚青衫，風流歇豁著坑陷。」

以上各例有顯露（如一、二、四、六例），光耀（如例三）、運氣通達（如例五）等義，均表示得意通顯的狀貌。顯，或作響、歇；赫，或作豁，皆雙聲借用。此詞古已有之，如：《後漢書·竇憲傳》：「權貴顯赫，傾動京都。」同書《鄧禹傳（附鄧騭）》：「冬，徵騭班師，……即至，大會群臣，賜束帛乘馬，寵靈顯赫，光震都鄙。」同書《邊讓傳·章華賦》：「達皇佐之高勳兮，馳仁聲之顯赫。」唐·李公佐《南柯太守傳》：「榮耀顯赫，一時之盛，代莫比之。」此皆指富貴利達的盛大聲勢。唐·杜牧《寄兵部李郎中》詩：「唯有君子心，顯赫知幽微。」此顯赫謂明徹、通達也。意俱近。

顯道神

《金線池》一【油葫蘆】：「炕頭上主燒埋的顯道神，沒事哏，鬊麻頭斜皮臉老魔君。」

《賺蒯通》三【紫花序兒】：「俺爺是顯道神，俺娘是個木伴哥。」

《雍熙樂府》卷十七無名氏小令【梧葉兒·嘲女人身長】：「身材大，膊項長，難匹配，怎成雙？只道是巨無霸的女，原來是顯道神的娘。」

舊時迷信習俗，人死出殯的儀仗中，放在最前的開路神，神像高大凶惡，左手執玉印，右手持方天畫戟，叫做顯道神。劇中借指凶神。這是由古來驅疫之神「方相」而來的。《周禮·夏官·方相氏》：「方相氏掌蒙熊皮，黃金四目，玄衣朱裳，執戈揚盾，帥（率）百隸而時難，以索室毆疫。」《三教搜神大全》：「開路神君，乃《周禮》之方相氏，俗名險道神，一名阡陌將軍。」按：今湖北方言，謂行動魯莽、易於損壞器物用具之人，名曰險道神。

獻勤

《救風塵》三【滾繡毬】：「想著容易情，忒獻勤，幾番家待要不問。」

《哭存孝》一【尾聲】：「一個個獻勤買力。」

《李逵負荊》二【滾繡毬】：「你道我忒口快，忒心直，還待要獻勤
出力。」

《敬德不伏老》一【前腔】：「若不是軍師可便勸准，我沒來由獻甚
麼勤。」

《盛世新聲》【南呂一枝花·絲絲楊柳風】：「覷不的獻勤的僕，勢情
的奴。」

獻勤，謂獻媚表示殷勤之意。《金瓶梅》第四十六回：「你說你恁行動，
兩頭戳舌獻勤，出尖兒。」《蕩寇志》第七十四回：「高俅必不能料得，不知
是那個獻勤。」皆其例。現在口語還這樣說。

獻新

《望江亭》三【紫花兒序】白：「媳婦孝順的心腸，將著一尾金色鯉
魚，特來獻新，望與相公說一聲咱。」

《黃鶴樓》三【雙調新水令】白：「玄德公，他知道俺在此飲酒，將
這一對魚來獻新。」

古代，五穀或果物新成熟時，用以獻祭於亡者，表示孝敬，叫做薦新。
《禮記·檀弓》：「有薦新，如朔奠。」後引用於活著的人，叫做獻新。就是
把新上市的農、果、牧、漁等產品，送給貴族、官僚以及其它有錢有勢的人，
以求得較高的報酬，謂之「獻新」。

相持

《雙赴夢》一【金盞兒】：「關將軍但相持，無一個敢欺敵。」

《單刀會》一【寄生草】：「你則待千軍萬馬惡相持，全不想生靈百
萬遭殘暴。」

《哭存孝》一、白：「俺兩個不會開弓蹬弩，也不會廝殺相持。」

《五侯宴》三、白：「頗奈梁元帥無禮，今差賊將王彥章，領十萬軍
兵搦相持。」

《氣英布》二【烏夜啼】：「你道是善相持能相競，用不著喒軍馬崩騰。」

　　上列「相持」諸例，意謂戰鬥、撕殺，互不相下。《史記・項羽本紀》:「楚漢相持未決。」《七國春秋平話》卷上:「軍前二將鬥相持。」皆其例。《董西廂》卷六【中呂調・石榴花】:「不惟道鬼病相持，更有邪神纏纏。」此「相持」與「纏纏」互文為義。元本《琵琶記》十三【前腔換頭】:「他元來要奏丹墀，敢和我廝挺相持。」此「相持」與「廝挺」連文，是作對的意思：均為前義的引申。

相爲（wèi）

　　《蝴蝶夢》二【紅芍藥】:「三個兒都教死去，你都官官相爲倚親屬，更做道國戚皇族。」

　　《兩世姻緣》四【水仙子】:「也是俺官官相爲，你可甚賢賢易色？」

　　《鴛鴦被》四【太平令】白:「好也！你兩個官官相爲，我死也！」

　　相爲，謂相照顧、相關照也。爲，念去聲。《今古奇觀・逞多錢白丁橫帶》:「畢竟『官官相護』，道他是隔省上司，不好推得乾淨身子。」相爲、相護語意正同。《荀子・性惡》:「夫工匠農賈，未嘗不可以相爲事也，然而未嘗能相爲事也。」此「相爲」意爲調換。「相爲事」，即調換工種的意思。曲意蓋本此引申而來。

　　又:「官官相爲」爲元曲一成語，現在口語仍沿用。

相將

　　《遇上皇》一【那吒令】:「我本待不去來，他每都來相訪，怎當他相領相將！」

　　《楚昭公》三【耍孩兒】:「本待要相隨相從相將去，也則爲我膽兒自虛。」

　　《紫雲庭》四【梅花酒】:「厭地轉過東牆，攜手兒相將。」

　　《㑇梅香》三【紫花兒序】:「如此般好天良夜，淑女才郎，相將，意廝投，門廝對，戶廝當，成就了隻鳳孤凰。」

　　相將，猶云相伴、相共。杜甫《十二月一日三首》:「春花不愁不爛漫，楚客唯聽棹相將。」令狐楚《春遊曲》:「相將折楊柳，爭取最長條。」蘇軾《和寄天選長官》詩:「相將古寺行，軟語頹晚照。」是唐宋語已然。

相將，亦猶相次，就要之意，如戲文《張協狀元》二十三〔虞美人〕白：「它也相將到，你眼如何恁地腫？」亦猶相與，相親之謂，如前劇三十九【哭梧桐】：「尋思那人情忒淺，往復相將是一年。」

香毬
香球

《韓翠蘋御水流紅葉》【一煞】：「自今夜黃昏後，安排著洞房花燭，繡幕香毬。」

《翫江亭》二、白：「你看那前堂後閣，東廊西舍，走馬門樓，琴碁書畫，條凳椅桌，幔幕紗廚，香球吊掛，好房舍！好房舍！」

香毬，一作香球。毬、球同字異體。凡物成圓狀的，皆稱球。香毬，或發奇香，或爲美稱，製法、用途不一。

《宋史・儀衞志五》：皇太子妃出入，「以皇太子府親事官充輦官，前執從物，檐子前小殿侍一人，抱塗金香毬。」宋・阮閱《詩話總龜》：「已負數條紅畫燭，更羣雙帶繡香毬。」宋・陸游《老學庵筆記》卷一：「婦女上犢車，皆用二小鬟持香球在旁，而袖中又自持兩小香球。車馳過，香煙如雲，數里不絕。」《元史・輿服志二》「儀仗」條：「香球制以銀，爲座上插蓮花爐，爐上罩以圓毬，鏤絪縕旋轉文於上，黃金塗之。」明・田藝衡《留青日札》：「今渡金香毬如渾天儀，其中三層關捩，圓轉不已，置之被中，火不覆滅，即《西京雜記》言巧手丁緩所作者也。又有以奇香異屑製之者，亦名香毬，乃舞人搏弄以爲劇者。故白樂天詩云：『柘枝隨畫鼓，調笑從香毬。』又云：『香毬趁拍迴環匼，花盞拋巡取次飛。』」據田氏所言，則香毬之製古矣。

香積廚
香積

《西廂記》一本二折【幺篇】：「也不要香積廚，枯木堂。」

《度柳翠》楔、白：「哦！有了，有了。香積廚下燒火的腌臜和尚，也當一個。」

《西遊記》三本十齣【罵玉郎】：「俺這裏難爲卓錫居，怎做得香積廚？」

《東窗事犯》二【中呂粉蝶兒】：「我將這吹火筒卻離了香積。」

寺院的廚房稱香積廚，簡作香積，蓋取香積佛國香飯之意。《維摩詰經》：「有國名眾香，佛號香積。其國香氣，比於十方諸佛世界人天之香，最爲第一。其界一切，皆以香作樓閣，經行香地，苑園皆香。其食香氣，周流十方無量世界。時彼佛與諸菩薩方共食，有諸天子，皆號香嚴，供養彼佛及諸菩薩。維摩詰化作菩薩，到眾香界，禮彼佛足，願得世尊所食之餘，於是香積如來，以眾香鉢，盛滿香飯。與化菩薩，須臾之間，至維詰舍，飯香普熏毗耶離城，及三千大千世界。」梁・沈約《捨身願疏》文：「雖果謝庵園，飯非香國，而野粒山蔬，可同屬饜。」「香國」，即用佛經典。唐・王維《過香積寺》：「不知香積寺，數里入雲峰。」《水滸》第六回：「回到香積廚下看時，鍋也沒了，竈頭都塌了。」二刻《拍案驚奇・王漁翁捨鏡崇三寶，白水僧盜物喪雙生》：「遂分付香積廚中辦齋，管待了王甲已畢，卻令王甲自上佛座，取了寶鏡下來。」皆其例。

厢

箱

厢：一用作方位詞，猶云邊或面；二、指靠近城的地區；三、用作假借字。

（一）

《岳陽樓》四【收江南】白：「師父，喚你徒弟，那厢使用？」

《勘頭巾》二、白：「他著我打草苫兒，正打之間，外厢有人叫門。」

同劇三【掛金索】白：「正打著哩，則見外厢有人叫門。」

《范張雞黍》一【醉中天】白：「呀！忘了仲略兄弟在外厢了。」

《倩女離魂》三、白：「爺喚張千那厢使用？」

上列各厢字，都用作方位詞。漢樂府《相逢行》：「音聲何嘈嘈，鶴鳴東西厢。」《南史・侯景傳》：「景牀東邊香爐無故墮地，景呼東南西北皆謂爲厢，景曰：『此東厢香爐那忽下地。』」借爲箱字，亦早見於漢代，如《漢書・爰盎鼌錯傳》：「盎曰：『臣所言，人臣不得知。』乃屏錯。錯趨避東箱，甚恨。」意義相當於現代漢語的邊或面。

（二）

《裴度還帶》楔、白：「城裏關廂市戶鄉民，憐其父清女孝，眾人齎助有一千貫。」

《兒女團圓》二、白：「一不做，二不休，拚的遠著四村上下，關廂裏外，爪尋那十三年前李春梅。」

上舉各例，關廂即「廂」，指靠近城的地區。唐、宋時有左右廂、四廂等禁軍的制度，故云。清‧法式善《陶廬雜錄》卷五：「明，洪武十四年，令天下編黃冊，在城曰坊，近城曰廂，鄉都曰里。」

（三）

《虎頭牌》二【醉娘子】：「我繫的那一條玉兔鶻是金廂面。」

《金安壽》二【黃鍾尾】：「我這頭巾上珍珠砌成文藻，玉兔鶻金廂繫繡袍。」

《翫江亭》一【金盞兒】白：「為這幾件頭面兒不打緊，我半年前裏倒下金子，雇人匠累絲廂嵌，何等的用心哩也！」

《西遊記》三本九齣、白：「三鬢髻上盡滴真珠，四粧帶上金箱瑪瑙。」

上舉諸例，廂均應作鑲；廂、箱為同音假借字。明‧曹昭《格古論‧蠟子》：「古云：『蠟重一錢，價值千萬。』可廂嵌釧鐲碗盞戒指用。」亦其例。明‧余繼登《典故紀聞》卷十三：「天順時，侍讀學士錢溥、給事中王豫使江南，其王各饋以金銀與鑲帶。」此例是正用「鑲」字。

（四）

《救孝子》四【太平令】白：「也不消打下死囚牢裏去，只到我家廂兒裏取一帖藥來，煎與我吃，我這兩隻腳登時就直了也。」

《桃花女》一、白：「你依我說，到廂子角兒裏再取出個銀子來，待我依舊開了鋪面。」又白：「你家裏盛廂滿籠放著銀子，纏喫人拿的一個去，便是這等啼哭！」

上舉各例，廂，均應作箱；廂為同音假借字。又，廂、箱古通用。

鄉談

《貨郎旦》二【水仙子】：「聽的鄉談語音滑熟，打疊了心頭恨，撲散了眼下愁。」

同劇三、白：「謝那老的教我唱貨郎兒度日，把我鄉談都改了。」

鄉談，謂方言土語；現在各地仍沿用。《張協狀元》戲文：「通得諸路鄉談。」《水滸全傳》第七十四回：「燕青打著鄉談道。」皆其例也。

又作鄉語。陸游《老學庵筆記》卷八：「東坡《牡丹詩》云：『一朵妖紅翠欲流。』初不曉『翠欲流』為何語。及遊成都，過木行街，有大署市肆曰：『郭家鮮翠紅紫鋪。』問土人，乃知蜀語鮮翠猶言鮮明也。東坡蓋用鄉語云。蜀人又謂糊腮曰『泥腮』，花藥夫人《宮詞》云：『紅錦泥腮遶四廊。』非曾遊蜀，亦所不解。」按東坡、花藥夫人皆蜀人，故能用蜀語入詩。

或作鄉音。唐·賀知章《回鄉偶書》：「少小離家老大回，鄉音無改鬢毛衰。」宋·范成大《將至吳中親舊都來相迓感懷有作》詩：「歸思客路豈非夢，乍聽鄉音眞是歸。」又《元夕二首》之一：「尙愛鄉音醒病耳。」鄉音，即指家鄉的語音聲調。

響嘴

《漁樵記》二【滾繡毬】白：「我兒也，休響嘴！晚些下鍋的米也沒有哩。」

響嘴，猶今云誇口。或倒作嘴響，義同。《醒世恒言·陳多壽生死夫妻》：「日後陳某死了，娘子別選良緣，也教你說得嘴響，不累你叫做二婚之婦。」

響糖獅子

《東堂老》一【一半兒】白：「先去買十隻大羊，五果五菜，響糖獅子。」

響糖獅子，一種糖果名。響糖，或即香糖。宋·孟元老《東京夢華錄》卷二「飲食果子」條內列有「獅子糖」；孔平仲《談苑》卷一及曾慥《高齋漫錄》均載有「乳糖獅子」：當即製為獅子形狀之糖果。

向上

項上

向上，有如下三意，例釋如次。

（一）

《王粲登樓》一【天下樂】白：「今日早朝下來，已與曹子建學士說
　　知向上之事，這早晚敢待來也。」

向上，謂上進，舊時多指求取功名，今仍使用此語，如云「天天向上」。
陸澹安等解爲「以上」，誤。

（二）

《拜月亭》二【牧羊關】：「阿的是五夜其高，六日向上。」

《遇上皇》一【賞花時】：「做夫妻四年向上，五十次向官房。」

這裏的「向上」，是不足、不到、不及之意，與一般含義別。張相《詩詞
曲語辭匯釋》卷三「向」字條，引《拜月亭》劇例後，云：「其高猶云有餘，
向上猶云不足也。」引《遇上皇》劇例後，釋曰：「義同上。」是。

（三）

《爭報恩》三、白：「我正與姐姐所說向上事，被那丁都管和王臘梅
　　搬調著通判，說姐姐房裏有姦夫。」

同劇同折、白：「你說的誰，原來是千嬌姐姐。見我說了那項上事，
　　他就與了我一隻短金釵，認我做兄弟。」

上舉之例，意爲「以上」、「上面」。向，一作項，同音借用。

此外，「向上」又有上等、富貴的意思。宋·彭大雅、徐霆《黑韃事略》：
「用四尺長柳枝，或銀打成枝，包以青氈。其向上人，則用我朝翠花或五采
帛飾之。」宋·陳著【卜算子】《次韻舅氏竺九成試黜》：「元是都門向上人，
大用何嫌晚？三歲事非遙，三捷功非遠。管取微生共此榮，聯步雲程穩。」
皆其例。

向日

《董西廂》卷七【越調·雪裏梅花】：「暗想向日，和他共鴛衾，傚
　　學秦晉。」

同書卷八【黃鍾宮・第三】：「鎮思向日，空教人氣的微撇。」

《西廂記》一本二折【四邊靜】白：「向日鶯鶯潛出閨房，夫人窺之。」

《樂府群珠》卷一陳學庵小令【山坡羊・嘆世】：「今日仕途非向日：
賢，誰問你？愚，誰問你？」

向日，猶云往日、從前。《莊子・寓言》：「若向也俯，而今也仰。」「向」
和「今」反襯見義。柳宗元《捕蛇者說》：「嚮吾不爲斯役，則久已病矣。」
向、嚮，古通用，亦作鄉（xiàng），即向日之意。凌本《幽閨記》二十六：「向
日招商店，肯分的撞著家尊。」亦其例。

向火

火向

《遇上皇》二【梁州】白：「我且近火爐邊向火者，我聞的好酒香，
賣酒的！」

《降桑椹》二【南青哥兒】白：「我也寒冷了。小哥，你便燒香，我
灶窩裏向火去也。」

《凍蘇秦》三【賀新郎】：「〔張儀云：〕男子漢家有甚麼冷，可怎生
要向火？」

同劇同折同曲：「〔正末唱：〕許來大八位裏官人，可怎生無他那半
盆兒火向？」

向火，近火取暖之意，即烤火。此詞唐代已見。唐天寶中楊國忠恃寵弄
權，群臣爭附，張九齡譏之爲「向火乞兒」（見五代・王仁裕《開元天寶遺
事》下）。白居易《與僧智如夜話》詩：「爐向初冬火，籠停半夜燈。」《清
平山堂話本・錯認屍》：「當日雪下得越大，周氏在房中向火。」《水滸》第
十回：「到那廳裏，只見那老軍在裏面向火。」皆其例。現在還這樣說。

向火，倒作火向，用作名詞，是炭火的意思，與前三例意別。

向後

《陳摶高臥》一【後庭花】白：「先生向後再推一推，看我流年大運
如何？」

《抱粧盒》四【上小樓】白：「你還把向後的事，細説一徧，寡人試聽者。」

《碧桃花》二【滿庭芳】白：「我本待不要他來，則管裏纏，我且一時間應承了罷，向後卻做商量。」

　　向後，即往後、將來之意。「向」有朝著、對著的意思，故云。《史記·李斯列傳》：「當今人臣之位，無居臣上者，可謂富極矣；物極則衰，吾未知所稅駕也。」唐·司馬貞《索隱》：「稅駕，猶解駕，言休息也，李斯言己今日富貴已極，然未知向後吉凶止泊在何處也。」唐·白行簡《李娃傳》：「向後數歲，生父母偕歿，持孝甚至。」宋·朱熹《答沈叔晦書》：「向後所力，則以前日躬行之實充之，且不患其不勇也。」可見唐宋語已然。岑參《衞節度赤驃馬歌》：「草頭一點疾如飛，卻使蒼鷹翻向後。」此「向後」，謂在後也，與上舉諸例意不屬。彼指時間，此指空間。

向晚

《董西廂》卷六【大石調·玉翼蟬】：「雨兒乍歇，向晚風如漂冽，那聞得衰柳蟬鳴恓切！」

《四春園》一【尾聲】：「你可也莫因循，休遲慢，天色兒真然向晚。」

《梧桐雨》二【滿庭芳】：「疑恠昨宵向晚，不見烽火報平安。」

《西廂記》三本二折【石榴花】：「昨日箇向晚，不怕春寒。」

《太平樂府》卷九朱庭玉散套【哨遍·蓮船】：「向晚來，殘霞散綺，落日沉金，迤邐銀塘上。」

　　向晚，猶云傍晚。向，接近之意。李白《清溪行》：「向晚猩猩啼，空悲遠遊子。」李頎《送魏萬之京》：「關城曙色催寒近，御苑砧聲向晚多。」李商隱《登樂遊原》：「向晚意不適，驅車登古原。」五代·顧敻【醉公子】詞：「枕欹小山屏，金鋪向晚扃。」宋·程垓【南浦·春暮】詞：「金鴨懶薰香，向晚來，春醒一枕無緒。」宋元戲文《孟月梅寫恨錦香亭》：「向晚游遍天街，勝文章太守。」皆其例。也作「向暮」，如《三國志·魏志·管輅傳》注引《輅別傳》：至日向暮，酒食不行。

向順

《救風塵》三【滾繡毬】：「好人家知個遠近，覷個向順，衛一味良人家風韻。」

《蝴蝶夢》楔【么篇】：「他只敬衣衫不敬人，我言語從來無向順。」

《冤家債主》三【上小樓】：「閻神也有向順，土地也不胡突，可怎生將俺孩兒一時勾去？」

同劇四【水仙子】：「你如今苦也囉，刀山劍嶺都遊盡，怎做的閻羅王有向順？」

《西廂記》五本三折【聖藥王】：「這廝喬議論，有向順。」

上舉各例：例一謂親疏，與「遠近」互文見意；其它各例，猶云偏見、祖護；現在口語所云「向著誰」的「向」，即元曲上舉各例之「向順」意。

相公

公相　相

《張天師》三、白：「報相公，有張道玄特來拜辭哩！」

《殺狗勸夫》四【十二月】：「這公事非同造次，望相公台鑒尋思。」

《爭報恩》楔、白：「相公，穩登前路！」

《金線池》四【梅花酒】：「爲老母相間阻，使夫妻死纏綿；兩下裏正熬煎，謝公相肯哀憐。」

《醉寫赤壁賦》二、白：「某累蒙在朝公相薦舉，授爲潁川團練推官。」

《碧桃花》四【太平令】白：「老相不知，聽貧道細說一遍。」

相公者，言其官則「相」，言其爵則「公」，尊榮之極，故爲封建時代對宰相的尊稱。顧炎武《日知錄》卷二十四云：「前代拜相者必封公，故稱之曰相公。」例如：韓愈《祭十二郎文》：「雖萬乘之公相，吾不以一日輟汝而就也。」敦煌變文《捉季布變文》：「擔儘負罪來祗候，死生今望相公恩。」陸游《老學庵筆記》卷四：「蔡京爲太師，賜印文曰：『公相之印』，因自稱『公相』。」皆其證。其後泛用，凡社會上層人物、知識分子、以及一般人，都以此相稱，表示尊敬。正如《道清詩話》所云：「山嶺南人見客，不問高卑，皆呼爲相公。」清·翟灝《通俗編·仕進類》：「凡今衣冠中人，皆僭稱

相公。或綴以行次，曰大相公、二相公。」「相公」或倒稱「公相」，或簡作「相」，其義俱同。《舉案齊眉》劇作「醬棚」，係「相公」的諧音。總之，「相公」之稱，後來雖離原義，仍屬尊敬之詞。及至晚清，竟變成男色的褻稱，愈變愈歧，愈演愈下矣。

關于稱宰相爲相公，究起於何時，徐渭《南詞敘錄》云：「唐、宋謂執政曰相公。」實際比這要早，據宋・吳曾《能改齋漫錄》卷二云：「丞相稱相公，自魏已然矣。王仲宣從軍詩曰：『相公征關右，赫怒震天威。』注：『曹操爲丞相，故曰相公。』謝靈運擬陳琳詩曰：『永懷戀故國，相公實勸王。』亦謂曹操也。」

像生

> 元刊本《薛仁貴》四【太平令】：「生得厖道整，身子兒詐，帶著朵像生花。」
>
> 《賀元宵》二【脫布衫】：「說元宵佳節時俗，喜鰲山高接雲衢，蓋的來花攢錦簇，有千般像生人物。」
>
> 關漢卿殘曲【大石調】：「像生燈兒排門兒吊。」

用人工製造出來的東西，以模擬天然生物的形狀，叫做像生。如用草及紙或綾錦所製之花，就叫做像生花。宋代四司、六局中，有果子局，掌像生花果，見宋・吳自牧《夢粱錄》卷二十「四司六局筵會假賃」條。宋・孟元老《東京夢華錄》卷八「六月六日崔府君生日二十四日神保觀神生日」條，在列舉百戲時，也提到了「叫果子」、「學像生」的項目。明・田汝成《熙朝樂事》云：「正月十五燈市，出售各色像生人物，則有老子、美人、鍾馗捉鬼、月明度妓、劉海戲蟾之屬。又以綾綿或通草及紙製成之花果，形似生成者，謂之像生花。」實則這種技藝，漢已有之。《後漢書・祭祀志下》云：「廟以藏主，以四時祭。寢有衣冠几杖象生之具，以薦新物。」「象生」即「像生」，因知此種技藝起源甚古。

又，婦女以說唱爲業者，也叫像生。宋人《西湖老人繁盛錄》云：「選像生有顏色者三四十人，戴冠子花朵，著艷色衫子。」《貨郎旦》四折「正名」：「風雨像生貨郎旦」，均其例。

像態

像胎

《裴度還帶》一【天下樂】:「一箇箇鋪眉苫眼,粧些像態。」

《玉壺春》三【上小樓】:「覷不的千般像態,十分巨耐,走將來摔碎瑤琴,擊破菱花,拆散金釵。」

《黑旋風》楔【越調金蕉葉】:「做多少家鞋弓襪窄,可怕不打扮得十分像胎。」

《漁樵記》二【滾繡毬】:「你是個壞人倫的死像胎,你這般毀夫主暢不該!」

像態,貶辭,謂醜態;態,一作胎,音近意同。有時也用作褒詞,如古名家雜劇本《單鞭奪槊》一【那吒令】:「早是他人生的威風也那象台。」臧晉叔《元曲選》本作:「看尉遲人生的威風也那氣概。」可見這裏的「象台」即「氣概」之意。明鈔本硃校改「台」爲「胎」。故「像態」、「像胎」、「象台（胎）」實爲一詞的不同寫法。

消乏

銷乏

消乏,一作銷乏,一指財物消耗窘乏;一指精力消耗。

（一）

《看錢奴》一【幺篇】:「他雖則消乏,也是你隣家,須索將禮數酬答。」

《忍字記》楔、白:「因遊學到此,囊篋消乏。」

《救孝子》一【仙呂點絳唇】:「家業消乏,拙夫亡化,拋撇下癡小冤家,整受了二十載窮孤寡。」

《趙禮讓肥》一【仙呂點絳唇】:「這些時囊篋消乏,又值著米糧增價。」

《冤家債主》三【中呂粉蝶兒】:「典了庄宅,賣了田土,銷乏了幾多錢物。」

上舉各例，即消折窘乏之意。明·田藝衡《留青日札商抄》卷二：「醬甕兒恰纔夢撒，鹽瓶兒又告消乏。」「夢撒」，沒有之意，與「消乏」相對舉，可爲佐證。消，一作銷。意同。《京本通俗小說·菩薩蠻》：「你欠了女兒身價錢，沒處措辦時，好言好語告個消乏，或者可憐你的，一兩貫錢助了你也不見得。」知宋語已然。

（二）

《西廂記》三本三折【折桂令】：「則你那夾被兒時當奮發，指頭兒告了消乏。」

這裏的消乏，是指精力消耗。《元曲章·吏部三·軍官依例保舉》：「相爭七、八年間，消乏了他每氣力。」同書《兵部一》：「軍官不用心撫治，以致軍人氣力消乏。」明·陳汝元雜劇《紅蓮債》二【折桂令】：「羅箋兒假尋寶筏，筆尖兒強談玄法：隱漏著嬌華，遮蔽了牽掛，埋沒著風流，彌瞞了消乏。」《長生殿·驛備》：「小心齊用力，怎敢告消乏？」義均同。

消任

任消　消恁　消淹

《西遊記》四本第十四齣【正宮六幺遍】：「無緣分的怎消任，直耽閣到如今。」

《太平樂府》卷六朱庭玉散套【行香子·癡迷】：「自恨咱家，無分消任。」

《樂府群玉》卷一曹德小令【沉醉東風·村居】：「沒三杯著甚消任？」

《盛世新聲》戌集劉時中散套【南呂一枝花·羅帕傳情】：「著小生怎生來有福消任？」

《飛刀對箭》一【油葫蘆】：「重別人臥重裀，食列鼎，喜任消。」

《豬八戒》二【幺篇】：「姻緣事在天數臨，無緣分怎的消恁？」

《樂府群珠》卷三汪元亨小令【折桂令·歸隱】：「隨分虀鹽，且自消淹，地久天長，浪靜風恬。」

消任，倒作任消，又作消恁、消淹，都是充分享受、享用之意。按：任，含有任憑、隨便意，故云。恁、淹與任音近，借用。

消耗

《薦福碑》二【醉太平】：「揚州太守聽消耗，你這其間莫不害倒？」

《瀟湘雨》三、白：「我幾年間著人隨處尋問，並沒消耗。」

《趙禮讓肥》二【呆骨朵】：「我辭一辭呵，著俺那年高老母知一個消耗。」

《凍蘇秦》二【煞尾】白：「這早晚不知大雪裏跌倒在那箇牆邊，教我著誰人訪尋消耗。」

《金鳳釵》二【煞尾】：「望九重宮裏無消耗，乾將我二百青蚨落孔了。」

消耗，謂音信、消息。歐陽修【漁家傲】詞：「欲向南雲新雁道，休草草，來時覓取伊消耗。」《喻世明言·沈小官一鳥害七命》：「尋了一日，不見消耗。」皆其例。單一「耗」字亦作音信解，如周邦彥【風流子】詞：「問甚時說與佳音密耗。」「耗」、「音」兩字互文可證。故「消耗」實爲一複義詞。現在多指壞的消息，如云噩耗、凶耗，是也。

消停
稍停

消停，一作稍停：一、爲安靜之意；二、謂停留、耽擱。

（一）

《竇娥冤》二【感皇恩】：「呀！是誰人唱叫揚疾，不由我不魄散魂飛。恰消停，纔蘇醒，又昏迷。」

《誤失金環》一、白：「姐姐，咱近那荼蘼架下，芍藥欄邊，消停游玩一會去來。」

《捉彭寵》一【尾聲】：「我和你背路裡倒消停，大路上人煙鬧。」

上舉之例，消停即安靜之意。停讀輕聲。明·朱有燉雜劇《香囊怨》二【正宮端正好】：「喚官身當衹應，幾曾得片時間心上消停。」亦其例。此語現在仍沿用，如說：「郭全海扯大嗓門叫喚道：『大伙消停點！消停點！』」（見周立波《暴風驟雨》）「你們消停的回家呆著。」（見孫芋《婦女代表》）

（二）

《後庭花》三【沉醉東風】白：「這樁事莫得消停，三日裏便要完成。」

《倩女離魂》二【幺篇】：「莫消停，疾進發。」

《硃砂擔》一【賺煞尾】：「我如今在虎口逃生，急騰騰再不消停。」

《神奴兒》二【採茶歌】：「我只見他左來右去不消停。」

《紅梨花》二【梁州第七】：「遶徧園池過小亭，怎敢稍停？」

上舉各例，意爲停留、耽擱。一作稍停，義同。

除上二意外，也作休息解，如湯顯祖《牡丹亭・驚夢》：「先生不在，且自消停。」又作現成、自在解，如《牡丹亭・婚走》：『好消停的話兒！這也由你。』又作消遣解，如《牡丹亭・拾畫》：「你盡情玩賞，竟日消停，不索老身陪去也。」又作鬆寬（不緊張）解，如《紅樓夢》第四回：「他們家的房舍極是寬敞的，喒們且住下，再慢慢的著人去收拾，豈不消停些？」

消息（兒）

《西廂記》三本二折【滿庭芳】：「消息兒踏著泛。」

《紫雲庭》二【菩薩梁州】：「他見一日三萬場魆焦到不得里，咱正查著他泛子消息。」

《鐵拐李》楔【仙呂賞花時】：「火炕裏消息我敢踏，油鑊內錢財我敢拿。」

《紅梨花》二【罵玉郎】：「莫不是安排著消息踏著應，便這等怒忿忿沒人情。」

《東堂老》一【幺篇】：「你把那門限兒蹺著，消息兒湯著。」

《賺蒯通》二【耍孩兒】：「若將軍一腳到京畿，但踏著消息兒，你可也便身虧。」

同劇三【金蕉葉】歌云：「形骸土木心無奈，就中消息誰能解，忠言反作目前憂，佯狂暫躲身邊害。」

消息，這裏不作「音信」講，而是指物體上裝置的能使機件轉動的樞紐。這是我國古代所創制的簡單的半自動化機械，誤踏之，就會被暗器所傷，因以比喻圈套、陷阱和陰謀。又名轉關兒、削器或泛子。《紅樓夢》第四十一

回：「原來是西洋機栝，可以開合，不意劉老老亂摸之間，其力巧合，便撞開消息，掩過鏡子，露出門來。」亦其例也。現在仍用此名稱，如溥儀《我的前半生》：「還有一種特制的紫檀木炕几，上面無一處沒有消息。」

蕭寺

《董西廂》卷五【仙呂調・尾】：「瑲瑲的聽一聲蕭寺擊疎鐘。」

《西廂記》一本楔子【幺篇】：「門掩重關蕭寺中。」

同劇二本三折【離亭宴帶歇指煞】白：「有分只熬蕭寺夜，無緣難遇洞房春。」

南北朝時梁武帝蕭衍篤好佛教，大興土木，修建佛寺，從此廟宇便被稱爲蕭寺。《南史・任孝恭傳》：「少從蕭寺雲法師讀經論明佛理。」唐・蘇鶚《杜陽雜編》：「梁武帝好佛，造浮屠，命蕭子雲飛白大書曰『蕭寺』。」李賀《馬》詩：「蕭寺馱經馬，元從竺國來。」王琦匯解：「《釋氏要覽》：『今多稱僧居爲蕭寺者，是用梁武帝造寺，以姓爲題也。』」司空圖《寄永嘉崔道融》詩：「碧雲蕭寺霽，紅樹謝村秋。」說明南朝建寺之多，與寺院建築的壯麗。

蕭娘

《曲江池》三【十二月】：「又不曾虧負了蕭娘的性命，雖同姓你又不同名。」

《貶夜郎》二【尾】：「待寄蕭娘一紙書，地北天南雁亦無。」

《太平樂府》卷七宋方壺散套【鬪鵪鶉・送別】：「從今後誰寄蕭娘一紙書？」

《南史・臨川王（蕭）宏傳》：「魏人知其不武，遺以巾幗。北軍歌曰：『不畏蕭娘與呂姥，但畏合肥有韋武。』」魏人譏其怯弱，故稱之爲蕭娘。唐代則以蕭娘爲女子的泛稱，猶泛稱男子爲蕭郎。唐・楊巨源《崔娘》詩：「風流才子多春思，腸斷蕭娘一紙書。」元稹《贈別楊員外巨源》詩：「揄揚陶令緣求酒，結託蕭娘只在詩。」五代・李珣【望遠行】詞之二：「露滴幽庭落葉時，愁聚蕭娘柳眉。」宋・周邦彥【夜遊宮】詞：「有誰知，爲蕭娘，書一紙？」皆其例。

瀟灑

瀟洒　蕭颯　消灑　消洒　消消洒洒　瀟瀟灑灑　灑灑瀟瀟

《董西廂》卷六【仙呂調·戀香衾】:「暫不多時雲雨罷,紅娘催定如花,把天般恩愛,變成瀟灑。」

《梧桐雨》四【幺】:「見芙蓉懷媚臉,遇楊柳憶纖腰,依舊的兩般兒點綴上陽宮,他管一靈兒瀟灑長安道。」

《老生兒》三【紫花兒序】:「兀那上墳的瀟灑,和俺這祭祖的也凄涼。參詳,多管是雨下的多,人來的稀,和這草長的荒。」

《猿聽經》一【醉扶歸】曰:「俺這山林瀟洒,古寺荒涼。」

《莊周夢》一【油葫蘆】:「試看咸陽原上麒麟種,都一般瀟洒月明中。」

《全元散曲》下湯式小令【沉醉東風·維揚懷古】:「空樓月慘悽,古殿風蕭颯。」

《樂府群珠》卷一失註小令【山坡羊·初夏多雨】:「富也由他,貴也從他,門前消灑無迎迓。」

《豫讓吞炭》四【堯民歌】:「你和俺主人公敢一般消洒月明中,七魄三魂杳無蹤。」

《介子推》三【醉高歌】:「行路途劫劫巴巴,躭悽楚消消洒洒。」

《東窗事犯》三【紫花兒序】:「三魂兒消消洒洒,七魄兒怨怨哀哀。」

《倩女離魂》二【越調鬬鵪鶉】:「不爭他江上停舟,幾時得門庭過馬?悄悄冥冥,瀟瀟灑灑。」

《羅李郎》二【梁州第七】:「哎!連你這嬌嬌滴滴腳頭妻,也這般灑灑瀟瀟。」

以上各例,均作凄涼、冷落解,與一般釋爲洒脫或洒落者意別。瀟灑,或作瀟洒、蕭颯、消洒、消灑,音義並同。重言之,則曰消消洒洒、瀟瀟灑灑、灑灑瀟瀟,作用在於加強語氣。

瀟洒之詞,唐宋已見,如:敦煌變文《維摩詰經講經文》:「況已時光寂寞,窗前之瀟洒清風。」《譚意哥傳》:「門戶瀟洒,庭玉清肅。」是其例。

嚣回

脉望館鈔校本《漢宮秋》二、白：「想漢家宮中，無邊宮女，就與俺一個，打甚不緊，直將使臣嚣回！」

嚣，本爲大聲呼喚之意；嚣回，謂趕回。明・臧晉叔《元曲選》本《漢宮秋》作「趕回」，可證。

小可

小可，輕易之詞：指事物說，猶云尋常、容易、小事；指人說，猶云小的、小人、小子；指定庭出身說，猶云寒素、窮苦。例釋如下：

（一）

《董西廂》卷一【高平調・木蘭花】：「國家修造了數載餘過，其間蓋造的非小可，想天宮上光景，賽他不過。」

同書卷五【雙調・御街行】：「思量人命也非小可，果是關天地。」

《劉知遠諸宮調》二【般涉調・麻婆子】：「團芭用草苫著，欲要燒燬全小可。」

《單刀會》二【倘秀才】白：「我觀諸葛亮也小可，除他一人，也再無用武之人。」

《智勇定齊》二【耍孩兒】白：「大夫，休看這桑木梳小可，他能理萬法。」

《金錢記》一【賺煞尾】白：「這開元通寶，非同小可，你要仔細！」

《殺狗勸夫》三、白：「別的事也小可，你殺了人教我去揹，我替你死！」

《太平樂府》卷六曾瑞散套【端正好・自序】：「由他似斗筲之器般看得微末，似糞土之牆般覷得小可。」

上舉各例，均指事物言，是尋常、容易、小事的意思。《宣和遺事》前集：「劫了蔡太師生日禮，不是尋常小可公事。」《清平山堂話本・死生交范張雞黍》：「人則有五常：仁、義、禮、智、信以配之，惟信非同小可。」《幽閨記》十【丞相賢】：「紫袍金袋，非同小可。」均其例。

（二）

《合汗衫》一【混江龍】白：「小可是個店小二。」

《東堂老》一、白：「小可是賣茶的。今日燒的這鏇鍋兒熱了，看有甚麼人來。」

《神奴兒》一、白：「小可汴梁人氏，嫡親的五口兒家屬。」

上舉「小可」數例，爲自謙之稱，猶云小的、小人、小子。或作「小可的」，如《西廂記》三本一折【後庭花】：「雖然是假意兒，小可的難辦此。」或作「小可人」，如《藍采和》一、白：「小可人姓許名堅，樂名藍采和。」或作「小可里」，如《盛世新聲》【南呂一枝花・烏雲綰鬢鴉】：「將你那花枝般身體須憐愛，錦片似前程索自裁，小可里塡還了柳青債。」義並同上。

（三）

《金錢記》一【賺煞尾】白：「這金錢，小可人家怎能勾有，必然是官宦人家纏有。」

這裏的「小可」，指家庭情況，猶云寒素、窮苦；「小可人家」與「官宦人家」反襯見義，可證。《清平山堂話本・戒指兒記》：「忽有年貌相當，及第又有，是小可出身」，亦其例。

小末

小末尼

小末：一、謂輕微、尋常，猶小可；二、爲元劇腳色；或作小末尼。

（一）

《風光好》二【三煞】：「可知我把小末的郎君放，他兀的錦繡文章，更做著皇家卿相。」

《替殺妻》一【青哥兒】：「嫂嫂，你是箇良人、良人宅眷，不是小末、小末行院。」

《太平樂府》卷八朱庭玉散套【梁州第七・妓門庭】：「端的不曾見兀的般眞行院，雖是個女流輩，然住在花街柳陌，小末的誰及？」

　　以上各例，「小末」意爲輕微、尋常、等閒、卑不足道、沒啥了不起。宋・錢易《南部新書》己集：「丞郎己上詞頭，下至兩省闕下吏，謂之大除改。今南人之諺，謂小末之事白：你大除改也。」宋語已然。

（二）

　　《緋衣夢》四：「〔小末謝科，出門云：〕我出的這門來，父親，有了殺人賊也，放我家去哩！」

　　《合汗衫》三【普天樂】：「〔小末云：〕老和尚，有下官的那一分齋，與了那兩口兒老的吃罷。」

　　《貨郎旦》四：「〔小末扮春來冠帶上，引祗從，云：〕小官李春郎的便是。」

　　《哭存孝》二【梁州】：「〔李老同小末尼上。〕……〔小末尼云：〕父親，當日你無兒，我與你做兒來；你如今有了田產物業、莊宅農具，你就不要我了！明有清官在，我和你去告來。」

　　《東堂老》四：「〔正末同卜兒、小末尼上，云：〕今日是老夫賤降的日辰，擺下酒席，請眾街坊慶賀這所新宅子，就順便慶賀小員外。」

　　小末，一作小末尼，元劇腳色名。「小末」飾青年男子，比「俫兒」年齡稍大。如在《貨郎旦》劇中的李春郎，幼時則以「俫兒」出場，及長，就以「小末」色扮演。清・焦循《劇說》卷一云：《貨郎旦》李春郎前稱俫兒，後稱小末。……蓋俫兒者，扮爲兒童狀也。春郎前幼，當扮爲兒童，故稱俫兒；後已作官，則稱小末耳。

小生

　　《竇娥冤》楔、白：「小生因無盤纏，曾借了他二十兩銀子，到今本利該對還他四十兩。」又白：「看小生薄面，看覷女孩兒咱。」

　　《倩女離魂》楔、白：「小生姓王，名文舉。」又白：「小生一者待往長安應舉，二者就探望岳母，走一遭去。」

　　《金錢記》一、白：「小生姓韓名翃，字飛卿，乃洛陽人也。」

　　《金鳳釵》楔、白：「小生造物低，閉了選場，在狀元店中修書一年。」

　　小生，爲末學後進自謙之稱。清·錢大昕《恒言錄》卷三：「《漢書·朱雲傳》：『小生乃欲相吏耶？』師古曰：『小生，謂其新學後進。』《張禹傳》：『新學小生，亂道誤人，宜無信用。』唐宋人亦有自稱小生者。元微之云：『小生自審，不能過之。』又云：『小生於章句中櫟櫨榱桷之材，盡曾量度。』李陽冰云：『斯翁之後，直至小生。』韓昌黎詩：『嗟我小生値強伴。』蘇東坡云：『小生有令嚴鼙鼓』云云，皆自謙之詞也。元人傳奇賓白稱小生，本此。」這裏所謂傳奇，包括雜劇。

　　小生，若作爲戲劇腳色而言，爲「生」行的一支，主要扮演青少年男子。元劇中的小末，即相當於後來京劇中的小生，參看「小末」條。

小官

　　《救風塵》四【落梅風】白：「小官鄭州守李公弼是也。」

　　《虎頭牌》一【金盞兒】白：「小官公家事忙，便索回去也。」

　　《秋胡戲妻》四、白：「小官秋胡，來到此間，正是自家門首，不免徑入。」

　　《魔合羅》二【尾】白：「小官是河南府的縣令是也。」

　　《金錢記》一、白：「小官仕至禮部侍郎，兼集賢院學生之職。」

　　《孟子·公孫丑上》：「柳下惠不羞汙君，不卑小官。」《漢書·董仲舒傳》：「小材雖累日，不離於小官。」小官，地位低下之官，猶下官，舊時官員作爲自謙之詞，元曲中多用之。徐渭《南詞敘錄》云：「六朝以來，仕者見上，皆稱『下官』，或曰『小官』，最古。」可參看「下官」條。

小姐

　　《東牆記》二【呆骨朵】白：「隔壁董宅好花，你去討一朵來，休教老夫人知道。〔山壽云：〕我只問小姐討去。」

　　《西廂記》五本三折、白：「揀一箇吉日，了這件事，好和小姐一答裏下葬去。」

　　《金錢記》二【滾繡毬】白：「我恰纔見了小姐入角門兒裏去了。」

　　小姐，爲未婚女子之通稱。明·朱有燉《元宮詞》：「簾前三寸弓鞵露，知是嬌嬌小姐來。」清·趙翼《陔餘叢考·小姐》：「今南方搢紳家女，多稱

小姐。在宋時則閨閣女稱小娘子，而小姐乃賤者之稱耳。錢惟演《玉堂逢辰錄》，記榮王宮，火起於茶酒，宮人韓小姐，謀於火私奔，是宮婢稱小姐也。東坡亦有《成伯席上贈妓人楊姐》詩。《夷堅志》：『傅九者好狎遊，常與散樂林小姐綢繆，約竊而逃，不得遂，與林小姐共縊死。又建康女娼楊氏，死現形，與蔡五爲妻。一道士來，杖劍逐去，謂蔡曰：此建康娼女楊小姐也。』此妓女稱小姐也。」章太炎《新方言·釋親屬》：「《說文》：『妵，少女也。坼下切。』今人謂處女爲小妵，讀如姐，以姐爲之，姐爲母稱，非也。」以上所引，皆謂小姐爲女子未嫁之稱，趙氏並謂用以稱宮婢、妓女，即所謂宋時賤者之稱也。兩說皆未能全部切合元曲，實則元曲除上列各例指未婚女子外，亦以稱已婚之女子，例如：《虎頭牌》三【胡十八】老千戶白：「老夫人請將茶茶小姐來，著他去勸一勸，可不好？」按茶茶小姐，即山壽馬的夫人。又《金安壽》一折正末白：「俺小姐夾谷人氏，童家女兒，小字嬌蘭，娶爲妻室，十年光景，甚是綢繆。」又云：「今日是小姐的好日頭，共小姐天地根前，燒香點燭，祖宗根前，祭祀了也。」這是金安壽自稱其妻爲小姐。皆其例。可見小姐一詞，由賤稱變爲敬稱，由未婚少女轉爲包括已婚婦女在內之泛稱，其遷變之跡，了然可尋矣。

小器

小器相

《桃花女》一、白：「你自從開這卦鋪已來，也賺的勾了。剛剛吃拿了一個銀子去，便關上鋪門，何等小器！」

《盆兒鬼》一【金盞兒】白：「客官，你說要蛊行，不是我小器相，先見賜些房錢，免得憎（爭）多道少，倒也乾淨。」

小器，猶小氣，謂度量褊狹，在錢財上不大方。《論語·八佾》：「管仲之器小哉！」小器相，義同。《後漢書·馬援傳》：「朱勃小器速成，智盡此耳。」此小器，意猶小才，略有不同。

小的（每）

小的：一、指奴僕或下人；二、指兒女；三、指次妻。

（一）

《虎頭牌》三、白：「小的每，安排酒來，與老相公把個勞困盞兒。」

《倩女離魂》楔、白：「下次小的每，門首看者，若孩兒來，報的我知道。」

《兒女團圓》一【寄生草】白：「那左院裏小的每，有人曾見李春梅來麼？」

《劉弘嫁婢》二【醉春風】白：「家中有的是小的每，你收拾一兩箇，近身扶侍你，得一男半女，也是俺劉家子孫。」

同劇同折【四煞】白：「可怎生用些小錢物，贖買將箇小的來？」

《竇娥冤》四【川撥棹】白：「小的要賴蔡婆婆銀子的情是有的，當被兩個漢子救了，那婆婆並不曾死。」

又：「小的認便認得，慌忙之際，可不曾問的他名姓。」

《合汗衫》四、白：「小的每見他是面生可疑之人，拏來盤詰者。」

《西遊記》一本三齣【幺】：「是小的每言多語峻，告吾師心下莫生嗔。」

小的，或作小的每；舊時主人呼奴僕或奴僕對主人的自稱之詞；也是平民、衙役之類對官長的自稱。前者如一至五例，後者如六至九例是也。總之，「小的」是對處於卑下地位者而言。清·錢大昕《恒言錄》卷三云：「今奴婢下人自稱小的，即宋時所謂小底也。《宋史》有入內小底、內班小底、內殿直小底、騎御馬小底。《吳越備史》亦有入內小底。《遼史》有近侍小底、承應小底、筆硯小底，常生案：《宋史會要》：『至道二年九月，帝閱試所擇兵士驍騎，試射中六十人，以殿前小底爲軍額。』又《晉公談錄》：『皇城使劉承規在太祖朝爲黃門小底。』」「小底」，即小的。宋·周輝《北轅錄》：「小底入報，傳旨免禮。」亦其例。

（二）

《魯齋郎》二【牧羊關】白：「投到安伏下兩個小的，收拾了家私，四更出門，急急走來，早五更過了也。」

《看錢奴》二【滾繡毬】白：「比及你這等貧呵，把這小的兒與了人家可不好？」

《貶黃州》二【倘秀才】白：「這小的雖小，到也省事。」

《陳州糶米》二【幺篇】白：「老府尹若到陳州，那兩個倉官，可是我家裏小的，看我分上看覷咱。」

上舉各例，指兒女或小孩子。《水滸》第一回：「太尉尋思道：『這小的如何盡知此事？』」同書第二十四回：「且說本縣有個小的，年方十五六歲。」皆其例。又作小底，如《默記》卷中：「王介甫家，小底不如大底；南陽謝師宰家，大底不如小底。」

（三）

《還牢末》一【那吒令】：「我但開口，便說順著小的。」

上例指次妻，猶今云小老婆。

小廝（兒）

廝兒

《牆頭馬上》三、白：「自離洛陽，同小姐到長安七年也，得了一雙兒女，小廝兒叫做端端，女兒喚做重陽。」

《西廂記》一本楔、白：「一箇小廝兒，喚做歡郎。」

《合汗衫》三、白：「誰知天從人願，到的我家，不上三日，就添了一個滿抱兒小廝，早已過了一十八歲。那小廝好一身本事，更強似我。」

同劇四、白：「那小廝不知被母親唆使他那裏去，至今還不回來。」

《獨角牛》二、白：「我耳消耳息，打聽的深州饒陽縣，有箇小廝，喚做其麼吃劉千。說那小廝一對拳，似剪鞭相似。」

《魯齋郎》楔、白：「一雙兒女，廝兒叫做喜童，女兒叫做嬌兒。」

《劉弘嫁婢》一【鵲踏枝】：「我要一箇家廝兒無，我要一箇家女兒無。」

小廝，或作小廝兒、廝兒；謂男孩子，猶今云「小子」。清·平步青《釋諺》云：「今人呼小子，古曰小廝。」今浙江溫州方言尚如此。「兒」為名詞語尾，無義。

除此，亦以之稱年輕童僕，如《紅樓夢》第三回：「另換了四個眉目秀潔的十七八歲的小廝上來擡著轎子。」《警世通言·金明池吳清逢愛愛》：「不知

何處來三個輕薄廝兒。」此「廝兒」，猶言痞子、傢伙、小子，爲輕蔑之詞。明·王世貞《觚不觚錄》：「正德中，一大臣投書劉瑾，自稱門下小廝。」按此「小廝」本亦童僕之意，但大臣以此向奸臣自稱，實含有自我諷刺的卑諛意味。

又，小廝兒一詞，在敦煌變文中已出現，如：《張義潮變文》：「莫怪小男女呀哆語，童謠諞出自小廝兒。」《廬山遠公話》：「此箇廝兒，要多小來錢賣？」

小可如

小可如：一、用作比較詞，猶不過如、止不過；二、用作疑詞，謂難道如；三、用爲自謙之稱。

（一）

《單刀會》三【尾聲】：「折麼他滿筵人列著先鋒將，小可如百萬軍刺顏良時那一場攘。」

《楚昭公》一【么篇】：「你須想著歸期急，休言他去路艱。止不過船離古渡垂楊岸，路經險道邛郲坂，小可如君騎羸馬連雲棧。」

《追韓信》三【耍孩兒】：「臣算著五年滅楚，小可如三載亡秦。」

《敬德不伏老》三【耍三台】：「這一場小可如美良川交兵的手段，御科園單鞭奪槊的雄威；小可如牛口谷伏了竇建德；小可如下河東與劉黑闥相持。」

《黃花峪》三【哭皇天】：「不是李山兒便強嘴，小可如我鄆州、東平府帶著枷，披著鎖，我跳三層家那死囚牢，比那時節更省我些氣力。」

上舉各例，「小可如」均用作比較之詞，意爲不過如，止不過，就是說這件事比那件事還微末，更沒有什麼了不起。或作「小可似」，如《岳飛精忠》三折：「他小可似那蜀張飛、唐朝敬德。」按如、似意同。

（二）

《小尉遲》一【天下樂】：「你道十八般武藝都曉通，賣弄你智量高，氣勢雄，你小可如劉黑闥，王世充。」

此「小可如」用爲疑詞，有「難道如」的意思。劇意是說劉無敵憑著武藝高強，要去戰尉遲恭。他的養爺宇文慶勸阻他說：你不要誇逞武藝，你難道如劉黑闥、王世充的手段嗎？言外之意說劉、王都是尉遲恭手下敗將，何況你呢！

（三）

《馮玉蘭》三【金菊香】：「我這裏低頭不語偷眼瞧。〔金御史云：〕兀的不是有人說話也？〔正旦唱：〕呀！小可如昨夜停舟那一遭，莫不是狠賊徒把咱尋見了？你直待要斷盡根苗，俺的命恁般薄。」

此「小可如」爲自謙之稱，用法同「小可」。張相認爲「小可如」與下文「莫不是」相應，解作「難道」。但通上下文讀之，接連兩個反問，頗費解。

小妮子

《竇娥冤》一【賺煞】白：「美婦人我見過萬千向外，不似這小妮子生得十分憶賴。」

同劇二、白：「藥死那老婆子，這小妮子好歹做我的老婆。」

同劇四【喬牌兒】白：「你這小妮子，老夫爲你啼哭的眼也花了，憂愁的頭也白了，你劃地犯下十惡大罪，受了典刑。」

《西廂記》一本契子、白：「又有箇小妮子，是自幼伏侍孩兒的，喚做紅娘。」

《倩女離魂》四【竹枝歌】：「則問這小妮子，被我都搊搊的扯做紙條兒。」

宋元人多把未婚女僕或小姑娘稱爲小妮子。明·楊愼《詞品》云：「山東人目婢曰小妮子，其語亦古。《五代史·晉家人傳》：『吾有梳頭妮子，竊一藥囊，以奔於晉。』」《京本通俗小說·碾玉觀音下》：「取這妮子來！若眞個在，把來凱取一刀。」「這妮子」，即謂這婢女也。元·戴侗《六書故》亦云：「今人呼婢爲妮。」解放前後，北語仍有稱小姑娘或未婚女僕爲小妮子的，如說：「小妮子，淚兒流，想起了爹娘日夜愁。」（見袁同興《盼到天明出日頭》）魯人轉「妮」爲「妞」，故亦稱「小妞兒」，如《老殘遊記》中的「白妞」、「黑妞」說書是。現在北方話也有稱「小妞」的。按，妮、妞雙聲通用。

小鬼頭

《玉鏡臺》二【牧羊關】白：「小鬼頭，但得哥哥捻手捻腕，你早十分有福也。」

《張天師》三、白：「小鬼頭，可早攀下來也，且一壁有者！」

《老生兒》一【仙呂點絳唇】白：「小鬼頭，休胡説！婆婆聽得呵，枉打死你。」

《紫雲亭》三【三】：「今後去了這馳漢子的小鬼頭，看怎結末那吃勦兒的老業魔。」

《桃花女》四【沉醉東風】白：「小鬼頭，你今日板殭身死了也。」

　　小鬼頭，罵人的話。宋・周密《癸辛雜識・卿宰小鬼》：「何小山既貴，里居。有卿宰初上來見，一睹刺字，曰：『小鬼耳！』遣吏謝之。」元・楊瑀《山居新語》：「名妓曹娥秀，呼鮮于伯機爲伯機，鮮于佯怒曰：『小鬼頭，焉敢如此無禮！』」清・翟灝《通俗編・神鬼・小鬼頭》：「《揮塵後錄》：「王和父尹開封，有誣首人謀亂者，和父訊之曰：『小鬼頭沒三思至此！』」《紅樓夢》第四十七回：「小鬼頭兒，你怕些什麼？不過罵幾句就完了。」皆其例。不過在稱呼晚輩或小孩時，往往含親昵意，元曲詩例中如《玉鏡臺》、《老生兒》等均是。現在口語中還有這種用法。

小家兒

小人家

《漢宮秋》三【駐馬聽】：「早是俺夫妻悒快，小家兒出外也搖裝。」

《金錢記》二【滾繡毬】白：「兀那廝！休説我這宰相府大院深宅，便是那小家兒，也有個門禁。」

《老生兒》三、白：「今日清明節令，大家兒、小家兒都去上墳拜掃。」

《馮玉蘭》一【天下樂】白：「兀那船家，你聽者！俺非是小人家僱你的船隻，俺大人是馮太守，陞福建泉州府赴任去的。」

　　小家兒，一作小人家。或又作小家子，舊謂出身寒微之人。《漢書・霍光傳》：「使樂成小家子得幸將軍，至九卿封侯。」明・徐仲山《殺狗記》二【前

腔】：「小家子心低志低。」皆其例。現在此語仍沿用，如井岩盾《遼西紀事》：「在街上找了個小人家住下。」又如谷峪《新事新辦》：「別看咱是小家子生長的，也看不慣這個。」

小娘子

《董西廂》卷六【仙呂調・尾】白：「當日亂軍屯寺，夫人、小娘子皆欲就死。」

《風光好》二【賀新郎】：「〔陶穀云：〕小娘子勿罪！〔正旦拜科〕〔陶穀云：〕一個好女子也！小娘子高姓？誰氏之家？因甚在此官舍之中？」

《兩世姻緣》三【絡絲娘】白：「老匹夫無禮，小娘子本爲義女，他卻詐作親生。」

《金錢記》一【醉中天】白：「小娘子去了也，方纔說道：心間萬般哀苦事，盡在回頭一望中。」

小娘子，爲女子未嫁之稱。清・錢大昕謂此稱起于宋代。《恒言錄》卷三云：「宋世以小娘子爲女子未嫁者之稱。吳自牧《夢梁錄》：『議親弟幾位娘子。』黃魯直《求親啓》：『令女小娘子。』劉屏山《聘啓》：『令女小娘，又稱令小娘子。』又啓：『令妹小娘子。』楊廷秀《聘啓》亦稱某人小娘子。劉應《李翰墨全書・聘啓》：『式第幾院令愛小娘子，女家草帖式，本宅幾位小娘子。』」其實，在唐代此稱謂即已普遍，例如：《韓昌黎集・祭女挐文》即稱小娘子。蔣防《霍小玉傳》：「生遂連起拜曰：『小娘子愛才，鄙夫重色。兩好相映，才貌相兼。」敦煌變文《醜女緣起》：「小娘子當時聘了，免得父娘煩惱。」再上溯到晉代，亦有小娘子之稱，如干寶《搜神記》云：「只此小娘子，便是大夫冤家。」可見此稱呼歷時已久。後來也還是這樣用，作爲對年輕婦女的稱呼，如《醒世恒言・十五貫戲言成巧禍》：「小娘子獨行無伴，卻是往那裏去的？」同書《賣油郎獨佔花魁》：「小可見小娘子多了杯酒，也防著要吐，把茶壺暖在懷裏。」

笑

《樂府群玉》卷五張小山小令【朝天子・山中雜書】：「東華聽漏滿靴霜，卻笑淵明強。明郎禪床，風清鶴帳，夢不到名利場。」

笑，猶羨，猶慕，曲意言羨慕淵明之高傲，而不爲五斗米折腰也。李商隱《馬嵬》詩：「此日六軍同駐馬，當時七夕笑牽牛。」「笑牽牛」，謂羨慕牽牛星也。這和一般把「笑」當嘲笑解釋者不同。

笑呷呷

笑加加　笑岬岬

《金錢記》一【那吒令】：「寬綽綽翠亭邊蹴踘場，笑呷呷粉牆外鞦韆架。」

《殺狗勸夫》一【後庭花】：「他那廂笑呷呷倒玉樽，我這裏哭啼啼誰動問？」

《陽春白雪》前集二胡紫山小令【沉醉東風】：「他兩個笑加加的談今論古。」

《樂府群珠》卷一誠齋小令【山坡羊·省悟】：「喜恰恰，笑岬岬，近來無有閑牽掛。」

笑呷呷，一作笑加加、笑岬岬，形容笑的聲音。或作笑咖咖，如《牡丹亭·幽媾》：「笑咖咖，吟哈哈，風月無加。」按呷呷（xiá）、加加、岬岬（jiǎ）、咖咖（kā），音近義並同。亦可顛倒用之，如《老君堂》二：「俺秦王聽罷呷呷笑。」

些

佗

些，在元曲中的使用，含意隨文而異，撮要如下。

（一）

《拜月亭》三【滾繡毬】：「我這心兒裏牽掛處無些，直睡到冷清清寶鼎沉煙減，明皎皎妙窗月影斜。」

《黑旋風》二【賺煞尾】：「他若是與時節，萬事無些；不與呵，山兒待放會劣懶。」

《貶黃州》三【紫花兒序】：「見了些鷗行鷺聚，經了些鶴怨猿啼，盼了些鳳舞龍飛。」

《貶夜郎》四【後庭花】：「酬了鶯花志，補完天地缺；尋常病無些，玉山低趄。」

《太平樂府》卷九曾瑞卿散套【哨遍・秋扇】：「障虛名有賸，慰殘喘無些。」

上舉各「些」字，用作量詞，猶「一些」，小的意思，表示不定的數量。各例中的數詞「一」，均被省略。南唐・李煜【秋霽】詞：「當此暗想，畫閣輕拋，杳然殊無，些箇消息。」亦其例。

（二）

《董西廂》卷八【黃鍾宮・四門子】：「這些兒事體難分別，如今也，待怎者？」

《五侯宴》【梁州】：「我熬煎無限，受苦了偌些。」

些，附在指示代詞後面，有時表示多數，如說這些、那些、偌些，即這麼多、那麼多、偌多之意，如上舉諸例是。

（三）

《望江亭》三【金蕉葉】：「你爲公事來到這些，不知你怎生做兀的關節？」

《隔江鬥智》三【么篇】：「他耳邊廂悄悄的言，心兒裏暗暗的曉；不爭你把我廝瞞著，怎知我這些心地好。」

《詞林摘艷》卷一劉庭信小令【醉太平・憶舊】：「蓬萊萬里水天別，問神仙在那些？」

同書卷八宮大用散套【一枝花・天不生仲尼】：「家童來報高聲説，兄弟在那些；我去親自接，不由我添歡悦。」

些，附在指示代詞之後，除表示多數外，有時也表示地點，如說這些、那些，即這裏、那裏之意，上舉各例屬之。《今古奇觀・王嬌鸞百年長恨》：「延陵橋在那村些？」亦其例也。

（四）

《董西廂》卷八【黃鍾宮・四門子】：「你好毒，你好呆，恰纔那裏相見些！你好羞，你好呆，虧殺人也姐姐！」

《拜月亭》三【倘秀才】：「恰隨妹妹閑行散悶些，到池沼，陌觀絕，越教人嘆嗟。」

《黑旋風》二【一半兒】：「我適纏途中馬上見他些，那一個婦人疊坐著鞍兒把身體趄，那一個喬才橫摔著鞭兒穿插的別。」

《樂府群珠》卷一失註小令【齊天樂過紅衫兒・玩世】：「秦宮漢闕豪奢，到如今實難曰。傷嗟些土盡灰竭，嘆消磨多少賢哲豪傑！」

同書卷二曾瑞卿小令【罵玉郎過感皇恩採茶歌・惜花春起早】：「宿酒禁持人困也，東風寒似夜來些。」

上舉各例，均表示時間，猶云時候。「相見些」，相見時也；「散悶些」，散悶時也；「傷嗟些」，傷嗟時也，「夜來些」，夜來時也；其它可類推。

（五）

《樂府群珠》卷四失註小令【迎仙客・五月】：「些《招魂》，細寫懷沙恨。」

些，在這裏的作用如同代詞「這」。明・無名氏雜劇《雷澤遇仙》一【元和令】：「些娘娘蘭麝口。」「些娘娘」，即這娘娘也；同上例。

（六）

《對玉梳》二【黃鍾煞】：「不曉事的頹人認些回和？沒見識的朴僂知甚死活？」

些，與「甚」互文，當亦什麼之意。「認些回和」，意謂「知道什麼波折」。

（七）

《詞林摘艷》卷七王元鼎【河西後庭花・走將來涎涎鄧鄧冷眼兒睄】：「小的每聲價兒佐（些），身材兒婪，請先生別覓箇知音。」

佐，些的異體字，這裏是低微之意，（一）義的引申。

些些

些些：一、猶言幾許、幾分；二、小貌。

（一）

《望江亭》三【紫花兒序】：「俺則是一撒網，一簑衣，一箬笠。先圖些打捏，只問那肯買的哥哥照顧俺也些些。」

－1441－

《謝天香》三【滾繡毬】：「那裏爲些些賭賽絕了交契，小小輸贏醜了面皮，道我不精細。」

《牆頭馬上》三【梅花酒】：「他毒腸狠切，丈夫又軟揣些些，相公又惡噷噷乖劣，夫人又叫丫丫似蝎蜇。」

《范張雞黍》二【烏夜啼】：「把平生心叮嚀說，你可便不必喋喋，少住些些。」

【陽春白雪】前集姚牧庵小令【普天樂】：「今宵醉也，明朝去也，寧耐些些。」

上舉各例，即幾許、幾分、些少、一點點的意思。《舊唐書·楊嗣復傳》：「近日事亦漸好，未免些些不公。」敦煌變文《維摩詰經菩薩品變文甲》：「些些煩惱難移動。」元稹《答友封見贈》詩云：「扶床小女君先識，應有些些似外翁。」白居易《微之就拜尚書因書賀意兼詠離懷》詩：「些些談笑與誰同？」張泌【柳枝】詞：「紅腮隱出沈函花，有些些。」辛棄疾【南鄉子】詞：「別淚沒些些。」《京本通俗小說·錯斬崔寧》：「說便是這般說，那得有些些好處？」皆其例。

（二）

《董西廂》卷七【正宮·梁州令斷送】：「看時節，窗兒外雨些些。」

《樂府群珠》四張鳴善小令【普天樂·嘆世】：「我這裏探身軀再囑付，你些些心兒裏常常的想著，口兒裏頻頻的念著，有情分早早來者。」

《太平樂府》卷八曾瑞卿散套【醉花陰·元宵憶舊】：「柳眼吐些些。」

以上「些些」，意爲小貌。白居易《齋月靜居》詩：「些些口業尚誇詩。」義同。

些兒

些子　歇子　些兒子

些兒，一作些子、歇子、些兒子：一、指事物，猶云少許、一點點；二、指時間，猶云些時，即片時、頃刻之意。

（一）

《董西廂》卷三【仙呂調・尾】：「些兒禮物莫嫌薄，待成親後再有別酬賀。」

同書卷四【中呂調・鵲打兔】：「妾守閨門，些兒怎地，便不辱累先考？」

《盛世新聲》【大石・青杏子】《游宦又驅馳》：「一鞭行色苦相催，被些子浮名薄利，萍梗漂流無定跡。」

元本《琵琶記》十六【普賢歌】：「官司點義倉，並無些子糧。」

戲文《張協狀元》「且尊重歇子。」

同上劇：「若去頂上團團剪些兒子與它。」

以上各例，意為少許、一點點。唐・羅虬《比紅兒》詩：「應有紅兒些子貌，卻言皇后長深宮。」《朱子全書》：「今日理會些子，明日理會些子，久則自貫通。」李煜【一斛珠・香口】詞：「晚妝初過，沈檀輕注些兒箇。」《牡丹亭・玩眞》：「些兒箇，畫圖中影兒則度。」些兒箇，猶些兒子。按兒、子、箇，均為語尾助詞。語尾帶「子」字，今四川、湖北等地仍盛行。或作歇子，同音借用。

（二）

《董西廂》卷五【中呂調・古輪臺】：「些兒來遲，已成不救，定應一命見閻王。」

《漢宮秋》四【醉春風】白：「一時困倦，我且睡些兒。」

《西廂記》四本一折【寄生草】：「乍時相見教人害，霎時不見教人怪，些兒得見教人愛。」

《詞林摘艷》卷四丘汝晦散套【點絳唇・月朗風清】：「恰綢繆，引動風狂性，這些兒，美味纏生。」

以上各例，指時間說，意猶片時、頃刻。《新編五代梁史平話》卷上：「尚讓行得辛苦，且坐歇子。」「且坐歇子」，謂姑且坐著休息片刻也。

除以上就事物、時間而言的兩解外，有時亦指空間，言其窄小。如明・無名氏雜劇《雷澤遇仙》一【寄生草】白：「卻不道些子茅檐中藏宰相。」「些子茅檐」，謂小小茅檐也。

些娘

《紫雲庭》三【石榴花】：「卻則是央及殺那象板銀鑼，況兼俺正廳兒雖是則些娘大，坐著俺那愛鈔的劣虔婆。」

《竹葉舟》四【堯民歌】：「你自去評跋評也波跋，休教咱冷笑呵！只要你覷的那名利場做些娘大。」

《太平樂府》卷四貫酸齋小令【陽春曲·金蓮】：「金蓮早自些娘大，著意收拾越逞過。」

《陽春白雪》前集無名氏小令【醉中天】：「底樣兒分明印在沙，半折些娘大。」

《樂府群珠》卷一張小山小令【齊天樂過紅衫兒·湖上書所見】：「笑指梅香罵，檀口些娘大。」

同書同卷失註小令【山坡羊·思念】：「藕生芽，恰開花，怎生般纏得些娘大？」

同書卷二蘭楚芳小令【四塊玉·風情】：「斤兩兒飄，家緣兒薄，積壘下些娘大小窩巢蒿。」

《元人小令集》失名【失題】七之三：「它生的腰肢一捻堪描畫，朱脣一點些娘大。」

些娘，猶些兒，一點兒的意思。專形容小事物時用之。或作䞝娘，如宋·趙師俠【蝶戀花】詞：「茶飯不懂猶自可，臉兒瘦得䞝娘大。」䞝，同些。《金瓶梅》第八回：「似藕生芽，如蓮卸花，怎生纏得些娘大。」崇本娘作兒，是些娘即些兒的又一證。但用娘字比較不客氣。參見「娘」字條。

些須

些需　歇須

《降桑椹》一、白：「侍奉親闈，無些須敢慢。」

《舉案齊眉》一【柳葉兒】：「他家寒冷落無他物，每日沿門兒題詩句；投至的慣下些須，那秀才少不的搜索盡者也之乎。」

《詞林摘艷》卷十陳大聲散套【鬪鵪鶉·伴了些珠履瓊簪】：「些需資本手中拿，哥哥，你省可里念頭兒差。」

戲文《張協狀元》九【油核桃】：「靠歇須有人溫顧。」

　　些須，猶云少許。明・梁辰魚《浣紗記》十一【前腔】白：「得保些須之命。」清・洪昇《長生殿・傍訝》：「些須小事，不必鬭口」，皆其例。或作些需、歇須，意義並同。按：「些須」為正寫，歇為些、需為須的同音假借字。

　　些須，意猶「纖須」，可互參。

歇

《董西廂》卷五【仙呂調・勝葫蘆】：「送下階來欲待別，又囑付兩三歇。」

《緋衣夢》二、白：「你舊景潑皮，歇著案裏，你快去！」

《凍蘇秦》三【南呂一枝花】：「這破衣裳偏歇著我脊梁。」

《雍熙樂府》卷二鄧學可散套【端正好・樂道】：「百結衣不害羞，問甚麼破奢奢的歇著皮肉？」

同書卷八散套【一枝花・田老齋】：「破陸續歇兩肘疲童灑掃，煙刺答露雙肩老嫗共廚。」

　　以上諸例，含義有三：一、謂番次，用作量詞，如例一是；二、謂記載、登記。「歇著案裏」，即記載（或保存）在檔案裏，如例二是；三、謂敞開，如三至五例是。又如明・黃元吉雜劇《流星馬》三、白：「纏頭髮，大歇項，契丹達子。」亦其例。蓋北語謂「敞」為「歇」，如云歇著大門、歇著窗子、歇著胸、歇著懷，均是。《左傳》宣公十六年：「成周宣榭火。」晉・杜預注：「《爾雅》：『無室曰榭。』謂屋歇前。」疏：「歇前者，無壁，如今廳是也。」無壁，即敞開之意，因知此語來源甚古。

歇馬

《裴度還帶》二【尾聲】白：「近日朝廷差一公子來此歇馬。」

《梧桐葉》一【鵲踏枝】白：「今往大慈寺過，權且歇馬。」

同劇二、白：「小生任繼圖，到此大慈寺中歇馬。」

《東坡夢》一【天下樂】白：「誰想安石將小官【滿庭芳】奏與聖人，貶小官黃州歇馬。」

《瀟湘雨》楔、白：「爲因高俅、楊戩、童貫、蔡京苦害黎庶，老夫秉性忠直，累諫不從，聖人著老夫江州歇馬。」

《醉寫赤壁賦》二、白：「因席間出家樂數人，內有安石之妻，子瞻帶酒作【滿庭芳】戲之，次日安石與聖人說知，怒將子瞻貶上黃州歇馬。」

歇馬，小駐（短期休息）之意，如前三例；一般多用以比喻被貶閒居之詞，如後三例；宋·趙昇《朝野類要》卷五「居住」條；「被責者凡云送某州居住，則輕於安置也。」「歇馬」當同此。元明間無名氏雜劇《紫泥宣》一、白：「聖人欲將我拿下，眾官叩頭作保，看我是有功之臣，貶我在這沙陀地面，閒居歇馬。」此例「歇馬」與「閒居」連文，其義益明。

脇（xié）肢裏

《東堂老》一：「〔胡子傳云：〕李家叔叔不肯呵，脇肢裏扎上一指頭便了。〔揚州奴云：〕是阿，他不肯，脇肢裏扎上一指頭便了。」

脇肢，北人稱做夾肘窩。此處爲人體最敏感處，如觸及之，即笑不可支，隨之妥協了事。這裏借「脇肢裏扎上一指頭」，比喻針對東堂老的要害巧下說詞，說服他答應揚州奴賣掉房子，充作經商的本錢。童伯章注此語，謂：「緊要處與之下點，使閃避也。」意亦近。

斜簽著坐

《西廂記》四本三折【脫布衫】：「酒席上斜簽著坐的，麼愁眉死臨侵地。」

斜簽著坐，謂偏著身子坐。《紅樓夢》第四回：「雨村笑道：『你也算貧賤之交了，此係私室，但坐不妨。』門子纔斜簽著坐下」，亦其例也。按：「簽」，插的意思。今溫州方言尚有此語。

解（xiè）

解：一、謂能；二、謂典當；三、謂死；四、謂災難；五、謂解數；六、謂樂曲之一章；七、謂量詞，猶回，猶次；八、謂給與。

（一）

《忍字記》三、白：「出言解長神天福，見性能傳佛祖燈。」

《西廂記》一本一折【寄生草】白：「『十年不識君王面，始信嬋娟解誤人』，小生便不往京師去應舉也罷。」

《風光好》三【三煞】白：「古人云：『十年不識君王面，始信嬋娟解誤人』，信斯言也。」

《金錢記》三【鬪鵪鶉】白：「此酒能消心間鬱悶，解散客旅春愁。」

《猿聽經》四、白：「不萌草解藏香象，無底籃能捉活龍。」

《樂府新聲》上馬致遠散套【行香子】：「花能助喜，酒解忘憂。」

　　解，這裏用作助動詞，能的意思。上舉各例，「解」與「能」多互文，可為證。杜甫《洗兵馬》詩：「隱士休歌《紫芝曲》，詞人解撰《河清頌》。」元稹《獨醉》詩：「桃花解笑鶯能語。」歐陽修【漁家傲】詞：「花不能言惟解笑。」意均同。

（二）

《忍字記》一【賺煞】：「則這次債的有百十家，上解有三十號。」

　　解，上舉之例，用為名詞，指當鋪。但有時也指抵押品，如《水滸》第六十一回：「盧員外正在解庫廳前坐地，看著那一班主管收解。」「收解」，即收抵押品也。若用為動詞則是典當、抵押出去的意思；宋孟元老《東京夢華錄》卷七「三月一日開金明池瓊林苑」條：「質庫，不以幾日解下，只至閉地，便典沒出賣。」巾箱本《琵琶記》二十一：「況衣衫盡解，囊篋又無。」《水滸》第三十八回：「我有一定大銀，解了十兩小銀使用了。」皆其例。

（三）

《蝴蝶夢》四【雙調新水令】：「俺孩兒落不得席捲椽擡，誰想有這一解？」

　　舊時道教稱學道的人死於兵（武器）為兵解，死於火為火解。這一解，即指王石和被處斬之意。處斬之意，在這裏是兵解的借用或引申。陸澹安把此「解」字釋為量詞「次、回」（見《戲曲詞語匯釋》），誤。

（四）

《張天師》四【雙調新水令】白：「惹下場橫禍飛災，怎支吾這一解？」

這一解，謂這一場災難也。此是災難的泛稱，與（三）義別。

（五）

《獨角牛》二【尾聲】：「你看我橫裏丟，豎裏砍，往上兜，往下拋，……馬前劍撲手有那三十解。」

《東平府》三【越調鬥鵪鶉】白：「恰纔衙內爹爹喚您呈幾解耍子哩！」

《太平樂府》卷七關漢卿散套【鬥鵪鶉·女校尉】：「演習得踢打溫柔，施逞得解數滑熟。」

解，即解數，技藝中成套的動作。踢球、社火中均有之。武術中的解數，意謂對方怎樣攻，我怎樣去解，亦即破法。《獨角中》例中提到的丟、砍、兜、拋，即武術諸解中的名稱。

（六）

《太平樂府》卷七馬致遠散套【集賢賓·思情】：「聽夜雨無情，悄（哨）紗窗緊慢有三千解。」

樂曲一章爲一解。明·胡震亨《唐音癸籤》卷十五：「古今樂錄云：『儃歌以一句爲一解，中國以一章爲一解。』」上例，是用來比喻雨聲。

（七）

《黑旋風》楔【公篇】：「我恰纔囑付了三回五解，則去兀那泰安州尋一個家頭房子去來。」

解，這裏用爲量詞，和回字互文，亦可爲證。《水滸》第一回：「眞人三回五解稟說。」「三回五解」，句意正與「三回五次」同。故「解」，猶回，猶次。或作歇，如《董西廂》卷五：「送下階來欲待別，又囑付兩三歇。」「兩三歇」，謂兩三回、兩三次也。

（八）

《陽春白雪》後集三劉時中散套【端正好·上高監司】：「牙錢加倍解。」

此解字，用作動詞，給的意思。

解典庫

解典鋪　解典舖

《合汗衫》二、白：「兄弟索錢去了，我且在這解典庫中悶坐咱！」

《東堂老》四【水仙子】白：「嗨！這解典庫還依舊得開放麼？」

《殺狗勸夫》四、白：「今日俺哥哥教我管著解典庫，我且閒坐咱。」

《合汗衫》一、白：「俺在這竹竿巷馬行街居住，開著一座解典鋪。」

《貨郎旦》一、白：「自家長安人氏，姓李，名英，字彥和，在城開著座解典鋪。」

解典庫，即當鋪、典押鋪。宋・吳曾《能改齋漫錄》卷二：「江北人謂以物質錢爲解庫，江南謂爲質庫，然自南朝已如此。」解典庫，亦簡作解庫，如《醒世恒言・錢秀才錯占鳳凰傳》：「後來家道殷實了，開起兩個解庫。」明・徐渭《南詞敘錄》：「解庫，今之當鋪。」庫，一作鋪，義同。鋪、舖，同字異體。

獬豸

獬豸　獬豸冠　冠獬豸

《趙氏孤兒》楔、白：「說當堯舜之時，有獬豸能觸邪人。」

《黃鶴樓》四【南呂一枝花】：「撥回獬豸身，滴溜撲跳下烏騅騎，舒開狻猊爪。」

《玉鏡臺》一【混江龍】：「生前不懼獬豸冠，死來圖畫麒麟閣。」

《三戰呂布》四【滾繡毬】：「殺的他冠斜獬豸將軍敗，血染征袍馬帶傷。」

《謝金吾》二、白：「也不是我褒獎他，真個出來的都一個個精通武藝，善曉兵機，冠簪金獬豸，甲掛錦搪猊。」

獬豸（xiè zhì），《說文》：「廌，解廌，獸也，似牛，一角。古者決訟，令觸不直者。」後來遂用作執法官員的冠，名獬豸冠。《後漢書・輿服志》：「法官，……執法者服之，侍御史、廷尉正監平也。或謂之獬豸冠。獬豸，神羊，能別曲直，楚王嘗獲之，故以爲冠。」《晉書・輿服志》引《異物志》云：「北荒之中，有獸名獬豸，一角，性別曲直。見人鬥，觸不直者。聞人

爭，咋（zé）不正者。」故歷代執法者皆以獬豸爲冠，或以獬豸冠代指執法嚴明的官吏。明·楊慎《送李元白侍御史巡茶馬》詩：「柱史東臺獬豸冠，霜威北塞斗牛寒」，亦其證。

獬豸，一作獬豸，音義同。冠獬豸，獬豸冠之倒文也。

心肝（兒）

《澠池會》一【金盞兒】：「看承的如氣命，愛惜似心肝。」

《兒女團圓》一【天下樂】：「但得一箇喂眼的，恰便似那心肝兒般知重你。」

《神奴兒》二【隔尾】：「我將你懷兒中撮哺似心肝兒般敬。」

《樂府群珠》卷四關漢卿小令【普天樂·酬和情詩】：「若得來心肝兒敬重，眼皮兒上供養，手掌兒裏高擎。」

同書同卷劉時中小令【朱履曲】：「親不親心肝兒上摘下，惜不惜氣命兒似看他。」

《太平樂府》卷六趙明道散套【夜行船·寄香羅帕】：「氣命兒般敬重看承，心肝兒般愛憐收拾。」

心肝兒，是至親至愛的比喻詞。《晉書·劉曜載記》載《隴上歌》云：「隴上壯士有陳安，軀幹雖小腹中寬，愛養將士同心肝。」《紅樓夢》第四十回：「寶玉早滾到賈母懷裏，賈母笑的摟著寶玉叫心肝。」現在口語中仍沿用，如說「心肝寶貝兒。」

信士

《昊天塔》四【水仙子】：「對客官細說分明，我也曾殺的番軍怕，幾曾有箇信士請？直到中年纔落髮爲僧。」

信仰佛道，出財布施的人，都叫做信士。梵語音譯爲優婆塞，意譯譯作信士，又曰清信士，指曾受過三皈五戒或八戒的男子。《梵摩喻經》：「爲清信士，守仁不殺，知足不盜。」清·翟灝《通俗編》云：「今人出財布施曰信士。漢曹全碑陰：義士某千，義士某五百。義士，即出資助刊者。宋太宗朝，避御名，凡義字皆改爲信。今之信士，即漢碑所稱義士也。」

信地

汎（xùn）地

《昊天塔》二【煞尾】詩云：「眾頭領休離信地，楊六郎暗下三關。」

《謝金吾》楔【仙呂賞花時】白：「那時節，我預先差人拏住他，奏過聖人，責他擅離信地，私下三關之罪。」

《馮玉蘭》四、白：「這黃蘆蕩就是屠世雄時常屯扎的信地。」

《延安府》四【雙調新水令】白：「你怎敢擅離汎地？」

屯駐重兵的邊防要地，叫做信地或汎地。汎，又借作訊。朱駿聲《說文通訓定聲・坤部》：「汎，假借爲訊，今所用汎地字，蓋譏詰往來行人處也。」「譏詰」，謂盤問、稽察。清制：駐防巡邏的地區稱汎地。信、汎同音，曲家通用。明人雜劇《黃眉翁》一、白：「某今要往東京，與老母上壽，走一遭去；爭奈未敢擅離汎地。」又，《長生殿・合圍》：「天色已晚，諸將各回汎地。」皆其證。

信行

《東牆記》二【脫布衫】：「思量起俊俏書生，今日箇顯姓通名，海棠花權爲信行，姻緣事該前定。」

《西廂記》二本二折【朝天子】：「誰無一箇信行，誰無一箇志誠，您兩箇今夜親折證。」

同劇五本三折【金蕉葉】：「他識道理爲人敬人，俺家裏有信行，知恩報恩。」

《兩世姻緣》二【浪裏來】：「你道箇題橋的沒信行，駕車的無準成。」

誠實不欺曰信。信行，就是信實的行爲，猶今云信用。《後漢書・高詡傳》：「以信行清操知名。」南朝宋・袁淑《傚曹子建樂府白馬篇》：「信行直如弦。」《牡丹亭・遇母》：「有我那信行的人兒。」《儒林外史》第五十四回：「陳四爺，你還要信行些才好。」皆其例。元曲中信行與志誠、準成互文見義，亦其證。

顖子（xìn・zi）

顙子

《老生兒》二【么篇】白：「哎喲！要打便打，什麼引孫引孫，挈些土兒來怕驚了他顖子！」

《魔合羅》一【金盞花】：「〔高山搵土科，正末云：〕你待怎麼？〔高山云：〕驚了我顖子哩。」

《殺狗勸夫》四【鬭鵪鶉】：「動不動搯人的顙子。」

顖子，指腦門兒。舊說小孩的腦門沒長牢固，受了驚就張開，抓點土在上面擦一擦，就可以壓驚，故曲語云云。《說文》云：「頭會腦蓋形像，魏校曰：丁門也。子在母胎，諸竅尚閉，唯臍中氣，囟為之通，氣骨猶未合，既生則竅開口鼻納氣，尾閭為之洩氣，囟乃漸合，陰陽升降之道也。」《方書》云：「頂中央旋毛為百會，百會一寸半為前頂，百會前三寸即囟門。」《廣韻》：「囟，息晉切，音信。」《集韻》：「囟，息利切，音四。」今魯東人呼囟，正作四音。按：囟即顖也；又作顙子，義並同。

惺惺（xīng）

惺惺，有聰明、清醒等義。

（一）

《燕青博魚》二【醉中天】白：「常言道：『十分惺惺使五分。』」

《西廂記》一本三折【聖藥王】：「方信道：『惺惺的自古惜惺惺。』」

《老生兒》三、詩云：「我為甚麼說十分惺惺使九分，留著一分與兒孫，則為你十分惺惺都使盡，今日個折乏的後代兒孫不如人。」

上舉惺惺，意為聰明、機警。唐・玄覺《禪宗永嘉集奢靡他頌》：「惺惺寂寂是，無記寂寂非。」宋・曾布《曾公遺錄》八：「皇子……雖三歲未能行，然能言語，極惺惺。」明・劉基《醒齋銘》：「昭昭生於惺惺，而憒憒出於冥冥。」

（二）

《倩女離魂》四【黃鍾醉花陰】：「將往事從頭省，我心坎上猶自不惺惺，做了場棄業抛家惡夢境。」

《東堂老》四【殿前歡】：「你便説天花信口歆，他如今有時運，怎肯不惺惺，再打入迷魂陣。」

惺惺，謂清醒。杜甫《喜觀即到復題短篇二首》（二）：「應論十年事，愁絕始惺惺。」或作醒醒，如白居易《歡喜二偈》（二）：「眼暗頭旋耳重聽，唯餘心口尙醒醒。」義皆同。

行在

《東窗事犯》楔、白：「某姓岳名飛，字鵬舉，幼習武藝，隨高宗南渡於金陵，不經旬日，有大金國四太子追襲，到於浙西錢塘鎮，立名行在，即其帝位。」

行在，本作「行在所」，是天子所在的地方。《漢書‧武帝紀》：「（帝）舉獨行之君子，徵詣行在所。」此指長安。《後漢書‧光武帝紀上》：「更始遣侍御史持節立光武爲蕭王，悉令罷兵詣行在所。」此指洛陽。以前皆指京都。後來才專指天子外出所住的地方。蔡邕《獨斷》卷上曰：「天子自謂曰行在所，猶言今雖在京師，行所至耳。」又云：「天子以天下爲家，不以京師、宮室爲常處，則當乘車輿以行天下。」故車輿所至之處，皆曰行在。《舊唐書‧呂諲傳》：「肅宗即位於靈武，諲馳赴行在。」杜甫《北征》詩：「揮涕戀行在，道路猶恍忽。」行在，指靈武也。《京本通俗小說‧碾玉觀音上》：「紹興年間，行在有個關西延州延安府人，本身是三鎮節度使咸安郡王。」此指臨安。南宋以首都臨安爲行在，蓋示其不忘舊都汴梁而謀恢復也。「行在」一語至今仍沿用之，如溥儀《我的前半生》云：「我住的地方（指天津張園）從前做過游藝場，沒有琉璃瓦，也沒有雕梁畫棟，但還有的人把它稱做『行在』。」

或作行朝，猶「行在」。《舊唐書‧崔胤傳》：「伏乞詔，赴行朝，以備還駕。」明‧施君美《幽閨記》二十二【前腔】白：「秀才，你送我到行朝，與爹爹説知，……。」即其例。

行色

《誶范叔》一【金盞兒】白：「賢士，小官奉主公之命，有黃金千兩，權爲路費，少助行色，莫嫌輕微也。」

《圮橋進履》楔【仙呂賞花時】：「則我這行色匆匆去意緊。」

《百花亭》三【醋葫蘆】白：「妾口占小詞一首，調寄【南鄉子】，贈君行色，休得見哂。」

《王粲登樓》二【正宮端正好】：「則有分鞭羸馬，催行色。拂西風滿面塵埃。」

《㑳梅香》楔、詩云：「收拾琴書踐路程，一鞭行色上西京。」

行色，謂出行的迹象、狀貌，如前三例「助行色」、「贈行色」、「行色匆匆」；引申之意爲行程，如四、五例「催行色」、「一鞭行色」是也。語出《莊子·盜跖》：「孔子說盜跖歸，遇柳下季，季曰：『闕然數日不見，車馬有行色，得微往見跖耶？』」後世詩文中習用之，如：杜甫《客堂》詩：「進退委行色。」岑參《送宇文舍人出宰元城》詩：「馬帶新行色，夜聞舊御香。」陸龜蒙《雨中遊包山精舍》詩：「卻下聽經徒，孤帆有行色。」柳永【采蓮令】詞：「貪行色，豈知離緒？」《書言故事·送行類》：「謂人將行者有行色。」皆其例。

行者

行腳僧

《董西廂》卷一【雙調·文如錦】：「行者道：『先生本待觀景致，把似這裏閑行，隨喜塔位。』」

《薦福碑》三【普天樂】白：「先生，今日天色晚了，到來日著行者與你打法帖。」

《張生煮海》一、白：「行者，出門前覷看，若有客來時，報復我家知道。」

同劇三【尾聲】白：「我看那小行者，儘也有些風韻。」

《西遊記》一本三齣【逍遙樂】：「【唐僧扮行腳僧上，云：】來到洪州問人來，舊太守陳光蕊家，在江邊黑樓子內便是。」

佛教把還沒有取得正式和尚資格、帶髮修行的人，以及爲求法證悟而遊食四方者，都叫做行者或行腳僧。宋·釋道誠《釋氏要覽》卷上：「《善見律》云：『有善男子，欲求出家，未得衣鉢，欲依寺中住者，名畔頭波羅沙。』今詳，若此方行者也。經中多呼修行人爲行者。」唐·杜牧《大夢上人自廬峰回》：「行腳尋常到寺稀，一枝藜仗一禪衣。」

按：此爲漢譯，梵語曰頭陀，可互參。

行院

《拜月亭》四【沽美酒】：「驟將他職位遷，中京內做行院，把虎頭金牌腰內懸。」

《虎頭牌》三【沉醉東風】白：「近蒙行院相公差遣，統領本官軍馬，把守夾山口子，防禦賊兵。」

又：「今蒙行院相公勾追，自合依准前來；卻不合抗拒不行赴院，故違將令。」

行院，元代行樞密院的省稱。元代於樞密院（中央最高軍事機關）之下，在重要地方設行樞密院，代行其部分職權，簡稱行院。《元史·百官志二》：「行樞密院。國初有征伐之事，則置行樞密院。大征伐，則止曰行院。爲一方事而設，則稱某處行樞密院，或與行省代設，事已則罷。」

行動

《竇娥冤》三、白：「行動些！行動些！監斬官去法場上多時了。」

同劇同折【滾繡毬】白：「快行動些！悞了時辰也。」

《倩女離魂》楔、白：「姐姐，行動些！」

《鴛鴦被》二【脫布衫】白：「員外在此等了好一會也，我又不哄你，你也行動些波！」

《貨郎旦》二【雙調新水令】白：「三姑，你行動些！」

《爭報恩》三【越調鬥鵪鶉】白：「行動些！布下法場，時辰將次到也。」

行動，元劇中多用爲催促行走的話，即快走之意。《紅樓夢》第三十一回：「晴雯冷笑道：『二爺近來氣大的很，行動就給臉子瞧。』」此「行動」是「動不動」的意思。又行動，謂舉動。《聖諭廣訓》：「行動則跬步不離。」《福惠全書·筮仕部·待接役》：窺探本官行動。舉其例。

行從

《西廂記》二本一折【後庭花】：「鶯鶯爲惜己身，不行從著亂軍：諸僧眾污血痕，將伽藍火內焚，先靈爲細塵，斷絕了愛弟親，割開了慈母恩。」

　　孫飛虎亂軍包圍普救寺，要擄鶯鶯做壓寨夫人。面對此變，鶯鶯分析，從否亂軍，利害各有五。故鶯鶯決定為保全大家，不惜獻出自身。「行從」即「從」，順從也。六十種傳奇本作「不幸去從著亂軍」，費解。

　　行從，三國時已有用之者，如曹植《雜詩》七首之一：「妾身守空閨，良人行從軍。」（《藝文類聚》載此詩作「從行」。）

行童

　　《張生煮海》一、詩云：「行童終日打勤勞，掃地纔完又要把水挑。」

　　《竹葉舟》楔：「〔行童云：〕呸！你也睜開驢眼看看我，我這等長的和尚，還叫做小和尚？」

　　行童，僧童，即寺院的幼僕。李商隱《雜纂·惡不久》：「姦汙僧尼罵行童。」宋·郭象《睽車志》：「朱三有子，年十三、四，傭於應夫寺僧為行童。」《水滸》第四回：「只見行童托出茶來」。明·闕名《女姑姑》三【駐馬聽】：「非教迴避，則這個行童纔報與老僧知。」明·李昌祺《剪燈餘話·聽經猿記》：「留之西館，俾教行童。」皆其例。

行窩

　　《西遊記》五本十九齣【白鶴子】：「你道是花果山是祖居，鐵鎈峰是我的行窩。」

　　《太平樂府》卷七張養浩散套【新水令·辭官】：「有花有酒有行窩，無煩無惱無災禍。」

　　張可久小令【天淨沙·書懷】：「白頭多病維摩，青天孤影姮娥，相對良宵幾何？玉人留坐，鶯花十二行窩。」

　　《樂府群玉》卷二喬吉小令【折桂令·問春】：「隨處行窩，載酒吳船，擊筑秦歌。」

　　《梨園樂府》中、盧摯小令【蟾宮曲】：「放下行窩，不醉如何。」

　　行窩，本宋·邵雍所居之室名，時人效之，借指外出時的住處。《宋史·邵雍傳》：「好事者別作屋，如雍所居，以候其行，名曰『行窩』。」宋·邵伯溫《邵氏聞見錄》卷二十：「十餘家如康節先公所居安樂窩起屋，以待其

來，謂之『行窩』。故康節先公沒，鄉人挽詩有云：『春風秋月嬉遊處，冷落行窩十二家。』洛陽風俗之美如此。」

行錢

《看錢奴》楔、白：「大嫂，有俺那祖財，攜帶不去，且埋在後面牆下；房廊屋舍，著行錢看守著。」

《圯橋進履》二、白：「行錢，與我請將賢者來者！」

同劇同折【梁州】白：「行錢，將酒來，我與賢士飲幾杯咱！」

《羅李郎》一【天下樂】：「俺也曾蚤起遲眠使計謀，營也波求，肯罷手？使行錢在城打著課頭。」

《來生債》楔、白：「行錢，將著李孝先那一紙文書，再將著兩錠銀子，咯探望孝先走一遭去。」

《九世同居》一【天下樂】：「〔正末云：〕著行錢擡過那香卓來者！〔淨行錢做擡香卓科，云：〕偌多的人，偏要使我做著這箇，行錢好不氣長也！」

同劇三【滾繡毬】白：「行錢，門首看者，看有甚麼人來！」

　　行錢，朱居易謂「打雜的用人」，見《元劇俗語方言例釋》，尚欠確切。據宋‧廉布《清尊錄》云：「凡富人以錢委人，權其子而取其牛，謂之行錢。富人視行錢如部曲也。」《明史‧張巒傳》：「指揮司聰者，爲延齡行錢，負其五百金。」據此，知「行錢」是負債於人，被迫作奴僕的人的名稱。

　　行錢這個詞已見敦煌變文，如《佛說阿彌陀經講經文》：「年年轉賣作良人，如飲（似）行錢無定住」，是也。

行纏

《西遊記》六本二十二齣【幺】：「芒鞋竹杖打著行纏，逍遙一身得自然。」

《翫江亭》二、白：「著我頭挽雙髽髻，身穿粗布袍，腰繫雜彩綠，腳下行纏八答鞋。」

《張協狀元》戲文：「草屨行纏被泥土。」

行纏，即綁腿布或裹腳布，古時男女皆用之，或名行滕，《三國志·吳志·呂蒙傳》：「為兵作絳衣行滕。」或名邪幅，《詩·小雅·采菽》：「邪幅在下。」箋云：「邪幅，行滕也。偪束其脛，自足至膝，故曰在下。」漢樂府古辭《婕蝶行》：「行纏之傳樽櫨間。」唐·韓翃《寄哥舒僕射》詩：「帳下親兵皆少年，錦衣承日繡行纏。」後惟兵士及遠行者用之。《宣和遺事》亨集：「二人聞言，急點手下巡兵二百餘人，人人勇健，個個威風，腿繫著粗布行纏，身穿著鴉青衲襖，輕弓短箭。」《京本通俗小說·碾玉觀音上》：「正行間，只見一個漢子，頭上戴個竹絲笠兒，穿著一領白緞子兩上領布衫，青白行纏扎著褲子口，著一雙多耳麻鞋。」以上皆其例。明·明祈《名義考》載古樂府《雙行纏曲》：「新羅繡行纏，足跌如春妍。」，謂「行纏」指用帛偪束其足，即裹足布也。

士兵行纏之習解放初尚存，有解放軍的裹腿布可證。

醒睡

《貨郎旦》四【梁州第七】：「〔副旦做排場敲醒睡科〕詩云：烈火西燒魏帝時，周郎戰鬬苦相持；交兵不用揮長劍，一掃英雄百萬師。」

醒睡，即醒木，說書人用的長方木頭，即道具；用它拍案作聲，令人注意。或作「醒目」，如宋·范祖述《杭俗遺風》云：「大書，一人獨說，不用傢伙，惟有醒目一塊，紙扇一把。」今通作「醒木」。《桃花扇·聽稗》：「〔（柳敬亭）拍醒木說介：〕敢告列位，今日所說不是別的，是申魯三家欺君之罪，表孔聖人正樂之功。」是其例證。

行短

幸短

《看錢奴》一【那吒令】白：「正是：虧心折盡平生福，行短天教一世貧。」

《薦福碑》二【滾繡毬】白：「張鎬你聽者！〔詩云：〕『你虧心折盡平生福，行短天教一世貧。』古廟題詩將俺這神靈罵，你本是儒人，我著你今後不如人。」

《還牢末》四【二煞】：「畢竟是行短的天教敗，少不得將你心肝百葉，做七事家分開。」

《詞林摘艷》卷七楊景言散套【二郎神‧景消索】:「記伊家幸短,
枉著人煩煩惱惱。」

行(xing)讀去聲。行短,謂人品有所缺欠,行爲卑鄙,猶今俗謂人頭次,
或曰缺德。《水滸》第四十三回:「那人原是閒吏,專一在鄉放刁把濫,近來
暴有幾貫浮財,只是爲人行短。」亦其例。一作幸短,音義同。倒之作短行,
如元本《琵琶記》五〔前腔〕:「誰下得虧心短行?」或作短幸,如元明間無
名氏雜劇《鬧銅臺》二【幺篇】:「非是咱下狠心無情短幸。」或作短倖,如
《雍熙樂府》卷七散套【粉蝶兒‧仗義疏財】:「實是那趙都巡的短倖難容。」
《牡丹亭‧駭變》:「是甚麼發家無情短倖材?」皆是。

按幸、倖均爲行的同音假借字,義並同。

羞

《留鞋記》一【混江龍】:「羞看燕舞,怕聽鶯啼。」

《太平樂府》卷三徐甜齋小令【凭闌人】:「髻擁春雲鬆玉釵,眉淡
秋山羞鏡臺。」

同書卷九無名氏散套【哨遍‧傷春】:「縱有鄰姬相約,強斟芳醞,
羞聽離詞。」

《梨園樂府》上商政叔散套【雙調新水令】:「懶將煙粉施,羞對菱
花照。」

羞,這裏猶云「怕見」或「怕」。「羞看」,怕看也;「羞鏡臺」,怕見鏡臺
也;「羞聽」,怕聽也;「羞對」,怕對也。是害羞、難爲情的引申義。杜甫《前
出塞》詩之九:「眾人貴苟得,欲語羞雷同。」李賀《浩歌》:「羞見秋眉換新
綠,二十男兒那刺促?」元稹《會眞記》載鶯鶯詩云:「自從消瘦減容光,萬
轉千迴嬾下床。不爲旁人羞不起,爲郎憔悴卻羞郎。」張炎【解連環‧孤雁】
詞:「怕驀地玉關重見。未羞他,雙燕歸來,畫簾半捲。」各「羞」字,均含
怕意,並可證。

虛下

《調風月》三【聖藥王】:〔虛下〕

《老生兒》二【滾繡毬】:〔卜兒做虛下科。〕

《趙氏孤兒》四【迎仙客】：〔做遺手卷虛下。〕

《勘頭巾》三【掛金索】：「〔虛下復上，云：〕沒了合酪也。」

《鐵拐李》二【滾繡毬】：〔虛下。〕

　　虛下，元劇術語，意謂在這齣戲裏某演員暫時無戲退到左邊入口處，旋即上來，表示他已離開剛才演出的現場，又到了另一場合，故不是眞的下場，因稱「虛下」。清・孔昇《長生殿・彈詞》：〔虛下〕〔小生巾服上〕；孔尙任《桃花扇・投轅》：〔虛下，即上〕，是清傳奇仍沿用這個術語。

虛脾
虛皮

《董西廂》卷三【雙調・惜奴嬌】：「絕早侵晨，早與他忙梳裹，不尋思虛脾眞箇。」

《金線池》二【尾煞】：「尋些虛脾，使些機勾，用些工夫，再去趁逐。」

《救風塵》一【元和令】：「做丈夫的便做不的子弟，那做子弟的他影兒裏會虛脾，那做丈夫的忒老實。」

同劇同折【游四門】：「衡一味是虛脾，女娘每不省越著迷。」

《黑旋風》三【夜行船】：「俺做莊家忒老實，俺可也不謊詐，不虛脾。」

《兩世姻緣》一【混江龍】：「賣虛脾眉尖眼角，散和氣席上尊前。」

《雍熙樂府》卷十八無名氏小令【朝天子・嘲妓家圇食】：「當初只說假虛皮，就裏多蔥膾。」

　　虛脾，一作虛皮，虛情假意之意。明・徐渭《南詞敘錄》：「虛脾，虛情也。五臟惟脾最虛。」因以爲喻。清・洪昇《長生殿・絮閣》：「咦！休得把虛脾來掉，嘴喳喳弄鬼粧幺。」亦其例。或謂脾爲牌之訛，言徒有其表而無實也。此說不足據。

虛囂
囂虛

《竇娥冤》二【南呂一枝花】：「說一會不明白打鳳的機關，使了些調虛囂撈龍的見識。」

《救風塵》三【滾繡毬】:「有那千般不實喬軀老,有萬種虛囂歹議論。」

《東堂老》一【混江龍】:「做買賣,恣虛囂。」

《西廂記》五本四折【折桂令】:「那廝本意囂虛,將足下虧圖。」

《七里灘》二【禿廝兒】:「玉帶上掛金魚,都是囂虛。」

虛囂,意謂虛浮、偽詐。囂是枵(xiāo)字的借用。倒作囂虛,義同。明・朱有燉雜劇《豹子和尚》四折:「暗暗地說了機關,明明地顯出囂虛」,亦其例。

虛儴

虛囊

《麗春堂》四【落梅風】:「這山字領緣何慢?〔夫人云:〕老相公兀的帶。〔正末唱:〕玉冤鶻因甚長?〔夫人云:〕那是你舊時穿的。〔正末唱:〕待道是我舊衣服怎生虛儴?〔云:〕夫人,將鏡兒來!〔夫人云:〕鏡兒在此。〔正末云:〕我試照咱。〔唱:〕我這裏對青鏡猛然見我兩鬢霜,哎!可怎生不似我舊時形像?」

《雍熙樂府》卷四散套【賞花時・哭香囊】:「量這些虛囊,怎生盛無限淒涼?」

虛儴,或作虛囊,謂空虛不實。《廣韻》:「儴,奴浪切,囊上聲,漾韻;緩也。」明・顧鄰初《客座贅語》:「物寬緩不帖實者曰儴,囊去聲。」兩注音義俱同。但《元曲選》音釋:「儴,囊上聲。」與上注「儴」字的聲調略異,想是方音不同所致。又《說文解字注・六篇下・文四》「橐」部:「囊者,言實其中如瓜瓤也」。可證囊、儴音近義亦同。

虛科兒

《救風塵》三【幺篇】:「我假意兒瞞,虛科兒噴,著這廝有家難奔。」

《陽春白雪》後集五關漢卿散套【新水令・離亭宴帶歇指煞】:「止不過美話兒排,虛科兒套,實心者少。」

科謂科段,劇中術語。明・徐渭《南詞敘錄》云:「相見、作揖、進拜、舞蹈、坐跪之類,身之所行,皆謂之科。」虛科,即虛情假意地作態、表演。兒為名詞語尾,無義。

須索

> 《魔合羅》二【尾】白：「須索與小叔叔説知，做一個計較。」

> 《倩女離魂》三、白：「狀元爺呼喚，須索走一遭去。」

> 《金錢記》一、白：「我叫你來收拾細車兒，須索前去。」

> 《陳州糶米》二、白：「有范學士在于議事堂，令人來請，須索去走一遭。」

須索，謂必須、一定。索也是須的意思，複義詞。《後庭花》一折：「何須發怒，不索生嗔。」須、索互文爲意，可證。話本《錯斬崔寧》：「今日晚了，不能轉回；明晚須索來家。」是宋語已然。但宋語亦有作「勒索」解者，如陸游《老學庵筆記》卷二：「王聖美子韶，元祐末以大蓬送北客至瀛。賜宴罷，有振武都頭卒，不堪一行人須索，忽操白刃入斫聖美。」按：須通需，需索，即按需要索求代價之意，這裏引申爲勒索。

許

許：一、用作指點詞，猶偌、猶恁；二、用作估量詞；三、用作比較詞；四、謂佩服、贊許；五、謂匹配；六、謂許愿；七、謂能。

（一）

> 《謝天香》三【煞尾】：「許來大官員，恁來大職位。」

> 《老生兒》四【水仙子】詩云：「則爲父親態心慈，掌把許來大家私。」

> 《城南柳》一【油葫蘆】：「這樓襟三江，帶五湖，更對著君山千仞青如許，嗏這裏不飲待何如。」

> 《凍蘇秦》三【賀新郎】：「許來大八位裏官人，可怎生無他那半盆兒火向？」

> 《神奴兒》三【上小樓】：「俺家裏偌大的房屋，許富的家私。」

許，如此、這般之意；猶偌，猶恁；上舉某些曲文中，許與偌與恁互文見意，亦可爲證。此用法早已有之，例如：南朝樂府民歌《丁都護歌》：「督護初征時，儂亦惡聞許。」「惡聞許」，即惡聞此也。《南史·卞彬傳》：「書鼓云：『徒有八尺圍，腹無一寸腸，面皮如許厚，受打未詎央。』」「如許厚」，即如此厚也。唐·杜荀鶴《自江西歸九華》詩：「許大乾坤吟未了，揮鞭回

首出陵陽。」宋・楊萬里《夜雨不寐》詩：「已不不成眠，如何更遭許。」
等等，不勝舉。

（二）

《董西廂》卷八【中呂調・安公子賺】：「憶自伊家赴上都，日許多
時，夜夜魂夢勞役。」

《西廂記》五本二折【迎仙客】白：「自音容去後，不覺許時，仰敬
之心，未嘗少怠。」

《西遊記》六本二十三齣【金蕉葉】白：「我來時，孫悟空、豬八戒
如此神通，尤兀自吃了許多魔障。」

《詞林摘艷》卷一無名氏小令【四塊玉・憶別】：「好哥哥，怎生消
磨的我許多折挫？」

許，用作估量之詞，不能十分確定。此用法來源亦古。《後漢書・何敞
傳》：「推財相讓者二百許人。」晉・陶潛《雜詩》：「前塗當幾許？未知止泊
處。」南朝樂府民歌《華山畿》：「長江不應滿，是儂淚成許。」南朝宋・劉
義慶《世說新語・賢媛》：「許允婦是阮衛尉女德如妹，奇醜，……許因謂曰：
『婦有四德，卿有幾許？』婦曰：『新婦所乏唯容爾！然士有百行，君有幾
許？』云：『皆備。』婦曰：『夫百行以德為首，君好色不好德，何謂皆備？』
允有慚色，遂相敬重。」唐・劉餗《隋唐嘉話》中：「李義府始召見，太宗
試令詠烏，其末句云：『上林多許樹，不借一枝棲。』帝曰：『吾將全身借汝，
豈惟一枝。』」李白《陳情贈友人》詩：「奈何成離居，相去復幾許。」李清
照【永遇樂】詞：「染柳煙濃，吹梅笛怨，春意知幾許？」總觀上文所引許、
幾許、多許等，皆不定之辭也，直到今天還這樣用。

（三）

《小尉遲》二、白：「那尉遲公在先時，許他來，如今老了，那裏數
他？」

這裏許、數（shǔ）互文，許就是數的意思。數者，謂一個一個地計算。
引申之，即比較起來最突出之意。因之，許他來，意思就是說，比較起來，
數他武藝高。

（四）

《董西廂》卷一【般涉調‧尾】：「怕曲兒捻到風流處，教普天下顯不剌的浪兒每許。」

《趙氏孤兒》四【醉春風】：「我則待扶明主晉靈公，助賢臣屠岸賈，憑著我能文善武萬人敵，俺父親將我來許，許。」

《任風子》二【二煞】：「高山流水知音許，古木蒼煙入畫圖。」

《博望燒屯》二【隔尾】：「你若是得勝還營，你將我來自然許。」

許，這裏謂贊許、佩服。杜甫《戲贈閿鄉秦少公短歌》：「同心不減骨肉親，每語見許文章伯。」元稹《會眞記》：「時人多許張爲善補過者。」義並同。

（五）

《竇娥冤》一【一半兒】白：「莫說自己許了他，連你也許了他。」

《西廂記》一本楔、白：「祇生得箇小姐，……老相公在日，曾許下老身之姪、鄭尚書之長子鄭恒爲妻。」

《隔江鬥智》一【油葫蘆】白：「孩兒，你哥哥將你許了人家也。」

同劇二【三煞】白：「把我許了人，又要我去害他，難道你妹子害了一個，又好另嫁一個？」

《碧桃花》楔、白：「以此將我大的女孩兒許了張道南爲妻。」

許，許配、許婚之省詞也。《史記‧高祖紀》：「呂媼怒呂公曰：『公始常欲奇此女，與貴人，沛令善公，求之不與，何自妄許與劉季？』」「妄許」，謂輕率許婚也。漢樂府《孔雀東南飛》：「幸可廣問訊，不得便相許。」「不得便相許」，謂不能就相許婚也。《紅樓夢》第六十四回：「把我二娘兒許給皇糧莊頭張家，指腹爲婚。」皆其例。此用法現在仍通行。

（六）

《黃粱夢》二【商調集賢賓】白：「我是爲害眼，許下的願心來。」

《黃花峪》一、白：「小生學成滿腹文章，未曾進取功名，爭奈許了泰安神州燒香三年。」

《碧桃花》一【後庭花】：「現如今擁雙鳧做宰臣，許下我五花誥爲縣君。」

　　這裏的「許」，意爲許愿，即預先說明給予人或神以一種利益之謂也。唐・張九齡《雜詩》五首之一：「神物亦豈孤，佳期竟何許！」這種用法，現在口語中還有，比如說：「爹爹去年許下一本書，今年才給我買來。」

　　「許」在這裏，也有答應的意思，但又有區別，如：《左傳》隱公元年：「丞請於武公，公弗許。」「弗許」即不答應把共叔段立爲太子。《漢書・文三王傳》：「事下丞相、御史，請許。奏可。」顏師古注曰：「許太傅所奏」，意即答應太傅的奏本。不同的是：許愿是預先主動表示；答應是在事後表態，「弗許」，就是請立共叔段在前，不許（答應）在後。「許太傅所奏」，也是奏在前，許（答應）在後。

（七）

　　《拜月亭》三【鳴夜啼】：「天那！一霎兒把這世間愁都撮在我眉尖上，這場愁不許隄防。」

　　《謝天香》二【梁州第七】：「這爺爺無輕放，怎當那橫枝羅惹不許隄防。」

　　《李逵負荊》二〔正宮端正好〕：「抖搜著黑精神，扎煞開黑髭髯，則今番不許收拾。」

　　《黃鶴樓》四【梁州】：「來、來、來我和你做一箇頭敵，則我這村性子不許收拾。」

　　以上二許字，是「能」的意思。「不許隄防」，謂不能隄防也。「不許收拾」，謂不能約束也。

　　另外，「許」字還有其它解法，如：《詩・大雅・下武》「昭茲來許，繩其祖武。」此許字讀作御（《後漢書・祭祀志》引《謝沈書》引詩作「昭茲來御。」）《小爾雅・廣言》：「御，侍也。」《孟子・梁惠王上》：「明足以察秋毫之末，而不見輿薪，則王許之乎？」朱熹注：「許，猶可也。」即認可、相信之意。同書《公孫丑上》：「夫子當路於齊，管仲、晏子之功可復許乎？」朱熹注：「許，猶期也。」即期望、期待之意。古樂府《讀曲歌》：「奈何許！石闕生口中，銜碑不得語！」《華山畿》：「奈何許！天下人何限，慊慊只爲汝！」此皆用作語助也。也有用爲「處所」之意的，如陶潛《五柳先生傳》：「先生不知何許人也」；何許即何所、何處之意。唐・杜審言《贈蘇綰書記》詩：「知君書記本翩翩，爲許從容赴朔邊。」「爲許」，爲甚麼的意思。今語

也用作或然之詞（或許、也許），如說：「他今天沒有來，許是病了。」等等。

絮煩

絮繁　煩絮

《鴛鴦被》三【小桃花】白：「官人不嫌絮煩，聽妾身再說一遍咱。」

《來生債》一【天下樂】白：「先生不嫌絮煩，聽我在下試說一遍與你聽者。」

《陳州糶米》二【滾繡毬】白：「學士不嫌絮煩，聽老夫慢慢的說來。」

《五侯宴》二【隔尾】白：「官人不嫌絮繁，聽妾身口說一遍。」

《灰闌記》三【黃鍾醉花陰】白：「哥哥，不嫌煩絮，聽我說咱。」

絮煩，一作絮繁、煩絮，形容說話繁瑣、嘮叨、囉嗦，與絮叨、絮聒等義同。《長生殿·彈詞》：「列位不嫌絮煩，待老漢再慢慢彈唱出來者。」亦其例。現在口語還這樣說。今也作絮道，如劉紹棠小說《青枝綠葉》：「還用得著一再囑咐，不嫌絮道。」

宣花斧

《襄陽會》三【白鶴子】：「則你這宣花斧著他天靈碎。」

《老君堂》四【掛玉鉤】白：「某想此人手持宣花斧，追趕元帥，拿至金墉城，誰想今日程咬金投降，將此人執縛定了。」

《五馬破曹》一【鵲踏枝】白：「兀那老兒，你見我手中的宣花斧麼？」

《昊天塔》一【寄生草】：「把這宣花巨斧輕輪動。」

同劇三【煞尾】：「若放了他一個兒抹的著回家路，哎！兀的不屈沉殺俺宣花也這柄蘸金斧。」

宣花斧，古代的一種兵器名；宋元明戲曲小說中，涉及兵器的，如三停刀、宣花斧、溜金鐺等，都未必特有其義。王季烈改「宣」為「旋」，沒意義可言。張相雖稱宣花斧是一種軍器，但卻說：「宣即五色相宣之宣，今云閃色，宣花意言花紋交錯。」未知何據。

旋餅

薄餅

《兒女團圓》楔、白：「我便買羊頭打旋餅請你。」

同劇楔、白：「羊頭薄餅將來我喫。」

《神奴兒》二【牧羊關】：「害饑時有軟肉也那薄餅。」

旋餅，是以調就的麵糊，在平底鍋上一旋轉而成之餅，其薄如紙，故亦謂之薄餅。《兒女團圓》劇中，前言旋餅，後言薄餅，亦可證。今北人呼爲單餅或春餅。宋·吳處厚《青箱雜記》卷四：「夫人喆之日：『諺云：薄餅從上揭，劉郎纔及第，豈得便簡點人家女？』」觀此知宋已有薄餅之名。

懸（xuán）口

絕口

《金線池》楔、白：「老夫語未懸口，兄弟早到。快有請！」

《范張雞黍》一【么篇】白：「語未懸口，哥哥眞個來了。」

《倩女離魂》楔、白：「我語未懸口，孩兒早到了。道有請。」

《謝天香》一【金盞兒】白：「老夫語未絕口，不想賢弟果然至此。」

吊掛曰懸。懸口，掛在嘴上，意謂話剛出口、離開嘴邊。「語未懸口」，猶云「話還沒有說完」。一作絕口，義同。

選甚

選甚麼

《董西廂》卷一【仙呂調·賞花時】：「德行文章沒包彈，綽有賦名詩價。選甚嘲風詠月，擘阮分茶？」

同書同卷【越調·雪裏梅】：「選甚士農工商，一地裏鬧鬧攘攘。」

《樂府群玉》卷一劉時中小令【折桂令·張肖齋總管席間】：「莫孤負田家瓦盆，且流連茅舍窪尊，選甚清渾？論甚朝昏？」

《太平樂府》卷八朱庭玉散套【梁州第七·妓門庭】：「選甚新勤舊怪，不侵犯廁回避。」

同書同人同套：「選甚麼時樣宮粧，豈止道鉛華首飾。」

選甚，猶云論甚、挑甚，亦即不論甚麼、不挑甚麼之意。周邦彥【留客住】詞：「選甚連宵徹晝，再三留住。」辛棄疾【西江月】詞：「白鷗來往本無心，選甚風波一任！」韓淲【霜天曉角】詞：「選甚蠅營狗苟，皆現定，有何錯？」楊萬里《閶門登溪船》詩：「選甚天時晴未晴，舟行終是勝山行。」皆其例。選甚麼，義同。

選場

《玉鏡臺》一【油葫蘆】：「一年年守選場，早熬的蕭蕭白髮滿頭霜。」

《謝天香》楔、白：「小生想來，今年春榜動，選場開，誤了一日，又等三年。」

《陳母教子》楔、白：「見今『春榜動，選場開』，著大哥求官應舉去。」

《薦福碑》三【石榴花】：「小生可便等三年一度選場開，守村院看書齋。」

《留鞋記》楔、白：「今年『春榜動，選場開』，奉父母嚴命，特來上朝取應。」

選場，舊謂考試士人的場所，即考場。《京本通俗小說·西山一窟鬼》：「等等後三年『春榜動，選場開』，再去求取功名。」《清平山堂話本·夔關姚卞弔諸葛》：「次年『春榜動，選場開』，晁堯臣備鞍馬衣裝，使二僕從送姚卞赴京應舉。」皆其例。《陳母教子》劇楔子中又說：「每三年要開放一遭舉場。」舉場即選場。

楥（xuàn）

揎頭

《降桑椹》二【商調集賢賓】白：「存的性命活，也是棺材楥。」

《太平樂府》卷九高安道散套【哨遍·皮匠說親】：「幾曾煨膠鍋借揎頭，數遍粘主根買樺皮。」

楥，製鞋的工具，是按照足形削木而成的鞋撐子；它的用處是為做鞋時把它填進去，以求合于足式，俗稱鞋楥子或楥頭，今製鞋時仍用之。《玉篇》：

「鞎，履鞎也。」《說文》：「楥，履法也，俗作楦。」《說文通訓定聲‧乾部》：「楥，字亦作楦，蘇俗謂之楦頭，削木如履，置履中，使履成如式，平直不皺。」唐‧張鷟《朝野僉載》：「唐楊炯每呼朝士爲麒麟楥。曰：今弄假麒麟者，必修飾其形，覆之驢背，及去皮，還是驢。」明‧徐渭《雌木蘭》一折：「幾年價纔收拾得鳳頭尖，急忙的改抹做航兒泛，怎生就湊得滿幫兒鞎？」清‧孔尚任《桃花扇‧題畫》：「活冤業現擺著麒麟楦。」清‧西周生《醒世姻緣》第三十六回：「再不想自己七老八十的個楦材楦子。」皆其例。所謂楦材楦、麟麒楦，均借喻，貶詞。

按：鞎、楥、楦，音義同；揎（xuān 宣），音近借用。

鏇鍋兒

　　《燕青博魚》二、白：「自家是這同樂院前賣酒的，我燒的這鏇鍋兒
　　　熱，看有甚麼人來。」

　　《李逵負荊》一、白：「今日燒的鏇鍋兒熱著，看有甚麼人來。」

　　《東堂老》一、白：「今日燒得這鏇鍋兒熱了，看有甚麼人來。」

　　鏇（xuàn）鍋兒，溫酒之器，俗稱吹筒。元‧戴侗《六書故》：「鏇，溫器也，旋之湯中以溫酒與洎者也。」按：「洎」音計，潤也。或作鏇子，如《水滸》第四回：「那漢子手裏拿著一個鏇子」。又簡作旋，如《水滸》第二十八回：「武松來看時，一大旋酒，一盤肉。」

靴後根

　　《伍員吹簫》一、白：「自家非別，乃是費無忌的靴後根。〔卒子問
　　　科云：〕甚麼靴後根？〔費得雄云：〕可是長子哩。」

　　靴後根，隱語，即長子（大兒子），諧長（zhǎng）的音。

趓刮

　　《青衫淚》四【石榴花】：「老虔婆意中只待頻趓刮，先賠了四觥酒、
　　　十餅香茶。」

　　趓刮（xuè guā），一本作「趓瓜」，意謂設計勒索。《元曲選》音釋：「趓，徐靴切；刮音寡。」徐嘉瑞（《金元戲曲方言考》）則謂「趓音叉」，不詳所本。

按：元曲選本「搜刮」之「搜」誤爲「搜」，此字不見字書，今查古名家本、顧曲齋本、柳枝集本俱作「撩」，因據改。徐嘉瑞先生仍寫作「撩」，失之。

學

孝

《劉知遠諸宮調》十一【般涉調·麻婆子】：「有多少蹺蹊事，不忍對你學。」

《董西廂》卷六【越調·鬪鵪鶉】：「若到帝里，帝里酒釅花穠，萬般景媚，休取次便學連理。」

《謝天香》三【滾繡毬】：「你道是無過失，學恁的？」

元刊本《魔合羅》二【這剌古】：「身軀（軀）被病執縛，難走難迯（逃）；咽喉被藥把捉，難訴難孝（學）。」

《盛世新聲》辰集張鳴善散套【粉蝶兒·思情】：「雖不學雙生是對手，也合與蘇氏同班。」

同書【雙調新水令·彩雲聲斷紫鸞簫】：「相思滿腹對誰學？」

《詞林摘艷》卷九無名氏散套【醉花陰·春困書齋睡魂擾】：「心間事對誰學，似這般無打算凄涼何日了？」

學，舊讀 xiáo，猶說；有轉述之意。唐·陸龜蒙《背蓬》詩：「見說萬山潭，漁童盡能學。」盡能學，皆能說也。宋·張至龍《白沙驛》詩：「枕邊學夢人方悟。」學夢，即說夢也。宋·沈端節【醉落魄】詞：「紅嬌翠弱，春寒睡起慵勻掠，些兒心事誰能學？」誰能學，誰能說也。明·無名氏雜劇《南牢記》二折：「這苦向誰行申告，今日箇一椿椿對你學。」對你學，對你說也。另一特殊用法，謂「比較」之「比」，如「盛世新聲」【南呂一枝花·輕盈壓翠鸞】：「柳枝兒怎比纖腰，花朵兒難學玉容，月牙兒剛比鞋弓。」「學」與上下文「比」字互文爲義。

孝，古時學的簡體字。

學不學

《破窰記》三【醉春風】：「恨不恨買臣妻，學不學卓氏女。」

學不學，即學，加不字，是以反語加重語氣；與連不連、緊不緊等構詞法相同。

血食（xuè shí）

《周公攝政》一【那吒令】：「金聲鳴清廟鐘，玉振響明堂磬，血食列俎豆犧牲。」

《劉弘嫁婢》三【鬼三臺】白：「小聖生前正直無私曲，死後復承上帝宣，典祀城隍西蜀郡，血食香火至心虔。」

《張協狀元》十六【剔銀燈】：「吾血食一方卻最靈。」

古代禮俗，把人們祭祀鬼神的三牲（殺死的牛、羊、豕），叫做「血食」。《左傳》莊公六年：「抑社稷實不血食，而君焉取餘？」《國語・吳語》：「殘我社稷宗廟，以爲平原，弗使血食。」《史記・封禪書》：「周興而邑邰，立后稷之祠，至今血食天下。」注：「正義曰：顏師古云：祭有牲牢，故言血食遍於天下。」宋・吳自牧《夢粱錄》卷一「八日祠山聖誕」條：「自梁至宋，血食已一千三百年矣。」

血，今語讀「寫（xiě）」。

血衚衕

《單刀會》三【上小樓】白：「你孩兒到那江東，旱路裏擺著馬軍，水路裏擺著戰舡，直殺一簡血衚衕。」

《小尉遲》一【遊四門】：「你便有那銀山銀壁數十重，殺的你人似血衚衕。」

《元曲選》音釋：「衚音胡，衕音同。」血衚衕，血巷子也；極言殺人之多，猶言血路。《三國志平話》作「血湖洞」，義同。此語現在仍通行，北方話稱小巷子爲胡同。

血糊淋剌

血胡淋剌　血忽淋剌

《青衫淚》四【上小樓】：「待席罷敲他一下，倒喧的俺老虔婆血糊淋剌。」

《馮玉蘭》三【醋葫蘆】：「總共六個屍首，那頭都不在頸上，血糊淋剌的將船板染的一片紅。」

《勘頭巾》二、白：「把王小二只管打，打的王小二渾身血胡淋剌的。」

同據三【掛金索】白：「打的那王小二渾身上下血胡淋剌的。」

《爭報恩》二【幺篇】：「他他他打的來如砍瓜，似劈柴，棒子著處血忽淋剌，肉綻皮開。」

血糊淋剌，或作血糊淋剌、血忽淋剌，狀血肉模糊之詞。

薰蕕

《舉案齊眉》一【油葫蘆】：「常言道：賢者自賢，愚者自愚，就似那薰蕕般各別難同處，怎比你有眼卻無珠？」

薰謂香草，蕕（yóu）謂臭草。《左傳》僖公四年：「一薰一蕕，十年尚猶有臭。」杜預注：薰，香草；蕕，臭草。十年有臭，言善易消，惡難除。《孔子家語・觀思》：「薰蕕不同器而藏，堯桀不共國而治，以其類異也。」《世說新語・方正》：「太尉對曰：『培塿無松柏，薰蕕不同器。』」梁・沈約《彈奏王源》：「薰蕕不雜，聞之前典。」皆謂香草和臭草不可放在一起，以喻好的壞的，不能共處。

薰豁

《獨角牛》一【尾聲】：「哎！你箇折拆驢的叔叔免憂，你則是滿口裏薰豁獨角牛，則今番我直著抹了那廝芒頭。」

薰豁，或作虛花，誇大無實之詞，意同「薰赫」，如唐・張九齡《南陽道中作》詩云：「與世嘗薰赫」，即謂常與世人誇大也。明人雜劇作「虛花」，如：《流星馬》三【拙魯速】：「負心賊再敢麼？你可便本意是真假，不索你虛花。」《僧尼共犯》一【那吒令】：「頂老兒一樣光，刀麻兒一般大，故廝混一迷裡虛花。」

巡軍

《合汗衫》二【青山口】：「我則見連天的大廈、大廈、聲剌剌，被巡軍橫拽塌。」

《殺狗勸夫》二、白：「如今起更一會了，巡軍這早晚敢出來也。」

《盆兒鬼》三【黃薔薇】：「又無一個巡軍捷譏，著誰來共咱應對？」

《謝金吾》三：「〔巡軍上，云：〕是什麼人？拏住！」

　　巡軍，即往來巡邏、維持治安的軍卒。宋・無名氏《李師師外傳》云：「於是羽林巡軍等，布列至鎮安坊止，而行人爲之屏迹矣。」按「羽林巡軍」爲皇帝禁衛軍的專稱。宋代不設羽林軍，這裏只是泛指禁衛軍。據話本《簡貼和尙》，「巡軍」又稱做「所由」、「連手」。如云：「叫將四個人來，是本地方所由，如今叫做連手，又叫做巡軍。」（按：「所由」，舊指地保一類的人。）到清代仍有巡軍之稱，如《長生殿・刺逆》：「只見刁斗暗中敲，巡軍過御橋。」

巡院

迯院

《合汗衫》二【耍三臺】：「則聽得巡院家高聲的叫吖吖，叫道將那爲頭兒失火的拏下。」

《太平樂府》卷九杜善夫散套【耍孩兒・喻情】：「鏡臺前照面你是你，警巡院倒了牆賊見賊。」

《詞林摘艷》卷一劉庭信小令【寨兒令・戒漂蕩】：「警迯院倒了牆賊見賊，各辦心機，各使虛脾。」

　　巡院，是負責訴訟、捕盜、防火的衙門。宋代在開封，設有軍巡院，元初有警巡院。《元史・百官志、六》：「警巡院，秩正六品。達魯花赤一員，警巡使一員，副使二員，判官二員，司吏八人。」宋・高承《事物紀原》卷六「軍巡」條：「《五代會要》：梁開平三年十月，置左右軍巡使，各置巡院。」據此知宋、元以來的巡院蓋沿於此。

　　巡，一作迯，同音異體。

巡綽

巡綽

《王粲登樓》二、白：「有兩員上將，操練水兵三萬，乃是蒯越、蔡瑁，巡綽邊境去了。」

《留鞋記》三、白：「小僧當夜在寺中巡綽燈火，到觀音殿內，見個
秀才睡在地下。」

《馮玉蘭》二【滾繡毬】詩云：「往來巡綽大江中，舉棹張帆只看風。」

《三戰呂布》三【滿庭芳】：「張飛來往巡綽，拏住箇奸細。」

巡綽，巡查、警備之意。宋·歐陽修《論麟州事宜箚子》：「逐寨不過三
五十騎巡綽伏路，其餘坐無所爲。」《三國志平話》卷上：「關公巡綽侯成，
得其馬。」《水滸》第四十一回：「李俊、張順只在江面上往來巡綽，等候策
應。」明·馮北海雜劇《不伏老》一折：「也有那巡綽監門官。」皆其例。
或作尋綽，如《醒世恒言·大樹坡義虎送親》：「卻說杜公那日黑早便率領莊
客，遶山尋綽了一遍，不見動靜。」明·楊愼《丹鉛錄》則云：「巡綽字非，
當作巡逴，樂府伏知道【五更轉】：『一更刁斗鳴，校尉逴連城』，正是巡警
之義。」按巡綽、尋綽、巡逴，音義並同。

亦有引申作攔路打劫意者，如《醒世恒言·盧太學詩酒傲王侯》：「在衞
河中巡綽，得來大碗酒、大塊肉，好不痛快！」

巡，一作巡，同音異體。

巡鋪

《兒女團圓》二、白：「白日裏在這四村上下叫化，我到晚來在巡鋪
裏歇息。」

《鴛鴦被》二、白：「那廝必定是賊，拿到巡鋪裏弔起來，天明送到
官司中去請賞。」

同劇同折【黃鍾尾】白：「我走到半路，被那巡更的歹弟子孩兒，
把我攔住，道我是犯夜的，拏我巡鋪裏去，整整弔了一夜。」

《殺狗勸夫》二【四煞】：「巡鋪裏把哥哥高弔起，凍的你剛存這一
口兒氣。」

巡鋪，巡邏人員住的哨所。也稱軍巡鋪。宋·孟元老《東京夢華錄》卷
三「防火」條：「每坊巷三百步許，有軍巡鋪屋一所，鋪兵五人，夜間巡警，
收領公事。」宋·吳自牧《夢梁錄》卷十「防隅巡警」條：「官府坊巷，近
二百餘步，置一軍巡鋪，以兵卒三、五人爲一鋪，遇夜巡警地方盜賊煙火，
或有鬧炒不律公事投鋪，即與經廂察覺，解州陳訟。更有火下地分，遇夜在

官舍第宅名望之家伏路，以防盜賊。」巡捕之稱，已見于五代。五代・王定保《唐摭言》卷十二「輕佻」條：「賈島不善程式，每自疊一幅，巡捕告人曰：『原夫之輩，乞一聯！乞一聯！』」但此巡捕是專指警衛人員，與上意稍別。

迅指

巡指　筍指

《任風子》三【醉春風】：「識破這眨眼流光，迅指急景，轉頭浮世。」

《百花亭》三、白：「纔離瓦市，恰出茶房，迅指轉入翠紅鄉。」

《太平樂府》卷五查德卿小令【醉太平・春情】「好春能有幾多時？韶華迅指。」

《陽春白雪》後集二不忽麻平章散套【點絳唇・辭朝】：「你看這迅指間，烏飛兔走。」

《度柳翠》一【油葫蘆】：「巡指間春又秋，斬眼間晨又昏。」

《金鳳釵》一【天下樂】：「覷功名筍指般休，看榮華眨眼般急。」

迅指，極言時光之速；猶言彈指。例中「迅指」多與「眨眼」、「轉頭」互文，或與「幾多時」反襯見義，可證。迅，或作巡、筍，音近假借。明・朱有燉《神仙會》二【歸塞北・前腔】：「迅指秋深，眞箇人生惜寸陰。」

迅腳

迅步

《鼓盆歌莊子歎骷髏》【那吒令】：「閑來時迅腳，步崎嶇野橋。」

同劇【後庭花】：「怎如俺步煙霞閑迅腳，攜琴書過野橋。……」

《詞林摘艷》卷四無名氏散套【點絳唇・散袒逍遙】：「閑來時迅腳，步崎嘔（嶇）野橋。」

同書卷三蘭楚芳散套【粉蝶兒・如月如花】：「迅步到海棠軒，閑行至荼蘼架。」

《竹塢聽琴》二【石榴花】：「都乘著這寶馬，迅步行踏。」

迅，當作信；信者，聽任也。白居易《長恨歌》：「東望都門信馬歸。」迅腳、迅步，均爲信步之意，即漫無目標地任意而行也。信步一詞，今仍習用之。

鴉兵

《哭存孝》二、白：「三千鴉兵爲先鋒，逢山開道，遇水疊橋。」

《存孝打虎》楔、白：「他手下有五百義兒家將，十萬鴉兵，戰將千員。」

鴉兵，謂神出鬼沒、來去無跡之兵。宋‧彭大雅、徐霆《黑韃事略》云：「其馳突也，或遠或近，或多或少，或聚或散，或出或沒，來如天墜，去如電逝，謂之鴉兵撒星陣。」近似今日的游擊隊。

鴉青鈔

鴨青鈔　鴉青料鈔　鴉青　料鈔

《詞林摘艷》卷一劉庭信小令【醉太平‧走蘇卿】：「老卜兒接了鴉青鈔。」

《雍熙樂府》卷二十小令【水仙子帶過折桂令‧盼妓梁錦堂】：「劣厥丁使不透鴉青鈔。」

同書卷十七、無名氏小令【朝天子‧志感】：「智和能都不及鴨青鈔。」

《殺狗勸夫》二【三煞】：「你懷揣著鴉青料鈔尋相識。」

同書卷八無名氏散套【南呂一枝花‧盼望】：「折末你到（倒）貼鴉青全放賒，也索離別。」

《劉弘嫁婢》一【油葫蘆】：「巴的到那贖時節，要那料鈔教他贖將去。」

料鈔，紙幣名；鴉青鈔、鴉青料鈔，或簡稱鴉青、料鈔，均謂以鴉青色紙料所製之鈔也。《元史‧食貨志五》：「鈔法自世祖時已行之後，除撥支料本、倒易昏鈔以布天下外，有合支名目，於寶鈔總庫料鈔轉撥。」又。《食貨志一》云：「元初倣唐、宋、金之法，有行用鈔，其制無文籍可考。」可見元代正史未涉及料鈔的顏色，並明確說「其制無文籍可考」。但據明‧孫鳳《孫氏書畫鈔》說：「黃山谷書，因用黏綴心鴉青紙莊嚴之。」則知鴉青色紙，宋已有之。《明史‧食貨志五》：「明年始詔中書省造大明寶鈔，命民間通行。以桑穰爲料，其制方，高一尺，廣六寸，質青色，外爲龍文花欄。」

又《食貨志六》云：「順天府尹以大珠鴉青贖買不如旨。鐫級。」又《雍熙樂府》卷八無名氏散套【南呂一枝花・盼望】：「折末你到（倒）貼鴉青全放賒，也索離別。」均可見其大概。

鴉，一作鴨，同音假借。

壓驚

《西廂記》二本二折【幺篇】：「第一來爲壓驚，第二來因謝承。」

《對玉梳》四、白：「已曾安排下筵席，一者與夫人壓驚，二者慶賀這玉梳。」

《爭報恩》楔、白：「兄弟也，無甚麼與你，這一隻金鳳釵，與你權做壓驚錢，休嫌輕意。」

舊時，人受驚後，用酒食安慰之，叫做壓驚。宋・岳珂《桯史》卷一「南陔脫帽」條：「神宗朝，王襄敏（詔）在京師，會元夕張燈，金吾弛夜，家人皆步出將帷觀焉。幼子（宷）第十三，方能言，珠帽褾服，馮肩以從。……姦人利其服裝，自襄第已竊跡其後。既負而趨，南陔覺負己者之異也，丞納珠帽于懷。適內家車數乘將入東華，南陔過之，攀幰呼焉。中大人悅其韶秀，抱寘之膝。翌早，擁至上閣，以爲宜男之祥。上問以誰氏，竦然對曰：『兒乃詔之幼子也。』具道所以，上顧以占對不凡，且嘆其早惠，曰：『有是子矣。』令暫留，欽聖鞠視；密詔開封捕賊以聞，既獲，盡戮之。乃命載以歸，且以具獄示襄敏，賜壓驚金犀錢果，直鉅萬。」元・陶宗儀《輟耕錄》卷二十三「田夫人」條：「劉公復新爲上都留守時，有令史兀子春者，值公退食，偶與同列據案判事以戲，遂爲仇家發之。公大怒，責問罪狀，枷項示眾。及歸，怒容未霽，其夫人田氏，問公何故不樂。公語其故。夫人曰：『此小節耳，何足怒也？』即令人呼兀至，請公爲脫其枷，且勞以酒，云：『此一盃與汝壓驚，此一盃與汝慶喜。男子大丈夫，何所不至？留守之位，何患不到？』兀感謝而退。」

壓寨夫人

《西廂記》五本三折【天淨沙】：「手橫著霜刃，高叫道要鶯鶯做壓寨夫人。」

《李逵負荊》一、白：「把你這女孩兒與俺宋公明哥哥做壓寨夫人。」

壓寨夫人，舊謂盜魁之妻。《新五代史·唐家人傳》：「莊宗攻梁軍於夾城，得符道昭妻侯氏，寵專諸宮，宮中謂之『夾寨夫人』。」清·翟灝《通俗編》謂近代小說所云「壓寨夫人」，前無所聞，似即「夾寨」之訛。

壓寨或作押寨，如《水滸》第三十二回：「王英道：『哥哥聽稟：王英自來沒個押寨夫人作伴』。」或作扎寨，如《清平山堂話本·楊溫攔路虎傳》：「大王新近奪得一個婦女，乃是客人的老婆，且是生得好，把來做扎寨夫人。」或作札寨，如《警世通言·萬秀娘仇報山亭兒》：「我也不過只要他做個札寨夫人，又且何妨？」按：壓、押、扎、札，俱與「夾」音近，義並同。

壓寨夫人，有時亦簡作「壓塞的」，如《牡丹亭·淮警》：「壓寨的陰謀重。」此處「的」字代指夫人。

牙不

啞不　啞步　牙不約而赤　啞不啞剌步

《射柳捶丸》三、白：「殺將來，牙不，牙不。」

《黑花峪》一、白：「那蔡衙內聽的你唱，問秀才借嫂子，與他遞三鍾酒，叫三聲義男兒，便馬上啞不也。」

《陰山破虜》二【鬼三臺】白：「我敵不過他，逃命啞步，啞步。」

《黑旋風》楔、白：「若見了你呵，跳上馬牙不約而赤便走。」

《降桑椹》一【金盞兒】白：「哥也，俺打剌孫多了，您兄弟莎搭八了，俺牙不約而赤罷。」

《黃花峪》一【南駐雲飛】白：「你問那秀才，借他渾家來，與我遞三杯酒，叫我三聲義勇兒，我便上馬啞不啞剌步就走。」

蒙古語謂走曰牙不。明·權衡《庚申外史》：「辛卯年，……赫斯軍馬，望見紅軍陣大，揚鞭曰：『阿不！阿不！』阿不者，華言走也。」阿不，即牙不。牙不，又譯作啞不、亞卜（見《流星馬》二折）、啞步、耶步（見《牧羊記》）、雅布、牙伯（見《元史語解》卷十四），音近意並同。重言之，則曰「牙不約而赤」、「啞不啞剌步」。明·火源潔《華夷譯語·人事門》謂「行」曰「牙不」，謂「去」曰「約而赤」。《誠齋樂府·桃源景》劇：「他道是打剌蘇兀該啊，約而兀赤。」這裏的「約而兀赤」，亦即「約而赤」。徐嘉瑞竟把「不約

而赤」誤爲「打馬聲」（見《金元戲曲方言考》）。更在同書《補遺》中加上一個注解：「今昆明語爲皮兒赤，形容鞋聲，如『皮兒赤皮兒赤』的走過來」，尤非。

牙牀

牙床

《玉鏡臺》三【中呂粉蝶兒】：「他若是皺著雙眉，我則索牙牀前告他一會。」

《陽春白雪》前集四無名氏小令【紅繡鞋】：「手約開紅羅帳，款擡身擦下牙牀。」

《柳毅傳書》四【太平令】：「我便是龍女三娘，不道我愁容苦相，也伴你牙床錦帳」。

《陽春白雪》前集四張小山小令【滿庭芳】：「牙床上，相思夜長，翠被夢鴛鴦。」

《盛世新聲》【仙呂點絳唇·三月韶光】：「翠袖成行，錦褥牙床。」

牙牀，謂以象牙作裝飾之床，形容豪華。迄後凡講究的牀，都泛稱爲牙牀。白居易《臥德法曲〈霓裳〉》詩：「牙牀角枕睡常遲」。敦煌變文《漢八年楚滅漢興王陵變》：「去牙床如座。」元·薩都剌《題楊妃繡枕》詩：「五色香雲隨指轉，牙床端坐楊太眞。」《清平山堂話本·刎頸鴛鴦會》：「笑吟吟攜手上牙床。」皆其例。牀、床同字異體。

牙推

牙椎　牙槌　牙搥

牙推，即衙推，官名；後訛作牙椎、牙槌、牙搥。宋元時則用以稱呼醫、卜、星、算等術士。

（一）

元刊本《遇上皇》三【堯民歌】：「幾曾見卑田院土地拜鍾馗，判官當聽問牙推？」

此係用本字本義，指官員而言。意謂：既有判官當廳作主，不必再問牙推。因判官職位高于牙推。牙推，即衙推，爲唐代節度使、觀察使或團練使

的僚屬（見《新唐書・百官志四下》）。韓愈《祭鱷魚文》：「潮州刺史韓愈，使軍事衙推秦濟以羊一、豬一，投惡谿之潭水，以與鱷魚食。」此衙推指管軍事的，與一般判文案的衙推略異。

（二）

《劉知遠諸宮調》十一【仙呂調・戀香衾・尾】：「再見貪金捆底歧路，重逢賣假藥底牙推。」

《拜月亭》二【梁州】：「怕不大（待）傾心吐膽，盡筋竭力，把個牙推請；則怕小處盡是打當。」

《秋胡戲妻》二【滾繡毬】：「怕不待要請太醫看脈息，著甚麼做藥錢調治；赤緊的當村裏都是些打當的牙槌。」

《劉弘嫁婢》二【普天樂】：「他背地裏使心機，尋箇打當的牙搥。」

《海神廟王魁負桂英》・【梅花酒】：「呀！今日個在那里，做了個使過的公吏，病病的牙推。」

上舉諸例，「牙推」已變為醫生的代稱。稱醫生為衙推，約始於後唐。宋・孫光憲《北夢瑣言》卷十八：「（後唐）莊宗好俳優，宮中暇日，自負藥囊藥篋，令繼岌破帽相隨，似后父劉叟以醫卜為業也。……自稱劉衙推訪女。」南宋時，已不明其意義所在。陸游《老學庵筆記》卷二：「陳亞詩云：『陳亞今年新及第，滿城人賀李衙推。』李乃亞之舅，為醫者也。今北人謂卜相之士為巡官。巡官，唐、五代郡僚之名；或謂以其巡遊賣術，故有此稱。然北方人市醫皆稱衙推，又不知何謂。」陸氏知巡官乃郡僚之名，而不知衙推，可謂知二五，而不知一十，蓋偶疏於考索之故。此種稱謂，究其原因，大抵由於唐末五代以來，官爵泛濫，以官名相濫稱，成為社會風氣。例如：呼工匠為待詔，呼賣茶人為博士，呼典當鋪主管為朝奉，呼富人為員外，等等，民間極為普遍，皆以官名互稱為榮。稱醫生為衙推，與稱待詔、博士之類正同；今日北方猶稱醫生為大夫，南方農村中稱醫生為郎中，可見其風氣沿習之久。

（三）

《劉知遠諸宮調》一【南呂宮・應天長・尾】：「我女兒曾有牙推算，不久咱門風也改換。」又：「立三翁為媒，便問陰陽牙推揀擇個吉日。」

同書一【商調‧玉抱肚】:「牙推道:此間房舍沒災凶。」

《調風月》三【尾】:「大剛來主人有福牙推勝,不似這調風月媒人背廳。」

　　此數例牙推又成為星卜者的代稱。「衙推」既為醫生代稱,何以又用以稱星卜之流?考其原因,一方面,是由於古代醫巫本屬同源(《說文》:「巫彭初作醫。」又,「醫」可寫為「毉」,從「巫」。《論語‧子路》:「人而無恒,不可以為巫醫。」可見巫之與醫,本同一源。而巫之職業範圍,卜筮、星相等,皆在其內),後世農村中業醫而兼習卜卦、算命、堪輿,或星卜而兼單方治病的,各地均有,二者無嚴格的區分。另一方面,此類稱呼,並無固定標準,既可稱星卜為巡官,又未嘗不可以稱為衙推;巡官採其「遊巡」之義,而「衙推」則取其「推詳」之義,名雖不同,其理則一。且此類詞義常隨時代、習俗、以及被稱者的地位等客觀條件的變化而有所不同。

衙內

《劉知遠諸宮調》十一【仙呂調‧尾】:「恁子母說話整一日,直到了不辨個尊卑,你嬌兒便是劉衙內。」

《董西廂》卷七【雙調‧尾】:「鄭衙內且休胡說,兀的門外張郎來也!」

《望江亭》二,【淨扮楊衙內引張千上。】

《黑旋風》一、白:「我心上只想著那白衙內,和他有些不伶俐的勾當。」

《陳州糶米》楔、詩云:「花花太歲為第一,浪子喪門世無對;聞著名兒腦也疼,則我是有權有勢劉衙內。」

《謝金吾》楔、白:「我做衙內不糊塗,白銀偏對眼珠烏;滿城百姓聞吾怕,則我倚權挾勢謝金吾。」

　　衙內,本是古代掌管禁衛的官職名稱。《新唐書‧儀衛志上》:「凡朝會之仗,三衛番上,分為五仗,號衙內五衛」,是也。唐末、五代藩鎮相沿多以自己的子弟充任這種職務。當時有牙內都指揮使、牙內都虞侯等官稱。如《五侯宴》中李嗣源以養子從珂為北京牙內馬步都指揮使,郭威以養子柴榮為天雄牙內都指揮使。牙,同衙。到了宋元,便習稱官員的子弟為衙內。宋‧

孔平仲《珩璜新論》卷四：「或以衙爲廨舍，早晚聲鼓，謂之衙鼓，報牌謂之衙牌，兒子謂之衙內。」元劇中所寫的衙內，一般是影射當時享有特權的蒙古統治者。

衙院

《魯齋郎》一【混江龍】：「押文書心情似火，寫帖子勾喚如煙，教公吏勾來衙院裏，抵多少笙歌引至畫堂前。」

《哭存孝》二【梁州】：「是、是、是，投至向衙院裏束杖理民，呀、呀、呀，俺可經了些個殺場上惡狠狠捉將擒人。」

衙院，即衙門，猶今云政府機關，是處理民事或刑事的處所。按：衙門，本作牙門。古代營門之稱。《後漢書·袁紹傳》：「遂到（公孫）瓚營，拔其牙門」，是也。其後官署之門上插牙門。再後又訛爲衙門。《南齊書·宋世良傳》：「每日衙門虛寂，無復訴訟者」，是其證。唐·封演《封氏聞見記》卷五「公牙」條：「近俗尚武，是以通呼公府爲公牙，府門爲府衙。字稍訛變轉而爲『衙』也。」

雅相

《凍蘇秦》三【梁州第七】白：「我這正廳上安著二十四交椅，可都是公卿每坐處。你是箇白衣人坐著，外人觀看不雅相。」

《神奴兒》三【迎仙客】白：「請起來，外人看著不雅相。」

雅相，猶今云雅觀，與鄙俗相對而言。湯顯祖《牡丹亭·旁疑》：「正是不雅相。」亦其例。

迓（yà）鼓

呀鼓　迓古

《詞林摘艷》卷五無名氏散套【新水令·鳳城佳節賞元宵】：「一壁廂舞迓鼓，一壁廂跚高橇。」（《盛世新聲》載此曲作「呀鼓」）

同書卷九頁仲明散套【醉花陰·國祚風和太平了】：「則聽的社火鐃鐸，街衢上迓鼓偏聒噪，動地聲高。」

《雍熙樂府》卷九《燈詞》:「一壁廂躍高橇，一壁廂蹈迓古。」

迓鼓，又作呀鼓、迓古、訝（yà）鼓、砑（yà）鼓，是在鄉村迎神賽會時所扮演的雜戲戲名，故又名「村裏亞鵠」。所用的鼓的製造與用法，據《元史・禮樂志二》:「雅鼓二，制如漆筩，鞔以羊革，旁有兩紐，工人持之，築地以節舞。」「雅鼓」，即迓鼓也。它的興起，宋・彭乘《續墨客揮犀》云:「王子醇初平熙河，邊陲寧靜，因教軍士爲訝鼓戲，數年間遂盛行於世。」宋・徐夢莘《三朝北盟會編・政宣上帙》引《宣和乙巳奉使行程錄》，就宋雜劇演出的盛況寫道:「……酒三行，則樂作，鳴鉦擊鼓，百戲出場，有大旗、獅豹、刀牌、砑鼓、踏索、上竿、斗跳、弄瓦、搵簸旗、築毬、角觝、鬬雞、雜劇等，服色鮮明，頗類中朝。」關於「迓鼓」戲的演出，《朱子語類》卷一百三十九云:「如舞訝鼓，其間男子婦人僧道雜色，無所不有，但都是假的。」這種流行在民間的雜藝，由宋元一直傳到近代。

淹的（yān・de）

厭的　厭地　壓的

《救風塵》二【浪裏來煞】白:「賺得那廝寫了休書，引章將的休書來，淹的撇了。」

《楚昭公》一【醉扶歸】:「我只怕你人疲意懶，早淹的過了程期限。」

《張天師》四【梅花酒】:「淹的呵下瑤階，將兩步做一步驀。」

《柳毅傳書》二【紫花兒序】:「忽的呵陰雲伏地，淹的呵洪水滔天，騰的呵烈火飛空。」

《任風子》二〔滾繡毬〕:「我騙土牆騰的跳過來，轉茅簷厭的行過去，退身在背陰深處。」

《馮玉蘭》一【天下樂】:「暈的呵眉黛顰，厭的呵神思昏。」

《詞林摘艷》卷一張鳴善小令【普天樂・詠世】:「見人便厭的拜，忽的羞，吸的笑。」

《紫雲亭》四【梅花酒】:「厭地轉過東牆，攜手兒相將。」

《太平樂府》卷七喬夢符小令【新水令・閨麗】:「忽的回身見咱，嬌小心兒裏怕，厭地回身攏鬢鴉。」

《樂府群珠》卷四失註小令【普天樂・春閨思】：「壓的轉身，嘻的
暗啞，剗的消魂。」

同書同卷、失註小令【普天樂・贈妓】：「見人便壓的拜，忽的羞，
吸的笑。」

淹的，即奄的，忽然之意。元曲中多與「忽的」互文，可證。淹，一作
厭、壓；的，一作地；皆雙聲字，義並同。《秋胡戲妻》三【普天樂】：「我只
怕淹的鼃饑」句中之「淹的」一詞，應作「眈閣」、「淹留」講，與「忽的」
意別。《村樂堂》二【賀新郎】：「俺的把曲檻斜穿。」俺，疑淹之訛。

淹消

消淹

《誶范叔》一【賺煞】：「俺則待麤衣淡飯且淹消。」

《冤家債主》楔【仙呂憶王孫】：「麤衣淡飯且淹消，養性修眞常自
保。」

《金鳳釵》二【堯民歌】：「覓不的麤衣淡飯且淹消。」

《竹葉舟》四【元和令】：「我喫的是千家飯化半瓢，我穿的是百衲
衣化一套，似這等麤衣澹飯且淹消。」

《樂府群珠》卷三汪元亨小令【折桂令・歸隱】：「隨分虀鹽，且自
消淹。」

淹消，一作消淹，意謂生活度日。無名氏《薛苞認母》二【慶元貞】：
「粗衣淡飯且淹消。」明・朱有燉《慶朔堂》四【川撥棹】：「把歲月淹消，
把家業殘凋。」皆其例。唐・釋道世《法苑珠林》卷一百：「我今獨自不能
淹消。」此「淹消」謂消受、享受；意與此有別。

淹通

研通

《張天師》一、白：「辛勤十載，淹通諸史，貫串百家。」

《猿聽經》一【混江龍】：「我將《周易》講誦，《毛詩》、《禮記》貫
胸中，《春秋》討論，《史記》研通。」

深入曰淹，淹通，即深通，博洽通達之謂。南朝宋·劉義慶《世說新語·品藻》：「世目殷中軍（殷浩）思緯淹通，比羊叔子（羊祜）。」梁·劉勰《文心雕龍·體性》：「平子（張衡）淹通，故慮周而藻密。」明·湯顯祖《牡丹亭·驚夢》：「姐姐，你既淹通經史，可作詩以賞此柳枝乎？」明·臧晉叔《元曲選·序二》：「在淹通閎博之士，皆優爲之。」皆其例。

淹，一作研，音近義通。

淹煎

淹漸　憸煎　淹纏　憸纏　厭漸　淹潛　淹尖　淹延

《蕭淑蘭》三【鴛鴦煞】：「病淹煎苦被東風禁，淚連綿惟把春衫滲。」

《盛世新聲》【南呂一枝花·心如明月懸】：「早是我病淹煎，又被閑偢偢。」

《雍熙樂府》卷三散套【端正好·全昧了聖賢心】：「病淹煎話語遲。」

《太平樂府》卷六曾瑞卿散套【蝶戀花·閨怨】：「淹漸病晝夜家廝纏繳。」

同書卷七曾瑞卿散套【鬥鵪鶉·風情】：「休再情添，淹漸病染。」

《樂府群珠》卷三張小山小令【折桂令·春情】：「曉鶯啼酒病淹漸。」

同書卷一失註小令【快活三帶過朝天子·題情】：「憸煎病怎奈何？」

《降桑椹》二【南青歌兒】：「他病痛苦淹纏，良方治不痊。」

《詞林摘艷》卷七季愛山散套【集賢賓·牡丹亭日長簾半捲】：「則被這鬼病憸纏。」

同書卷二陳大聲散套【商調一封書·驚一葉墜井】：「強支持厭漸病。」

《三奪槊》二【牧羊關】：「這些淹潛病，都是俺業上遭。」

《陽春白雪》後集二無名氏散套【賞花時】：「覷了這淹尖病體，比東陽無異。」

《董西廂》卷八【越調·渤海令】：「不幸染塵埃，風散難醫治，淹延近一歲。」

淹煎，謂深沉、熬煎、纏繳。淹，《爾雅・釋詁》「久也。」《左傳》襄公二十六年：「君淹恤在外。」注亦訓淹為久。煎，《說文》：「熬也。」揚雄《方言》卷七：「凡有汁而乾謂之煎。」故淹煎一詞，意謂久病熬煎，猶如帶汁的東西被熬乾一樣，比喻長期患病的痛苦情狀。淹，一作厭、懨；煎，一作漸、潛、纏、尖、延，音近義並同。

淹漸，重言之則曰淹淹漸漸，如《梨園樂府》中、無名氏小令【滿庭芳】：「淹淹漸漸病染，都只為俺娘嚴。」或又作懨尖，如明・朱有燉雜劇《小桃紅》一【油葫蘆】：「想的你懨懨尖尖的病。」此亦重言之例。重言的作用，在於加強語氣。

淹閣

《金線池》二、白：「你道我為何不去，還在濟南府淹閣？……只為杜蕊娘他把俺赤心相待。」

滯留曰淹。《廣韻》：「淹，滯也。」《集韻》：「淹，留也。」《爾雅・釋詁》：「淹，久也。」閣，謂停輟也。《三國志・魏志・王粲傳注》：「至於朝庭奏議，皆閣筆不能措手。」閣，俗作擱。故淹閣，即長期停溜、擱擱的意思。

淹潤

《調風月》一【那吒令】：「使的人無淹潤，百般支分。」

《三奪槊》三【駐馬聽】：「剗地信別人閒議論，將俺胡羅惹沒淹潤。」

《風光好》三【滾繡毬】：「他每用文章也道的來淹潤，則著兩句詩說盡精神。」

《羅李郎》四【梅花酒】：「這哥哥恁地狠，沒些兒淹潤。」

《紅梨花》三【上小樓】：「那小姐怕不有千般兒淹潤。」

《金安壽》二【感皇恩】：「你覷花枝般淹潤妖嬈，我更筍條般風流年少。」

《百花亭》一【一半兒】白：「你看他這等俊消身材，又好個淹潤性格。」

《碧桃花》一【賺煞尾】白：「看了他千般淹潤，萬種情標，知他是
　　睡裏也？是夢裏也？」

　　淹潤，謂溫存、腼腆、和氣、寬宏。沒淹潤，就是不寬宏、不和氣，如
一、二、四例。用來形容婦女的外表或內心則是嫵媚、溫柔之意，如五、六、
八各例。有時也形容文章的風格，如例三。《雍熙樂府》卷十九【小桃紅‧
西廂百詠四】：「淹淹潤潤走將來，舉止眞堪愛。」重言之，是爲加重語氣。
《太平御覽》卷四零七引《吳錄》云：「張溫字惠恕，英才璉偉，遂以禮躬
延見，召對，詞雅淹潤。」《長生殿‧褉游》：「粧扮新，添淹潤。」皆其例。

煙花

烟花

《魯齊郎》一【混江龍】：「經旬間不想到家來，破工夫則在那娼樓
　　串，則圖些煙花受用，風月留連。」

《雲窗夢》二【醉太平】白：「孩兒，你命在煙花中」

《紅梨花》四【收江南】白：「我怕你迷戀烟花，墮了你進取之志。」

《還牢末》一【混江龍】：「都則爲一二載烟花新眷愛，送了俺二十
　　年兒女舊夫妻。」

　　煙花，含意不一：李白《黃鶴樓送孟浩然之廣陵》：「煙花三月下揚州」，
是形容自然風光的；杜甫《清明》：「秦城樓閣煙花裏」，是形容都市繁華的；
黃滔《閨怨》：「塞上無煙花，寧思妾顏色」，是用來比喻妓女的。煙花，常用
爲妓女的代稱，上舉元曲各例皆是也。戲文《小孫屠》：「此身不幸墮煙花。」
又云：「墮落煙花怎由己？」傳奇《桃花扇‧訪翠》：「結羅綺，煙花雁行。」
亦其例。煙、烟同字異體。

岩岩

嵒嵒　巖巖　憪憪　厭厭　厓厓　崖崖　捱捱

　　岩岩，一作岩岩、巖巖、憪憪、厭厭、厓厓、崖崖、捱捱，用爲削瘦或
情緒不佳的副詞，釋例如下：

（一）

《梧桐雨》四【么篇】：「瘦岩岩不避群臣笑。」

《漢宮秋》一【天下樂】：「卿家你覷咱，則他那瘦岩岩影兒可喜殺。」

《西廂記》三本四折【調笑令】：「尸骨嵓嵓鬼病侵。」

《降桑椹》二【逍遙樂】：「俺母親骨嵓嵓身軀老耄。」

《雲窗夢》三〔醉春風〕：「按不住情脈脈喟然聲，又添箇骨巖巖清瘦影。」

《符金錠》二〔牧羊關〕：「見兄弟面色兒懨懨瘦。」

《陽春白雪》後集三無名氏散套〔一枝花〕：「瘦厭厭影兒孤。」

同劇四【得勝令】：「恰便似一個印盒兒脫將來，因春瘦骨厓厓。」

《趙禮讓肥》二【滾繡毬】：「我這裏骨崖崖欲行還倒。」

《千里獨行》二【梁州】：「我、我、我，折倒的骨捱捱身似柴蓬。」

岩岩（yán），或作嵓嵓（yán）、巖巖（yán）、懨懨（yān）、厭厭、厓厓（yá）、崖崖（yá）、捱捱（ái），都是形容身體削瘦的副詞。岩、嵓、巖，同字異體；厓、崖，同字異體；「厭」為「懨」之省體；「捱」與其它各字亦音近義同。

（二）

《拜月亭》三【笑和尚】：「悶懨懨怎捱他如年夜。」

《詞林摘艷》卷六劉庭信散套【端正好・香塵暗翠幃屏】：「悶厭厭畫閣蘭堂。」

此懨懨、厭厭，狀情緒不佳貌。晉・陶潛《和郭主簿》詩：「檢素不獲展，厭厭竟良月」，義同。或作淹淹，如《太平樂府》卷五程景初小令【醉太平】：「悶淹淹散心出戶閑凝竚。」

閻浮

《薦福碑》三【滿庭芳】：「粉碎了閻浮世界。」

《張天師》四【折桂令】：「俺本是廣寒宮冰魂素魄，怎比那閻浮世燭骨凡胎？」

《西遊記》五本十九齣【滾繡毬】：「這扇子六丁神巧鑄成，五道神細打磨，閻浮間竝無二箇。」

《猿聽經》一【尾聲】：「回首白雲千道沖，不必比俺閻浮世界中。」

閻浮，《雍熙樂府》卷二作「南浮」，明・無名氏雜劇《三化邯鄲》二折作「南閻」，都是梵語「南閻浮提」的簡稱，意爲人間世界。據佛典說：須彌山四方鹹海中，有四大洲，稱做四大部洲。其二曰南瞻部洲，舊云「南閻浮提」（見《俱舍論光記》）。《清涼古傳》卷下云：「西方傳記，南閻浮提有聖人恒止住處凡二十九所。」舊題東方朔《十洲記》謂：「此乃閻浮國，將有好道之君矣。」

嚴假

《後庭花》三【太平令】：「赤緊的我領得三朝嚴假。」

《魔合羅》四【紅繡鞋】：「我領了嚴假限，一朝兩日。」

《樂府群珠》卷一小令【四換頭・牽情】：「違咱嚴假，落盡江梅不
　　到家。」

嚴，有整飭、莊嚴、嚴肅等義，故有嚴裝、嚴飾、嚴駕等詞。嚴假，即按制度規定的假期，要求嚴格遵守，否則處罰，謂之嚴假。《警世通言・崔衙內白鷂招親》：「請一日嚴假，欲出野外遊獵」，亦其例。

嚴凝

《張天師》三、詩云：「三冬寒氣最嚴凝，曾伴如來大道成。」

《曲江池》三【十二月】：「頭直上冷氣嚴凝。」

《降桑椹》一、白：「時值嚴凝天氣，朔風凜冽，瑞雪紛紛。」

《東堂老》二【三煞】：「怕不道是外面兒溫和，則你那徹底兒嚴凝。」

《梧桐葉》二【煞尾】：「凜冽嚴凝掛冰筋，刮面穿衣怎遮護？」

嚴凝，謂寒凝、嚴寒，極言天氣之冷。《禮記・鄉飲酒義》：「天地嚴凝之氣，始於西南，而盛於西北，此天地之尊嚴氣也。」唐・權德輿《奉和劉侍郎司徒奉詔伐叛書情呈宰相》詩：「震耀悲天討，嚴凝助歲功。」五代・劉崇遠《金華子雜編》卷二：「時方嚴凝而流汗浹洽，重裘皆透。」明・余繼登《典故紀聞》卷七：「北京冬氣嚴凝，群臣早朝奏事，久立不堪。」皆其例。《東堂老》例，喻冷酷無情，是嚴寒的引申義。

鹽梅

塩梅

《伊尹耕莘》四、白：「身近丹墀傳勅命，調和鼎鼐理鹽梅。」

《昇仙夢》二【南紅繡鞋】：「整綱常免差役，調四季用鹽梅。」

《詞林摘艷》卷四丘汝成散套【點絳唇·秦失邦基】：「調鼎鼐理塩梅，播星斗吐虹蜺。」

《書·說命下》：「若作和羹，爾為鹽梅。」注云：「鹽咸梅酸，羹須鹹酸以和之。」按此語是殷高宗命傅說作宰相之詞。鹽味鹹，梅味酸，都是調料所需，比喻傅說是能治理國家的人。後因用作稱美相業之詞。南齊·王融《永明九年策秀才》文：「鹽梅之和，屬有望焉。」唐·沈佺期《和戶部陳尚書參迹樞揆》詩：「鹽梅和鼎食，家聲多所歸。」敦煌變文《降魔變文》：「人稱柱石，德重鹽梅。」

「塩」是「鹽」的省寫。

奄老

腌老

《太平樂府》卷九高安道散套【哨遍·嗓淡行院】：「一個個青布裙緊緊的兜著奄老。」

《慶朔堂》四【雙調新水令】：「腆著箇蔥大小的腌老，尋歹鬪，廝徯落。」

奄老又作腌老，是對人體腹部的俗稱。方諸生本《西廂記》五本三折注云：「北人鄉語，多以『老』作襯字，如眼為睐老，鼻為臭老，牙為柴老，耳為聽老，手為爪老，肚為菴老之類。」菴老即奄老。奄、腌、菴，音形俱近，通用。又菴為庵的異體字，故明人《行院聲嗽》又稱肚為庵老。

眼同

《勘頭巾》三【醋葫蘆】白：「你到瘸劉家菜園裏，曾叫那地主和房鄰眼同一齊取來麼？」

又白：「張千，你不曾叫那地主房鄰眼同去取，又是越牆而過。張千，這頭巾環子，敢是你放在那裏？劉員外敢是你殺了麼？」

眼同，親自會同的意思。湯顯祖《牡丹亭·折寇》：「生員在賊營中，眼同驗過老夫人首級，和春香都殺了。」《古今小說·沈小官一鳥害七命》：「李吉便死了，我四人見在，眼同將一兩二錢銀子，買你的畫眉。」同書又云：「沈昱眼同公人，逕到南山黃家，捉了弟兄兩個，押到府廳。」皆其例。

眼毒

眼尖

《黑旋風》楔：「〔正末：〕這嫂嫂敢不和哥哥是兒女夫妻麼？〔孫孔目云：〕你好眼毒也！你怎麼便認將出來？」

《燕青博魚》二【金盞兒】白：「兄弟，你好眼毒也！你怎生便認的出來？」

《曲江池》二【南呂一枝花】：「眼又尖，手又緊。」

眼毒，一作眼尖，就是眼光敏銳之意：發現得早，看得准。或作眼快，如戲文《小孫屠》：「不是你眼快，險做下來。」義同。

眼挫

眼剉　眼睉　眼搓

《西廂記》一本二折【小梁州】：「胡伶淥老不尋常，偷睛望，眼挫裏抹張郎。」

《太平樂府》卷九無名氏散套【耍孩兒·拘刷行院】：「眼剉間準備鉗肴饌，酪子裏安排搊按酒。」（《雍熙樂府》卷七載此曲作「眼錯」）

《樂府群珠》卷一張小山小令【齊天樂過紅衫兒·元夜書所見】：「紅粧邂逅花前，眼睉秋波轉。」

《元人小令集》盧摯【商調梧葉兒·席間戲作】四之二：「眼搓裏頻頻地覰我。」

眼挫，謂眼角、眉梢。《金錢記》一【後庭花】：「眼梢兒斜抹」，與「眼挫裏抹張郎」，句意正同。又明·張旭《吳騷合編》載毛蓮石【夜行船】套曲：「眉尖上，眼挫側，先留下幾分恩愛。」「眼挫」與「眉尖」對舉，亦可

為證。挫（cuò），或作剉（cuò）、脞（cuó）、搓（cuō），音義並同。湯顯祖《牡丹亭·幽媾》：「若不是認陶潛眼挫的花，敢則是走臨邛道數兒差？」亦其例也。

眼腦（兒）

《董西廂》卷二【雙調·文如錦】：「生得眼腦甌摳，人材猛浪。」

《虎頭牌》一【油葫蘆】：「眼腦又剔抽禿揣的慌。」

《秋胡戲妻》三【十二月】：「眼腦兒涎涎鄧鄧。」

《合汗衫》一【天下樂】白：「呸！那眼腦恰像個賊也似的！」

《貨郎旦》二【殿前歡】白：「這婆娘眼腦不好，敢是他約著的漢子哩！」

《爭報恩》一【上馬嬌】：「我這裏覷了相貌，覷了眼腦，不由我忿氣怎生消？」

眼腦（兒），即眼，猶臉腦即臉。腦字和眼老之老、臉道之道，在元曲的構詞法中，均作語尾，無義。敦煌變文《鷰子賦》：「者賊無賴，眼惱（腦）蠱害，何由可奈（耐）。」宋·沈端節【西江月】詞：「幸自心腸穩審，怎禁眼腦迷奚！」明·孟稱舜《英雄成敗》四【倘秀才】：「饒眼腦蓋著十層鐵甲」，皆其例。宋·釋道原《景德傳燈錄》卷九「希運禪師」條：「且如四祖下牛頭融大師，橫說豎說，猶未知向上關棣子，有此眼腦，方辦得斜正宗黨。」此「眼腦」意為眼光、眼力，是眼睛的引申義。

眼下人

《救風塵》三【黃鍾尾】：「您心中覷個意順，但休了你這眼下人，不要你錢財使半文，早是我走將來自上門。」

眼下，謂眼前、身邊。眼下人，這裏特指妻。脈望館鈔校本《救風塵》三【尾聲】：「您中心覷個意順，休了你門內人。」「門內人」，意同「眼下人」。《紅樓夢》第三十六回：「如今做了跟前人，那襲人該勸的也不敢十分勸了。」這裏的「跟前人」指侍妾。

眼見得

眼見的

《玉鏡臺》一【賺煞尾】：「眼見得人倚綠窗，又則怕燈昏羅帳。」

《合汗衫》三【朝天子】白：「俺如今身上無衣，肚裏無食，眼見的不是凍死，便是餓死也！」

《倩女離魂》三【鬭鵪鶉】：「眼見的千死千休，折倒的半人半鬼。」

《殺狗勸夫》二【滾繡毬】白：「你臥倒在這裏，眼見的和這兩個賊弟子的孩兒一處吃酒來。」

《金錢記》一【油葫蘆】：「誰不知開元宮裏好奢華，眼見的翠盤香冷霓裳罷。」

眼見得，俗語，顯見得之意。得、的音義同。今仍有此語。

揜眼

《風光好》一【天下樂】：「脖項上搭上套頭，皮面上帶上揜眼，怎發付這一千斤鐵磨桿。」

揜眼，謂罩眼。揜，通掩。北方套牲口推磨，恐其偷食麥豆而掩其目，叫做罩眼。《西遊記》第七回：「那大聖雙手侮著眼。」侮眼之侮，通作捂，與揜眼之揜，同義。陸澹安把「揜眼」解作「眼罩」（見《戲曲詞語匯釋》），是。

演撒

《西廂記》一本二折【快活三】：「崔家女艷妝，莫不是演撒你箇老潔郎？」

同劇五本三折【收尾】白：「這妮子擬定都和那酸丁演撒！我明日自上門去，見俺姑娘，則做不知。」

《全元散曲》下王曄小令【水仙子·答】：「從來道水性難拿，從他趄過，由他演撒，終只是箇路柳牆花。」

《元人小令集》周文質【中呂·朝天子】：「柳外風前，花間月下，斷腸人敢道麼？演撒？夢撒？告一句知心話。」

演撒，元時方言；謂勾搭、引誘、調弄、挑逗，特指男女間的情愛。明·閔遇五注《西廂》曰：「演撒，有也。」蓋亦以爲有勾搭之事也。近人吳梅《元劇方言釋略》則曰：「演撒，有也，凡心中擇定之人謂演撒。」

厭飫（yàn yù）

壓噎

《青衫淚》一【醉扶歸】：「俺娘吃不的葷腥教酒肉搋；待覓厭飫的新黃菜，他手裏怎容得這幾個酸寒秀才。」（脈望館鈔校本《青衫淚》作「壓噎」）

《剪髮待賓》三【中呂粉蝶兒】：「秀才每淡飯黃虀，與你箇嚥珍羞大人厭飫。」

《陳州糶米》三：「〔正末云：〕如今在前頭，有的儘你吃，儘你用，我與你那一件厭飫的東西。【張千云：】爺，可是甚麼厭飫的東西？」

厭，同饜；厭飫，即饜飫，飽食、吃膩之意。晉·杜預《春秋左氏傳序》：「厭而飫之，使自趣之。」杜甫《麗人行》詩：「犀箸厭飫久未下，鸞刀縷切空紛綸。」柳宗元《晉問》：「塡溢厭飫，腥膏焉鹵。」皆其例。朱熹《答汪尙書書》：「自平易處講究討論，積慮潛心，優柔厭飫，久而漸有得焉。」此例是講研討學問之事，「厭飫」有玩味、揣摩之意，是本義的引申。一作壓噎，音近借用。《元曲選》音釋：「飫音位。」

魘（yàn）魅

魘昧

《詞林摘艷》卷三呂景儒散套【哨遍·守道窮經度日】：「你莫不是蠱毒魘魅無人救？」

元·無名氏《望思臺》【後庭花】：「那廝用心機，把君王瞞昧，道東宮生歹意，行魘昧，圖反背，逐他在外壁。」

魘魅，一種迷信的毒害人的方式，例如在木人、草人、畫像或塑像上，寫著被害者的年月生辰，用針刺心釘眼，再施以種種咒語邪術。據說這樣，就可以使被害者精神失常，甚至死亡。《警世通言·唐解元出奇玩世》：「至夜半，忽於夢中狂呼，如魘魅之狀」，亦其例。

又有作厭魅者，如：《三國志・蜀志・劉備傳》：「遏絕王命，厭昧皇極。」《資治通鑑・陳紀》：「長城公至德二年，又有厭魅之術。」注：「厭魅，所謂婦人媚道也。」此雖與曲例意別，亦可窺見淵源所自在。

魘，一作厭；魅，一作昧，義並同。

燕喜

《魔合羅》四【滾繡毬】：「你若是到七月七，那其間乞巧的，將你做一家兒燕喜；你可便顯神通，百事依隨。」

燕喜，猶宴喜。《詩・小雅・六月》：「吉甫燕喜。」《詩・魯頌・閟宮》：「魯侯燕喜，令妻壽母。」箋：「燕，燕飲也。」燕，古通「讌」，原謂讌飲而生喜，後來一般便借為喜樂、歡樂之辭。唐・駱賓王《帝京篇》：「陸賈分金將燕喜，陳遵投轄向留賓。」柳宗元《送班孝廉擢第歸省序》：「匜駕省謁，從容燕喜。」宋・周邦彥【花犯】詞：「去年勝賞曾孤倚，冰盤同燕喜。」皆其例。

燄摩天

燄魔天　焰魔天

《魯齋郎》楔、詩云：「推整壺瓶生巧計，拐他妻子忙逃避，總饒趕上燄摩天，教他無處相尋覓。」

《飛刀對箭》楔【幺篇】：「我與你直趕到他這箇燄魔天。」

《敬德不伏老》四【得勝令】：「折麼尼走上焰魔天，今日是你合休日，今年是你該死年。」

《博望燒屯》三、白：「有你走處，有我趕處，饒你走到焰魔天，隨後駕祥雲須趕上。」

佛教說法，欲界有六重天：一為四王天；二為忉利天；三為燄摩天；四為兜率天；五為樂變化天；六為他化自在天。其中燄摩天是第三層，元劇中常借用泛指天，言其高且遠也。燄摩天，又作燄魔天、焰魔天。元本《琵琶記》十六作「焰摩天」。唐・釋道世《法苑珠林》卷五作「炎摩天」，《阿含經》作「夜摩天」。皆同音或雙聲通用。王伯良《曲律》云：「夜摩天語出藏經，今皆訛作燄摩天。」

囀作

《雍熙樂府》卷一湯式散套【醉花陰・離思】：「言談處噀玉噴珠舌上挑，囀作處換氣偷聲使俏巧。」

同書卷十關漢卿散套【南呂一枝花・不伏老】：「我也會圍棋、會蹴踘、會打圍、會插科、會歌舞、會吹彈，會囀作，會吟詩、會雙陸。」

《太平樂府》卷九無名氏散套【耍孩兒・拘刷行院】：「行囀作不轉睛，行交談不住手，顛倒酒淹了他衫袖。」

《盛世新聲》亥集小令【寨兒令】：「撤末添鹽，囀作胡咶。」

囀作，謂歌唱。明・無名氏《行院聲嗽・人事》：「唱：囀作。」明・風月友《金陵六院市語》：「唱曰囀。」明・無名氏《墨娥小錄》卷十四：「唱曲：囀作。」或作諺作，宋・陳元靓《綺談市語・舉動門》：「唱曲：善謳、諺作。」《誠齋樂府・桃源景》楔子【賞花時】：「你道我囀作的吞子忒獻鬥，你道撤末的場中無對手。」亦其例。

釅（yan）

豔 艷 餤

《董西廂》卷六【越調・鬪鵪鶉】：「若到帝里，帝里酒釅花穠，萬般景媚，休取次共別人，便學連理。」

《東坡夢》三【滿庭芳】：「是處裏嬌歌妙舞，酒釅花釀。」

《救孝子》二【三煞】：「則合將豔醋兒潑得來勻勻的潤。」

《詞林摘艷》卷一劉庭信小令【折桂令・憶別】：「想人生最苦離別，恰絕酒艷花濃，又早瓶墜簪折。」

《氣英布》二【烏夜啼】白：「常言道：『頭醋不酸，二醋不餤。』喒還待他個甚的？」

凡形容味道厚、密度濃的液體，均謂之釅，《廣韻》：「釅，魚欠切，酒醋味厚也。」《增韻》：「釅，醲也。」後魏・賈思勰《齊民要術》卷八：「作酢（zuo）法，三七日熟，美釅少澱。」豔、艷、餤並為釅之同音借用字。現代口語中還是這樣用。

央

央及　央告　央浼　央快　殃央　快及　映及

央：一、謂央求、託付；二、謂連累、煩勞；三、謂吵鬧、吵嚷。

（一）

《西廂記》二本楔子、白：「若使央他去，定不肯去；須將言語激著他，他便去。」

《殺狗勸夫》三、白：「你哥哥特來央你，背一背遠處去，等我埋了他罷。」

《鴛鴦被》楔、白：「我今被左司家劾奏，著我赴京聽勘，爭奈缺少盤纏，央劉道姑問劉員外借了十個銀子。」

《西廂記》一本四折【得勝令】白：「央及帶一分齋，追薦父母。」

《倩女離魂》三【紅繡鞋】：「則兀那龜兒卦無定准、枉央及，喜蛛兒難憑信，靈鵲兒不誠實，燈花兒何太喜？」

《救風塵》一〔幺篇〕白：「我便有那該死的罪，我也不來央告你。」

《百花亭》二、白：「我特特央浼你通個信去，與他知道。」

《詞林摘艷》卷一劉廷信小令【塞鴻秋‧悔悟】：「愛錢娘枉把人央快。」

《拜月亭》四〔幺〕白：「咱沒事則管殃及他則末？」

央，謂央求、請求、託付、懇求。明‧方以智《通雅》：「以言託人曰訣，一作映，今俗作央。」北語謂央求曰「央及」。「央」又衍爲殃及、央告、央浼（měi）、央快。戲文《張協狀元》又作「央靠」，如第十一齣云：「早尋思貧女，有時央靠它緝麻苧。」明‧朱權《荊釵記》又倒作「浼央」，如第四十齣【啄木兒】云：「他浼央老妾爲媒氏。」元明間無名氏雜劇《誤失金環》又作「央挽（wǎn）」，如第二折云：「我教你覓金環將他央挽。」按：告、浼，亦央求、託付之意；靠爲告字的訛寫；央浼倒作浼央，意同；殃爲央字的同音假借。有時在央及下綴以煞字，是在程度上進一步的狀詞，例如《謝天香》三【滾繡毬】：「狠張敞央及煞怎畫眉？」央及煞，謂苦苦哀求也。

按：曹唐《小游仙》詩有句云：「無央公主停鸞輿，笑泥嬌妃索玉鞭。」是唐人已有此語矣。

（二）

《漢宮秋》二【鬪蝦蟆】：「恐怕邊關透漏，央及家人奔驟。」

同劇三【得勝令】：「今日央及煞娘娘，怎做的『男兒當自強』！」

《剪髮待賓》一【醉扶歸】：「你如今二十歲也不索可便虛受了一歲者波，你可也央及了我十九年。」

《鴛鴦被》二【小梁州】：「就把姑姑央及煞，可憐我這沒照覷的嬌娃。」

《陽春白雪》後集五劉時中散套〔新水令·代馬訴冤〕：「再不敢鞭駿騎向街頭鬧起，則索扭蠻腰將足下殃及。」

《太平樂府》卷七沙正卿散套【鬪鵪鶉·閨情】：「休！休！快及煞眉兒八字愁。」

《元人小令集》關漢卿小令【梧葉兒·別情】：「這其間映及殺愁眉淚眼。」

央及，這裏謂連累或煩勞，央，應作殃，同音假借。央，或作快、映，都是音近混用。按快有不愉快意，揣曲意亦通。

（三）

《酷寒亭》二【小桃紅】：「莫不是少柴無米苦央及？」

《鐵拐李》三【梅花酒】：「官事又縈羈，衣食又催逼，兒女又央及。」

《北詞廣正譜》十四馬致遠小令【水仙子】：「受了多少閒煩惱，喫了親娘些廝央及。」

央及，意謂吵鬧、吵嚷，疑為嚷唧的借音。

殃人貨

殃人禍　央人貨

《氣英布》一【玉花秋】：「那裏發付這殃人貨，勢到來如之奈何？」

《小張屠》二【鬼三台】：「到來日只少個殃人禍。」

《太平樂府》卷九杜善夫散套【耍孩兒·莊家不識構闌】：「一箇女孩轉了幾遭，不多時引出一夥。中間裏一箇央人貨，裹著枚皂頭巾，頂門上插一管筆，滿臉石灰更著些黑道兒抹。知他待是如何過。渾身上下，則穿領花布直裰。」

殃，凶也，見《說文解字注》。《國語·吳語》：「其民不忍饑亂之殃。」注：「殃，害也。」屈原《離騷》：「豈余身之憚殃兮。」注：「殃，咎也。」蓋皆一義所推演。故殃人貨者，詈辭，即害人的傢伙也，多用於討厭的對象。貨，一作禍；殃，一作央：均同音假借。

羊車

　　《抱粧盒》一【賺煞】：「從今後則想，鳳樓期，休把羊車羨。」

　　同劇三【駐馬聽】：「大剛來一碗飯怎插兩張匙，做妃嬪倒去暗通私，賞宮娥又不敢明宣賜。你道他怎爲此，單則怕鳳樓前引得羊車至。」

　　同劇四【石榴花】：「六宮中多少女嬌姝，他可也每夜盼羊車。」

　　《詞林摘艷》卷五散套【新水令·後宮中推勘女嬌姿】：「他把嬪妃則索暗通私，賞宮娥不敢明宣賜。不知道主甚意兒鳳樓中不敢羊車至。」

　　《太平樂府》卷七曾瑞散套【般涉調哨遍·宮詞】：「天隔羊車，人囚鳳城，好姻緣辜負了今生。」

　　羊車，古時皇帝在宮中乘坐遊幸的小車。《考工記·車人》賈疏：「漢世定張車，未知何所用，但知在宮內所用，故差小爲之，謂之羊車也。」《晉書·胡貴嬪傳》：「武帝掖庭，並寵者眾，帝莫知所適。常乘羊車，恣其所之，至便宴寢。宮人乃取竹葉插戶，以鹽汁洒地，而引帝車。」《金史·輿服志上》亦有羊車的記載。清·朱彝尊【慶春澤】詞：「遊絲不繫羊車至，倩何人，傳語青禽？」

　　這裏所列元曲前四例，是以羊車代指皇帝，是本義的引申。

羊酒

　　《魯齋郎》二【南呂一枝花】：「今日個妻嫁人、夫做媒，自取些奩房斷送陪隨，那裏也羊酒、花紅、段疋。」

　　《東坡夢》一【賺煞】白：「小官舟中，花紅、羊酒都準備將來了。」

　　《桃花女》三【中呂粉蝶兒】：「寫婚書要立官媒，下花紅，送羊酒，都選個良辰吉日。」

《殺狗勸夫》楔、白：「大嫂，兄弟每無錢，那裏得這羊酒來？請他裏面坐。」

舊時男女結親或祝壽、祭祀以及其它喜慶事所餽贈的禮物，有羊有酒，合稱爲羊酒，猶如牛酒。以羊酒相餽贈或賞賜的風俗，早見於古代：《史記‧盧綰傳》：「盧綰者，豐人也，與高祖同里。盧綰親與高祖太上皇相愛，及生男，高祖、盧綰同日生，里中持羊酒賀兩家。」《漢書‧昭帝紀》：「令郡縣常以正月賜羊酒。」《後漢書‧禮儀志上》：「朔前後各二日，皆牽羊酒至社下以祭日。」宋‧邵伯溫《邵氏聞見錄》卷十：「至富公會，送羊酒不出。」宋‧吳自牧《夢梁錄》卷二十「嫁娶」條：「次後擇日則送聘，預令媒氏以鵝酒，重則羊酒，道日方行送聘之禮。」以上皆可證。

這裏所舉元曲各例，前三例是指男女結親的婚禮，例四是指壽禮。

羊羔利

《救風塵》一【寄生草】：「幹家的乾落得淘閑氣，買虛的看取些羊羔利，嫁人的早中了拖刀計。」

羊羔利，是元代統治階級通過放高利貸對人民進行殘酷剝削的一種方式，即借錢與人，滿一年期限，就要加倍償還，利上滾利，就象羊之生羔那樣快，故稱羊羔利。《元史‧太宗紀》：「是歲，以官民貸回鶻金償官者，歲加倍，名羊羔息。」這種重利盤剝情況，在《竇娥冤》、《冤家債主》、《鴛鴦被》等劇中，都有所反映。元‧王磐《中書右丞相史公神道碑》亦云：「兵火之餘，民間生理貧弱，往往從西北賈人借貸，周歲輒出倍息，謂之羊羔利。」元好問《遺山先生文集‧順天萬戶張公勳德第二碑》云：「歲有倍稱之積，如羊出羔，今年而二，明年而四，又明年而八，至十年則而千。」

羊羔酒
羊羔

《存孝打虎》一、白：「渴飲羊羔酒，飢飡鹿脯乾。」

《誶范叔》一【金盞兒】：「俺只見瑞雪舞鵝毛，美酒泛羊羔。」

《降桑椹》一【醉中天】白：「羊羔酒泛歌《金縷》，共享豐年樂事饒。」

同劇同折【尾聲】：「儘今生樂酶酶，飲香醪，滿捧羊羔。」

《樂府群珠》卷四周德清小令【朱履曲・賞雪偶成】：「休說羊羔味偏佳。」

羊羔，美酒名。《事物紺珠》：「羊羔酒出汾州，色白瑩，饒風味。」宋・祝穆等《事文類聚》：「陶穀得黨家姬，冬日取雪水煎茶，謂姬曰：『黨家識此風味否？』姬曰：『彼粗人，安有此？但能銷金帳底，淺斟低唱，飲羊羔美酒耳。』」元・王舉之小令【折桂令・羊羔酒】云：「杜康亡肘後遺方，自墮甘泉，紫府仙漿。味勝醍醐，醸欺琥珀，價重西涼。凝碎玉金杯泛香，點浮酥鳳琖鎔光。錦帳高張，黨氏風流，低唱新腔。」這支曲子，對羊羔酒的名貴可口，可說是描繪得非常細致。宋元戲文輯佚《金鼠銀猫李寶》【尾】：「美酒羊羔勝飲茶。」明・陳璉《歲寒軒賦》：「醉飛殤而飲羊羔。」皆其例。

陽臺

《㑞梅香》二【淨瓶兒】：「他想著書舍裏人蕭索，恰便似陽臺上路迢遙。」

同劇三【金蕉葉】：「陽臺上雲雨渺茫，可做了藍橋水洪波泛漲。」

《倩女離魂》楔【仙呂賞花時】：「俺娘向陽臺上，高築起一堵雨雲牆。」

《城南柳》四【駐馬聽】：「只待學賺神女楚襄王，送的下巫峽，你卻在陽臺上。」

《詞林摘艷》卷一唐以初小令【凌波儂・春遊】：「藍橋驛一步步鬼門關，陽臺路一層層刀劍山。」

陽臺，山名。宋・樂史《太平寰宇記》謂陽臺在今湖北漢川縣南漢水之陽，山形如臺，故名。宋玉在《高唐賦》裏敘述楚襄王在高唐夢見一個神女說：「妾巫山之女，朝爲行雲，暮爲行雨，朝朝暮暮，陽臺之下。」後來就用陽臺比喻男女歡會的地方。

仰剌叉

仰剌擦　養剌叉　仰不剌叉

《魔合羅》二【刮地風】：「靠著時，呀的門開了，滴留撲仰剌叉喫一交。」

《灰闌記》三【出隊子】：「腳稍天騰的喫個仰剌叉。」

《劉行首》二【笑和尚】：「呀、呀、呀，仰剌擦推了我一交。」

《盛世新聲》【黃鍾醉花陰·滿腹陰陰似刀攪】：「哎約！養剌叉放一交。」

《伊尹耕莘》二、白：「把我仰不剌叉跌下馬來。」

仰剌叉，或作仰剌擦、養剌叉、仰不剌叉，意謂仰面跌倒。或作仰剌杈，如元明間無名氏雜劇《東平府》二折：「仰剌杈階前直倘（躺）。」或作仰八叉，如：《金瓶梅》第二十回：「把蔣竹山仰八叉跌了一交。」《儒林外史》第四十一回：「打了一個仰八叉。」今魯東人呼為「仰格楂」或「仰不交子」。北京現在說「仰不交子」。因係口語，故字無定形。

漾 （yàng）
颺

漾：一、謂拋擲；二、謂飄揚之「揚」。一作颺，音義同。

（一）

《董西廂》卷三【中呂調·雙聲疊韻】：「待漾下，又瞻仰；道忘了，是口強，難割捨我兒模樣。」

《青衫淚》三【沉醉東風】：「我為甚將幾陌黃錢漾在水裏？便死呵，也博個團圓到底。」

《金錢記》一【醉中天】：「則見他猛探身漾在車兒下。」

《太平樂府》卷八曾瑞散套【一枝花·買笑】：「一見了漾不下，據猗旎風流俊雅，所為更有誰如他？」

《西廂記》一本二折【哨遍】：「待颺下教人怎颺？赤緊的情沾了肺腑，意惹了肝腸。」

漾，謂拋擲、丟下。引申義為離開，如：戲文《張協狀元》十四：「驀忽地恁說，他便漾出去。」《氣英布》三：「人主制馭梟將之術，如養鷹一般，饑則附人，飽則颺去。」皆其例。

（二）

《謝天香》一【仙呂點絳唇】：「講論詩詞，笑談街市，學難似，風
裏颺絲，一世常如此。」

《西遊記》五本第二十齣、白：「走石颺沙日月昏。」

以上「颺」字，意同飄揚之揚。《漢書‧敘傳》載班固《幽通之賦》云：
「繇凱風而禪蛻兮，雄朔野以颺聲。」應劭注：「颺讀與揚同。」漢樂府《董
嬌饒》：「纖手折其枝，花落何飄颺！」《五子胥變文》：「取火燒之，當風颺作
微塵。」南唐‧李煜【南歌子】詞：「趁拍鸞飛鏡，回身燕颺空。」按：颺為
揚的異體字，亦含飛意。

除以上解釋外，隨文而異。或當「提起」解，如《金線池》一：「今日箇
漾人頭厮撺」，《氣英布》二【梁州第七】則曰：「提人頭厮撺」，語意正同。
或作「溢出」解，如《莊周夢》三：「金杯中漾撒了酒。」或作「狂蕩」解，
如《西廂記》一本二折：「引惹的心漾。」毛西河云：「心漾，心蕩也。」

幺喝

幺呼

《燕青博魚》一、白：「我則在門首幺喝，他裏頭自有人出來。」

《瀟湘雨》二【醉太平】詩云：「不須辦幞頭袍笏，便好去幺喝攛箱。」

《李逵負荊》三【幺篇】白：「你這禿廝，由他自認，你先幺喝一聲
怎麼？」

《昊天塔》三【滾繡毬】：「你為甚的來便幺呼，只那楊令公骨殖兒
有件數，試聽俺從頭兒說與。」

幺喝，一作幺呼，謂高聲喊叫。或作吆喝，如《京本通俗小說‧拗相公》：
「說猶未畢，府中開門吆喝，驚醒轉來。」或作啞喝，如戲文《張協狀元》
四十八：「啞喝聲咽咽嗚嗚，車馬聲蹀蹀躞躞。」或作嘍喝，如《金瓶梅》
第二十二回：「那王八見我嘍喝罵起來，他就即夾著衣裳往外走了。」按幺
喝、幺呼、吆喝、啞喝、嘍喝，音近義並同。現在北京話還是這樣講。宋‧
邵博《聞見後錄》卷三十：「歐陽公曰：蠅可憎矣，尤不堪蚊子自遠嘍喝來
咬人也。」《金史‧儀衞志》又作「邀喝」，如云：「正一品邀喝四人，正二
品邀喝二人。」按「邀」為遮留之意，呵喝令行人止步，故曰邀喝。

么麼

么末

《藍采和》四【七弟兄】：「舊么麼院本我須知，論同場本事我般般會。」

《盛世新聲》【南呂一枝花‧眉麓翠葉稠】：「尚古自強風情不許人倩，腆著臉粧么麼。幾件兒腌臢歹過活，害著些膿科。」

《太平樂府》卷九杜善夫散套【般涉調耍孩兒‧莊家不識勾欄】：「說道前截兒院本《調風月》，背後么末敷演《劉耍和》。」

么麼，一作么末，古有二義：一作微小講，《廣韻》：「么麼，小也。」二指微不足道之人。《鶡冠子‧道端》：「無道之君，任用么麼。」注云：「么，細人，俊雄之反。」但在上列曲例中，「么麼」卻有特殊的意義。一、三兩例，「么麼均是北曲雜劇的別稱。《續錄鬼簿》的作者賈仲明給高文秀的弔詞：「除漢卿一個，將前賢疏駁，比諸公么麼極多」；給王伯成的弔詞：「伯成涿鹿俊豐標，么末文詞善解嘲」；給石君寶的弔詞：「共吳昌齡么末相齊」；給花李郎的弔詞：「樂府辭章性，傳奇么末情」，並可證。例二「么麼」，意為姿態，「粧么麼」，即故作姿態、裝模作樣的意思。

在明清小說中，也有把「么麼」借做「妖魔」的，例如：《今古奇觀‧李汧公窮邸遇俠客》「一隊么麼來世界，數群虎豹入山林。」《石點頭‧侯官縣烈女殲仇》：「幸昆吾劍氣有靈，諒么麼殘魄，無能潛隱。」按：「么」與「妖」，「麼（末）」與「魔」，均同音借用。

么篇

《望江亭》三【聖藥王】：「〔正旦云：〕我也回奉相公一首，詞寄【夜行船】：……『花底雙雙鶯燕語，也勝他鳳隻鸞孤。一霎恩情，片時雲雨，關連著宿緣前註。天保今生為眷屬，但則願似水如魚。冷落江湖，團圓人月，相連著夜行船去。』……〔衙內云：〕酒勾了他。小娘子休唱前篇，則唱么篇。〔做醉料〕〔正旦云：〕冷落江湖，團圓人月，相隨著夜行船去。」

元曲歌唱，按照前一個曲牌，換填詞句，重唱一遍，這個唱詞，叫做么篇，或簡作么。上舉《望江亭》例中後面的「冷落江湖」三句，即屬於「么

篇」。再如《西遊記》四本十三齣【仙呂點絳唇】：「露滴疎杉，霧迷衰柳；星光淺，秋色將三，皓月如懸鑑。」【幺】曲：「薄倖不來，獨倚雕花檻；閑瞻覽，烏鵲投南，驚破偷香膽。」再如《單刀會》三【上小樓】：「你道他兵多將廣，人強馬壯；大丈夫敢勇當先，一人拚命，萬夫難當。」【幺】曲：「你道是先下手強，後下手央。我一隻手摺住寶帶，臂展猿猱，劍掣秋霜。」……等等，不勝列舉。故毛西河注《西廂》云：「幺，後曲也；唐人幺、遍皆疊唱，故後曲名幺。」又，幺篇有換頭與不換頭之別，換頭是幺篇和前篇的前幾句字數不同；上文所舉的《西遊記》和《單刀會》是不換頭的例子，字數基本全同。任訥《曲譜》云：「《南詞敘錄》謂：『北曲凡遇第二篇同調者，皆稱幺篇。幺並非幺字，乃空字之省文。』未免武斷而妄，曲中幺篇、過篇之篇，皆應作徧或遍，源於唐宋大遍之曲也。幺字，疑是袞字之省文，袞亦唐宋大曲之遍名，或換頭或否。《九宮譜》定卷前總論，論換頭，謂篇中或幺或袞，大率即是前腔云云，是其證也。」

幺花十八

《梧桐雨》三【風入松】：「假若是更添箇【幺花十八】，那些兒是敗
國亡家。可知道陳後主遭著殺伐，皆因唱【後庭花】。」

【六幺】曲中的一疊，名【花十八】，故稱【幺花十八】。歐陽修【玉樓春】詞：「貪看【六幺花十八】，明朝車馬各東西。」元・陶宗儀《輟耕錄》卷十五「與妓下火文」條：「芳草渡頭，處處【六幺花十八】。」該曲前後共十八拍，又花四拍，共二十二拍。宋・王灼《碧雞漫志》卷三云：「【六么】，一名【綠腰】，一名【樂世】，一名【錄要】。……《唐史・吐蕃傳》云：『奏【涼州】、【胡渭】、【錄要】雜曲。』……此曲內一疊名【花十八】，前後十八拍，又四花拍，共二十二拍。樂家者流所謂『花拍』，蓋非其正也。曲節抑揚可喜，舞亦隨之，而舞築球【六么】，至【花十八】，益奇。」清・俞樾《茶香室叢鈔》：「永叔詩不曰聽而曰看，其為舞曲無疑。范石湖詩：『新樣築毬【花十八】，丁寧小玉謾吹簫。』築毬之舞亦以此為節也。後人如朱竹垞詞：『月斜聽到歌聲滑，【六幺花十八】。』袁枚詩：『今夕儘歌【花十八】。』言歌不言舞，蓋宋人猶親見此舞，後人則不復知之矣。」

腰裙

裙腰（兒）

《調風月》一【尾】：「休交（教）我逐宵價握雨攜雲過今春。先交我不繫腰裙，便是半簸箕頭錢撲箇復純，交人道眼裏有珍，你可休言而無信！」

同劇二【尾】：「本待要皂腰裙，剛待要藍包髻，則這的折桂攀高落得的。」

同劇同折【滿庭芳】：「裙腰兒空閑裏偷提。」

《詞林摘艷》卷五散套【新水令‧鳳臺人去憶簫聲】：「則我這瘦損的形容，又被這摟帶兒趲，裙腰兒剩。」

《董西廂》卷五【大石調‧玉翼蟬】：「手摸著裙腰兒做勢煞。」

腰裙，一作裙腰，古時婦女繫的半邊裙子。「兒」為名詞語尾，無義。白居易《杭州春望》詩：「草綠裙腰一道斜。」五代‧毛熙震【浣溪沙】詞之三：「玉纖時急繡裙腰，春心牽惹轉無聊。」明‧湯顯祖《紫釵記‧妝臺巧絮》：「裙腰沾蟢子，暗地心頭喜。」皆其例。

腰截

腰節

《望江亭》三【調笑令】：「則你那金牌勢劍身傍列，見官人遠離一射，索用甚從人攔當者，俺只待拖狗皮的拷斷他腰截。」

《黃花峪》二【鳥夜啼】：「若惱犯放火殺人賊，那去？我可便各支支搣的腰截碎。」

《樂府群珠》卷三劉庭信小令【折桂令‧憶別】：「一箇母貓兒早引了魂靈，見一箇玉天仙敢軟下腰截。」

《還牢末》一【簡生草】：「我敢粗棍子杵的你腰節碎。」

腰截，指脊椎骨，猶今云腰桿子。截，一作節，音義同。

腰褭

騕褭

《襄陽會》二【越調鬪鵪鶉】:「這一匹駿馬的盧,煞強如驊騮腰褭。」

張可久小令【寨兒令・春思】:「話相思鸚鵡金籠,載離愁腰褭花驄。」

元本《琵琶記》九、丑白:「飛龍、赤兔、騕褭、驊騮、紫燕、驌驦……」

腰褭(yāo niǎo),一作騕褭,古良馬名。《廣雅・釋獸》:「飛兔、腰褭,古之良馬也。」漢・司馬相如《上林賦》:「驂騕褭。」注引張揖曰:「馬金喙赤色,一日行萬里者。」晉・張華《博物志》卷六「物名考」條:「古戰馬有飛兔、腰褭。」《隋書・經籍志》引《瑞應圖》曰:「腰褭者,神馬也。金喙(huì,嘴也)赤身,日行萬八千里,與飛兔同,君有德則至。」

腰褭,或又作要褭,音義同。如《呂氏春秋・離俗》:「飛兔、要褭,古之駿馬也。」《淮南子・原道》:「馳要褭,建翠蓋。」

邀買

徼買

《澠池會》二【普天樂】白:「相如,你此一去送玉璧,非爲趙國,因你邀買功名,濫叨爵祿。」

《獨角牛》二【耍三臺】:「不是我自說口自莊主自邀買,我是那那吒社裏橫禍來的非災。」

《豫讓吞炭》四【尾聲】:「你把我主人公葬在麒麟塚,誰受你徼買人情趙王寵?」

爲達到某種目的,向人施惠或獻媚以博對方的歡心,謂之邀買。現在仍如此說,如邀功、邀賞、邀買人心等。按:邀,希求之意。劉峻《廣絕交論》:「冀宵燭之微光,邀潤屋之微澤」,冀、邀對應爲文,可爲證。徼(jiao),應作邀,形近而誤。

邀截

《衣襖車》二、白:「今差狄青押衣襖車,前去西延邊賞軍去,不想到於河西國,被史牙恰和喀雄邀截了衣襖扛車。」

同劇三、白：「我差他兩員大將，邀截了衣襖扛車。」

《飛刀對箭》一、白：「將各處進貢，都邀截了。」

《射柳捶丸》一、白：「今屯軍在延州，將各處進貢邀截下。」

迎候、遮阻曰邀。邀截，即於途中阻擊、攔截之意。《三國志·吳志·陸瑁傳》：「賊地多馬，邀截無常。」《周書·宇文貴傳》：「薛崇禮等處處屯聚，出兵邀截。」《古今小說·汪信之一死救全家》：「又支會平江，一路用兵邀截。」《水滸》第五十九回：「宿太尉道：『道士何故如此邀截船隻？』」皆其例。此語現在仍通行，多用於戰爭，如云「中途邀截」。

搖搥

爻槌　爻椎　爻錘

《東堂老》一【寄生草】：「只思量倚檀槽，聽唱一曲【桂枝香】，你少不的撇搖搥，學打幾句【蓮花落】。」

同劇二【煞尾】：「你把那搖搥來懸，瓦甌來擎，遠閭簷，乞殘剩。」

《金線池》一【混江龍】：「投奔我的，都是那矜爺害娘、凍妻餓子、折屋賣田、提瓦罐爻槌運。」

脈望館鈔校本《曲江池》一【賞花時】白：「休等的錢鈔使盡下翻了時爻椎瓦礶，悔之晚矣。」

《盛世新聲》亥集小令【寨兒令】：「上稍兒蔭子封妻，下場頭瓦礶爻錘。」

搖搥，或作爻槌、爻椎、爻錘，舊時乞丐唱【蓮花落】時，一面唱一面擊鼓所用的槌。明·徐咸《西園雜記》卷下：「沈石田作《水鄉罕子》十首云：『水鄉罕子打敫槌，手拔茆針強塞饑。』」搖、爻、敫，俱讀 yáo；搥、槌、椎、錘、讀垂（chuí），同音通用。

搖裝

搖椿　拴裝

《漢宮秋》三【駐馬聽】：「早是俺夫妻悒怏，小家兒出外也搖裝。」

（《詞林摘艷》卷五馬東籬【新水令】套、《雍熙樂府》卷十一【新水令】套錄此曲，均作「搖椿」；脈望館抄校本《漢宮秋》作「拴裝」。）

搖裝，或作搖椿、拴裝，古代遠行時挑選吉日的一種習俗。明‧姜準《岐海瑣談》卷八云：「時俗，凡遠行者，預期涓吉（選擇吉日）出門，飲餞江滸（江邊），登舟、即返，另日啓行，謂之遙粧。」梁、沈約《卻出東門行》詩：「搖裝非短晨，還歌豈明發。」唐‧王建《送李郎中赴忠州》詩：「遙裝過驛近，買藥出城遲。」可見「搖裝」風尚，自梁到明千餘年間，仍在流行。搖裝、搖椿，均遙粧之誤。拴裝，形異義同。

咬兒只不毛兀剌

元‧無名氏《像生番語罟罟旦》三【窮河西】：「都麻呢咬兒只不毛兀剌你與我請過來！倘或間些兒個無甚麼管待，休笑我這女裙釵，觸犯著你個官人也少罪責。」

同劇三【古竹馬】：「哎，那顏咬兒只不毛兀剌你與我請過來！」（亦見《詞林摘艷》卷三）。

咬兒只不毛兀剌，蒙古語，意爲：我斟一杯酒，你送與他。《牡丹亭‧圍釋》：「撞門兒一句咬兒只不毛古喇。通事，我斟一杯酒，你送與他。」可爲證。

噎

《青衫淚》四【上小樓】：「俺那白頭媽媽，年紀高大，見他每帶繫烏犀，衣著白襴，帽裏烏紗，怎生地使手法，待席罷敲他一下，倒噎的俺老虔婆血糊淋剌。」

《兒女團圓》三【後庭花】：「聽說罷這週摺，不由我不喉堵也那氣噎。」

噎（yē），方言。揚雄《方言》卷六：「癠、嗑，噎也。楚曰癠，秦晉或曰嗑，又曰噎。」注云：「皆謂咽痛也。」《詩‧王風‧黍離》：「行邁靡靡，中心如噎。」宋‧周邦彥【風流子】詞：「未歌先噎，愁近清觴。」皆其例。引申之，凡用話頂撞人、激刺人、堵塞人，使人受窘，皆謂之噎，如曲例是。也作咽，如《紅樓夢》第三十二回：「湘雲道：『你不說你的話咽人，倒說人性急。』」現在仍這樣說，如云：「他一句話就把人噎回去了。」

也那

也麼　也末　也波　也不

也那，在句中或句尾用作語助詞，助音無義；也偶有作疑問語尾詞用的。也麼、也末、也波、也不，用法同。惟在唱曲中，多爲襯字。

（一）

《虎頭牌》二【月兒彎】：「伴著火潑男也那潑女，茶房也那酒肆，在那瓦市裏穿。」

《秋胡戲妻》三【十二月】：「眼腦兒涎涎鄧鄧，手腳兒扯扯也那捽捽。」

《合汗衫》三【普天樂】：「直恁般運拙也那時乖。」

《王粲登樓》三【堯民歌】：「只爭個遲也麼疾，英雄志不灰，有一日登鰲背。」

《昊天塔》四【得勝令】：「傷也麼情，枉把這幽魂陷虜城。」

《鄧伯道棄子留姪》二【越調青山口】：「咱疾也末疾則宜疾，犀也末遲不宜遲。」

《竇娥冤》一【天下樂】：「今也波生招禍尤。」

《謝金吾》一【天下樂】：「則你個喬也波才，直恁歹！」

《敬德不伏老》一【天下樂】：「老將軍你便休也不嗔。」

上舉各例，也那、也麼、也波等，都是用在句中，把一個詞或句分開，只起幫助聲調的作用，無意義。末與麼、不與波，雙聲通用。這種用法在明清劇作中仍保存著。明・周朝俊《紅梅記・恣宴》：「你道莫也麼雄，下場頭一場春夢。」清・洪昇《長生殿・進果》：「望一站也麼奔一站。」同劇《彈詞》：「倒做了伍子胥吹簫也那乞丐。」皆可證。

（二）

《漁樵記》二【滾繡毬】白：「你看麼，我問他要米，他則把柴來對我，可著我吃那柴，穿那柴，咽那柴，止不過要燒的一把兒柴也那！」

《鴛鴦被》二【倘秀才】：「哎！你個撒滯殢的先生也那！假若是有人見，若是有人拿，登時間事發。」

－1510－

同書卷二【中呂調‧喬捉蛇】：「威風大，垓前馬上一箇將軍坐，肩擔著鐵斧來也麼。」

上列各例用於句尾，只助聲調，而無實義。

（三）

《董西廂》卷五【仙呂調‧尾】白：「張生聲絲氣噎，問紅娘曰：『鶯鶯知我病否？我來後，又有甚詩詞簡帖？』紅娘道：『又來也那？你又來也！』」

《忍字記》二【哭皇天】白：「員外，你來家了也麼？」

上兩例皆用為疑問語尾詞，表示反詰。宋‧王明清《揮塵餘錄》卷二：「你早睡也那？你睡得著？」亦其例。

也囉

也落

《董西廂》卷三【中呂調‧棹孤舟纏令】：「為鶯娘，近來粧就箇軃浮浪。也囉！」

《黃粱夢》二【逍遙樂】：「夫人也，想著你那百年恩愛，半世夫妻，好也囉！你做下這一場醜態！」

《燕青博魚》一【雁過南樓】：「我是一個混海龍摧鱗去甲，我是一隻爬山虎也囉奈削爪敲牙。」

《風光好》三【滾繡毬】：「好也囉！學士你營勾了人，卻便粧忘魂，知他是甚娘情分，你則是憎嫌俺煙月風塵。」

《黃鶴樓》四、白：「好也落！你怎生齎發哥哥過江去？」

也囉，或作也落。也作也羅，輯本戲文《羅惜惜》【商調過曲‧水紅花】：「壽算如山高聳，福似海寬洪，百祿更悠同。也羅！」按：囉、羅、落，音近通用。它作為助詞，用在句尾或句中，在說唱時只起助聲或傳情作用，無義。《長生殿》四十三【水紅花】：「早難道為雲為雨，飛去影都無，但只有芳香四散襲人裾也囉。」亦其例。

也麼天

也波天　也天

《蝴蝶夢》三【朝天子】：「我這裏自推自攛到三十餘徧，暢好是苦痛也麼天！」

《兩世姻緣》一【青哥兒】：「天那！人在這離亭離亭開宴，酒和愁怎生怎生吞嚥？狠毒娘下的也麼天！」

《虎頭牌》二【醉也摩娑】：「則被你拋閃殺業人也波天！則被你拋閃殺業人也波天！」

《合同文字》一【油葫蘆】：「量小生有甚人情有甚錢？苦痛也波天！」

《盛世新聲》【雙調新水令・玉驄絲鞚錦鞍韉】：「暢好是疾明也波天！暢好是疾明也波天！」

《詞林摘艷》卷二無名氏散套【商調字字錦・群芳綻錦蘚】：「想殺人也天！盼殺人也天！」

也麼天，或作也波天，更省作也天，在元曲中的作用，猶如也麼歌。呼天者，是爲加深強烈感情的表現。波讀若麼。可參考「也麼歌」條。

也麼哥

也末哥　也波哥　也麼歌

《竇娥冤》三【叨叨令】：「枉將他氣殺也麼哥！枉將他氣殺也麼哥！」

《金錢記》二【叨叨令】：「則被你稱了心也麼哥！則被你稱了心也麼哥！」

《殺狗勸夫》二【叨叨令】：「兀的不凍殺人也麼哥！兀的不凍殺人也麼哥！」

《三奪槊》四【叨叨令】：「嗏！論到打也末哥！論到打也末哥！」

《貶夜郎》二【叨叨令】：「委實勒不住也末哥！委實勒不住也末哥！」

《黃粱夢》二【叨叨令】：「不揣殺要怎麼也波哥！不揣殺要怎麼也波哥！」

《秋胡戲妻》二【叨叨令】：「其實我便覷不上也波哥！其實我便覷不上也波哥！」

《詞林摘艷》卷六曾瑞卿散套【端正好‧一枕夢魂驚】：「兀的不快活殺人也麼歌！兀的不快活殺人也麼歌！」

也麼哥，宋元時口語，用作語尾助詞，表聲無義，約相當於今天歌詞裡的咿呀咳、呀呼咳這類詞的用法。元曲【叨叨令】曲調中用兩個疊句時，加上這個語助詞，即可拖長語氣，使聽者有迂迴頓挫的感覺。在【叨叨令】定格中照例用「也麼哥」三字。其它曲子，如《貨郎旦‧八轉》也用「也麼哥」在兩個疊句裏，屬偶爾的情況，不是常例。也麼哥，或作也末哥、也麼歌、也波哥，音同字異。在《紫釵記》中的「花波豔酒」，讀若「花麼豔酒」；饠饠一作波波，均可證明波、麼通用。

野味兒

《曲江池》一【寄生草】白：「妹夫，那裏有個野味兒，請他來同席，怕做甚麼！」

《太平樂府》卷三無名氏【柳營曲‧風雨擔】：「蠆鉤子野味兒難簽。」

例一，野味兒，元明口語，指公子哥兒、嫖客之類的人；含有貶意。明‧朱有燉雜劇《小桃紅》一【金盞兒】：「你子待金銀成塊積，他將那恩愛等盤兒稱；送了些兔羔兒新子弟，野味兒慌（謊）後生。」亦其例。例二，指野生動物的肉。《水滸全傳》第二回，前云「一向沒有野味」，後云「不信沒有獐兒、兔兒」，可爲佐證。

野狐涎

《曲江池》一【油葫蘆】：「央及煞粉骷髏，也吐不出野狐涎。」

《對玉梳》一【混江龍】：「倚仗著高談闊論，全用些野狐涎，撲子弟、打郎君。」

《漁樵記》四【喜江南】：「孟姜女不索你便淚漣漣，殢了情使不著你野狐得這涎。」

《陽春白雪》後集五關漢卿散套【新水令‧天仙子】：「從今後，識破野狐涎。」

　　涎，《說文》：「慕欲口液也。」野狐涎，喻甜言蜜語，引申之，有覬覦、染指等意。宋·王灼《碧雞漫志》卷二：「爲此論者，乃是遭柳永野狐涎之毒。」《元曲選》音釋：「涎，徐煎切。」

曳剌

　　《虎頭牌》三、白：不來時，直著幾個關西曳剌將元帥府印信文書勾去也，不怕他不來。

　　同劇同折【雙調新水令】：「〔曳剌鎖老千户上，云：〕行動些！」

　　《薦福碑》二【呆骨朵】：「〔曳剌云：〕酒家是個曳剌。」

　　《村樂堂》二：「〔正末扮曳剌上，云：〕酒家是箇關西漢，……在這薊州當身役，與這同知相公做著箇後槽，喂著一塊子馬。」

　　契丹語稱壯士、走卒爲曳剌（yè lā）；唐代回紇語謂之曳落河。《遼史·百官志》作拽剌。《武林舊事》作爺老，意均同。王國維《古劇腳色考》云：「曳剌，本契丹語，唐人謂之曳落河。《舊唐書·房琯傳》：琯臨戎謂人曰：逆黨曳落河雖多，豈能當我劉秩等。《遼史》作拽剌，《百官志》有拽剌軍詳穩司，旗鼓拽剌詳穩司，千拽剌詳穩司，猛拽剌詳穩司。又云，走卒謂之拽剌。《武林舊事》作爺老，其所載官本雜劇，有《三爺老大明樂》、《病爺老劍器》二本，當即遼之拽剌也。元·馬致遠《薦福碑》雜劇中尚有曳剌爲胥役之名，此即《遼志》「走卒謂之拽剌」之證。「曳剌」等名，尚見於明人雜劇、傳奇和詩歌中，例如：明·闕名《怒斬關平》雜劇四折、夫人白：「曳剌那裡？〔曳剌上，云：〕夫人，喚曳剌做甚麼？」明·湯顯祖傳奇《牡丹亭·圍釋》：「那古裏誰家，跑番了拽喇。」明·高啓詩：「莫笑書生怯，能當曳落河。」

夜叉

　　《柳毅傳書》一【幺篇】：「走將那巡海的夜叉來，敢背將你個寄信的先生去。」

　　《昊天塔》二【鬪鵪鶉】：「哎！那廝須不是布霧的蚩尤，又不是飛天的夜叉。」

　　《西遊記》一本二齣、白：「夜來觀音法旨云，毘盧伽尊者今日有難，分付巡海夜叉，沿江水神，緊緊的防護者。」

宋元戲文輯佚《崔鶯鶯西廂記》【仙呂過曲・惜黃花】:「容貌是觀音，夜叉心和性。」

夜叉，佛家語。梵語 yaksa 之音譯，亦作閱叉、夜乞叉、藥叉。義譯爲捷疾鬼、能啖鬼、勇健、輕捷、祕密等。人們目之爲惡鬼。唐・玄應《音義》三:「閱叉，或云夜叉，皆訛也。正言藥叉。此譯云能啖鬼，謂食啖人也。又云傷者，謂能傷害人也。」《法華玄贊》二:「夜叉，此云勇健，飛騰空中，攝地行，類諸羅剎也。羅剎，云暴惡，亦云可畏，彼皆訛音，梵語正云藥叉羅剎婆。」敦煌變文《維摩詰經問疾品變文》:「緊那羅，藥叉將，要去如來不攔障。」《水滸》第六回:「道人姓邱，排行小乙，綽號飛天藥叉。」皆其例也。因爲夜叉生得「牙如劍樹，口似血盆，聲如雷鳴，眼如掣電」(見敦煌變文《大目乾連冥間救母變文》)，後來人們常用以比喻相貌醜陋、居心險惡的人。故宋・吳曾《能改齋漫錄》卷十二「笑面夜叉」條云:「建中靖國元年，侍御史陳次升言章，以蔡元度爲笑面夜叉。其略云:『卞與章子厚在前朝，更迭唱和，相倚爲重。造作事端，結成冤獄。看詳訴理，編類章疏。中傷士人，或輕或重，皆出其意。主行雖在於章，卞實啓之，時人目爲笑面夜叉，天下之所共知也。』」

夜來

夜來箇　夜晚來

夜來，或作夜來箇、夜晚來；意謂昨日或昨夜，分別例釋如下。

(一)

《劉知遠諸宮調》一【黃鍾宮・尾】:「至次日，三娘對父私言，夜來見金蟬通竅之事，翁翁大喜。」

《西廂記》一本二折【迎仙客】:「〔潔云:〕夜來老僧不在，有失迎迓，望先生恕罪，〔末云:〕小生久聞老和尚清譽，欲來座下聽講，何期昨日不得相遇。今能一見，是小生三生有幸矣!」

《牆頭馬上》三【駐馬聽】白:「夜來兩個小使長把牆頭上花都折壞了，今日休教出來。」

《董西廂》卷四【中呂調・古輪臺】:「俺姐姐夜來箇聞得琴中挑鬭，審聽了多時，獨語獨言搔首。」

以上各例，夜來、夜來箇，即昨天之意。《西廂》例，一說夜來，一說昨日；《牆頭馬上》和《度柳翠》例，先說夜來，後說今日：兩相對照，則夜來即昨天之意益明。宋・賀鑄【浣溪沙】詞：「笑撚粉香歸洞戶，更垂簾幕護窗紗，東風寒似夜來些。」謂東風較昨日更寒也。宋・劉學箕【鷓鴣天・賦雪】詞：「歌白雪，醉流霞，晚寒寒似夜來些。」此亦昨日意。今冀、魯人多呼昨日爲夜來；豫人呼昨日爲夜隔，亦稱夜兒、夜裏、夜老。

（二）

《西遊記》四本十五齣【中呂・朝天子】白：「夜來至一莊院借宿，師父睡了，我睡不著。」

《爭報恩》一、白：「白日裏在那街市上討飯吃，夜晚來在那大人家稍房裏安下。」

以上兩例爲夜間之意。白日與夜晚來對比可證。杜甫（一作杜牧）《開元寺南樓》詩：「可惜和風夜來雨，醉中虛度打窗聲。」孟浩然《春曉》詩：「夜來風雨聲，花落知多少？」劉長卿《早春》詩：「微雨夜來歇，江南春色迴。」皮日休《夜會問答十》之一：「夜來斜展掩深爐，半睡芙蓉香蕩樣。」溫庭筠〔菩薩蠻〕詞：「夜來浩月纔當午，重簾悄悄無人語。」五代前蜀・李珣〔虞美人〕詞：「夜來潛與玉郎期，多情不覺酒醒遲。」蘇軾【江城子・乙卯正月二十日夜記夢】詞：「夜來幽夢忽還鄉。」戲文《小孫屠》：「卑人夜來俄得一夢。」皆其例。

業冤

《西廂記》一本一折【村裏迓鼓】：「〔鶯鶯引紅娘撚花枝上，云：〕紅娘，俺去佛殿上耍去來。〔末做見科：〕呀！正撞著五百年前風流業冤。」

《合汗衫》四【小將軍】：「休提起俺那小業冤，他剔騰了我些好家緣。」

《神奴兒》二【隔尾】：「我這裏靜坐到天明，將一個業冤來等。」

《詞林摘艷》卷五關漢卿散套【新水令・玉驄絲鞚錦鞍韉】：「我去那人叢裏瞧見，半遮著羅扇，正是俺可嬉娘風流的業冤。」

業冤，即冤孽，猶云冤家，是對親愛者的暱稱。

—1516—

謁漿

漿謁

《董西廂》卷一【般涉調·柘枝令】：「也不是謁漿崔護。」

《曲江池》一【油葫蘆】：「如今那統鏝的郎漢又村，謁漿的崔護又蹇。」

《莊周夢》三【倘秀才】：「第一徧天台山與劉晨配偶，第二徧謁漿（漿）處把崔護等候。」

《陽春白雪》前集二無名氏小令【壽陽曲】：「問娉婷謁漿到十數升，乾相思變做了渴證。」

《太平樂府》卷六孫季昌散套【端正好·集雜劇名詠情】：「初相逢在麗春園遣興，便和他謁漿的崔護留情。」

《百花亭》一【醉扶歸】：「莫不你前身元從謝，自笑我那崔護詩才幾些，怎敢便大廝八將涼漿謁。」

謁，《爾雅·釋詁》謂：「告」也。謁漿，即求飲（討水喝）之意。崔護謁漿的故事，據孟棨《本事詩》「情感第一」條記載：博陵進士崔護，清明出遊，因酒渴求飲，遇一女子，取來杯水，眼角傳情，意屬頗厚。第二年清明，崔護特往訪視，適女不在，崔乃題詩於門曰：「去年今日此門中，人面桃花相映紅。人面祇今何處去？桃花依舊笑春風。」過了幾天又去，忽聞哭聲，扣門問之，有一老人出來說：你是崔護嗎？我女兒因爲讀到你的題詩，絕食死了。崔甚爲悲痛，入哭，視之曰：「某在斯，某在斯。」須臾女復活，遂成婚。謁漿倒作漿謁，是爲了叶韻。漿是漿的誤書。

一丁

《舉案齊眉》一【勝葫蘆】：「這都是麞庇驕奢潑賴徒，打扮出謊規模，睜眼苦眉撚髻鬚，帶包巾一頂，繫環縧一付，怎知他不識字一丁無。」

《舊唐書·張弘靖傳》：「今天下無事，汝輩挽得兩石力弓，不如識一丁字。」按「丁」本「个」字之訛，後因謂一個字也不識，叫做不識一丁或目不識丁。宋·吳曾《能改齋漫錄》卷五云：「竇苹《唐書》音訓云：『丁恐當作个。』予嘗以竇說雖當，而無所據。偶讀孔毅父《續世說》，引宏靖曰：『汝

曹能挽兩石弓，不若識一箇字』，乃作此『箇』字。因知箇誤爲丁，無可疑者。」又宋・王楙《野客叢書》卷二十一「一丁」說同。

一了

一了，有向來、本來、不論等義，分疏如次。

（一）

《范張雞黍》一、白：「小官欲待還禮來，一了說：『壽不壓職。』」

《凍蘇秦》楔、白：「一了說：『若要富，土裏做；若要饒，土裏鉋。』依著我，你兩個休去，則不如做莊農的好。」

《獨角牛》二、白：「一了說：『明槍好趬，暗箭難防。』」

《劉弘嫁婢》一【醉中天】：「〔淨王秀才唱科：〕喧滿鳳凰樓，一了有這句唱。」

《陳州糶米》一【賺煞尾】白：「一了說：『倉廒府庫，抹著便富。』」

《大戰邳彤》一、白：「一了說的：『險道人賣豆腐，人硬貨不硬。』」

上舉各例，謂一向、向來；其下習引成語或熟語，意在用過去的社會經驗，以指導或警惕現時的行動。

（二）

《看錢奴》二、白：「他是個巨富的財主。……一了他一貧如洗，專與人家挑土築牆，和泥脫坯，擔水運漿，做坌工生活。」

《鐵拐李》三【太平令】：「〔正末起身跌倒科，云：〕哎喲！跌殺我也。〔李老云：〕孩兒，你一條腿瘸，你走不動。〔旦兒云：〕你一了瘸？」

《爭報恩》四【喬牌兒】白：「大妳妳一了是個好人。」

「一了」在這裏，猶本來，早就如此之意；與（一）項意雖相近，但不引用成語，用法稍異。

（三）

《小張屠》一【金盞兒】白：「一了好歹，救了母親病。」

「一了」這裏意爲無論、不管。「一了好歹」，謂不論怎樣也。

一川

《太平樂府》卷九曾褐夫散套【哨遍‧羊訴冤】：「趁滿目無窮草地，散一川平野，走四塞荒陂。」

一川，爲估量空間情況之詞，猶云一片或滿地。上舉曲例，即一片意也。唐‧杜甫《自瀼西荊扉且移居東屯茅屋》詩：「平地一川穩，高山四面同。」司空圖《力疾下山吳邨看杏花》詩：「春來漸覺一川明，馬上繁花作陣迎。」宋‧賀鑄【青玉案】詞：「試問閒愁都幾許，一川煙草，滿城風絮，梅子黃時雨。」楊萬里《郡圃上已》詩：「映出一川桃李好，只消外面矮青山。」意並同上。作「滿地」解者，如唐‧岑參《走馬川行奉送封大夫出師西征》詩：「輪臺九月風夜吼，一川碎石大如斗」，是也。按「一片」和「滿地」意本接近，但具體選用時應視修辭環境而定，否則便搭配不攏。如「一川平野」，若解作「滿地平野」，就費解了。

一地裏

一地里　一地　一地的

一地裏：一、謂一味的、一派的；二、謂到處。

(一)

《董西廂》卷一【越調‧雪裏梅】：「選甚士農工商，一地裏鬧鬧攘攘。」

《張生煮海》三【正宮端正好】：「一地裏受煎熬，滿海內空勞攘，兀的不慌殺了海上龍王。」

《董西廂》卷六【大石調‧紅羅襖】：「問侍婢以來，兢兢戰戰，一地裏篤麼。」

《西廂記》三本三折【攪箏琶】：「眞假、這其間性兒難按納，一地裏胡拏。」

《梧桐雨》三【攪箏琶】：「早間把他個哥哥壞了，總便有萬千不是，看寡人也合饒過他，一地胡拏。」（胡拏，胡鬧之意，下同。）

《董西廂》卷一〔般涉調‧哨遍纏令〕：「大來沒尋思，所以沒些兒斟酌，到來一地的亂道。」

上舉各例，一地裏，或作一地、一地的，意爲一味的、一派的。

（二）

《後庭花》一【油葫蘆】：「若是你那殺人，也一地裏將咱尋趁。」

《陽春白雪》後集五劉時中散套【新水令】：「一地里快蹍輕踏，亂
走胡奔。」

上舉之例，意爲到處；一地裏，或作一地里，里爲裏的省寫。《水滸》
第二十一回：「知縣相公在廳上發作，著四、五替公人來下處尋押司，一地
裏又沒尋處。」又第四十六回：「只一地裏做些飛簷、走壁、跳籬、騙馬的
勾當。」《金瓶梅》第七回：「提著花箱兒，一地哩尋西門慶不著。」皆其例。
里，一作哩，音義同。

一向

一向，用爲時間副詞，有指較長時間者，有指較短時間者，例釋如下。

（一）

《竇娥冤》二、白：「那婆婆一向收留俺爺兩箇在家同住。」

《楚昭公》一、白：「昔年征伐越國時，獲得寶劍三口：一曰魚腸，
二曰純鈞，三曰湛盧。……一向在庫中收藏，忽然湛盧失其所在。」

同劇四【駐馬聽】白：「某芊（半）旋自從江邊與哥哥別後，一向
避於隨地，可早半年光景也。」

《瀟湘雨》二【牧羊關】白：「他走了，我一向尋他不著。」

《鴛鴦被》三【么篇】白：「妹子，你那時小也。我一向出去遊學，
將近二十年不曾回家。」

《爭報恩》楔、白：「我一向聞得宋江一夥，只殺濫官污吏，並不殺
孝子節婦。」

以上各例，均指較長時間，在這裏，一向，猶云一直（如前五例）、早就
（如例六）宋・秦觀〔促拍滿路花〕詞：「未知安否，一向無消息。」《周子
全書・太極圖說》：「一向偏執固執，更發不上。」《朱子語類・鬼神》：「一向
自私其身。」朱熹《答黃令裕書》：「若一向如此，又恐偏枯別生病也。」義
並同前五例

　　一向，或作一像，如《醒世姻緣傳》第八十五回：「我雖不是甚麼官宦人家的婦女，我心裏一像明白的。」

（二）

　　《范張雞黍》一【混江龍】白：「哥哥，這些話我也省的，這一向我忘了一半。」

　　《鴛鴦被》三【小桃紅】白：「你父親這一向也還做官麼？」

　　《翫江亭》二【紅芍藥】：「俺師徒二人，這一向在山中修煉。」

　　以上各例，均指較短的時間，指過去或最近一段時間，意與近來相同。敦煌變文《伍子胥變文乙》：「猛將衝前，一向摩滅楚軍。」唐・薛濤《柳絮》詩：「他家本是無情物，一向南飛又北飛。」宋・晏殊【浣溪沙】詞：「一向年光有限身，等閒離別易銷魂，酒筵歌席莫辭頻。」這裏所引變文等各例，是指時間短而又短者，猶云瞬時、一霎、一晌。

　　除上述作爲時間副詞之外，一向，亦猶一味，表精神專注，顧不得其它，如《董西廂》卷一【大石調・伊州袞】：「一向癡迷，不道其間是誰住處」，是也。張相在《詩詞曲語辭匯釋》卷三中解曰：「此猶云一味癡迷也。此敘張生於普救寺瞥見鶯鶯，逕欲向前，不顧其爲相國寓所也。」

　　在唐宋詩詞中，又有作一片或一派解者，如唐・溫庭筠《谿上行》詩：「風翻荷葉一向白」，「一向白」，一片白也。宋・晁沖之【漢宮春】詞：「常是送行人去後，煙波一向離愁。」「一向離愁」，一片離愁也。

一任
一恁

　　《虎頭牌》四【伴讀書】：「一任你昨日的供招依然在，休想他低頭做小心腸改。」

　　《西廂記》三本四折【紫花兒序】：「從今後教他一任。」

　　《倩女離魂》一【混江龍】：「常恨夜坐窗前燭影昏，一任晚妝樓上月兒高。」

　　《殺狗勸夫》四【幺篇】：「一任你百樣兒伶牙俐齒，怎知大人行會斷的正沒頭公事。」

《賺蒯通》一【賺煞尾】：「眼見的三齊王受屈，因此上子房公歸去，一任那太平天子百靈扶。」

《詞林摘艷》卷五劉庭信散套【夜行舡·新夢青樓一操琴】：「強將別酒拚一任，柰新來酒也慵斟。」

《金錢記》四【水仙子】：「一恁他官人每棒有千條，小姐小便權休怪，梅香你便且莫焦，今日可便輪到我粧幺。」

　　一任，意同任，一般用在句首或句尾，意為恁憑、任從、隨他便。敦煌變文《舜子至孝變文》：「千重萬過，一任阿爺鞭恥（笞）。」唐·曹唐《小遊仙》詩：「去住樓臺一任風，十三天洞暗相通。」皮日休《雨中遊包山精舍》詩：「卻將塵土衣，一任瀑絲濺。」司空圖《南至》詩：「一任喧闐鬧四鄰，閒忙皆是自由身。」南唐·沈彬《再過金陵》詩：「江山不管興亡事，一任斜陽伴客愁。」宋·陸游【卜算子·咏梅】詞：「無意苦爭春，一任群芳妒。」陳郁【念奴嬌】詞：「鼓動滕六，招邀巽二，一任張威勢。」以上義並同。戲文《小孫屠》：「對花一恁拚沉醉。」亦一例。任，一作恁，同音借用。

　　《陳母教子》一【油葫蘆】白：「母親，您孩兒受十年苦苦孜孜，博一任歡歡喜喜也。」此一任，謂一任官也，與上舉諸曲例意別。

一抄

　　《李逵負荊》一【醉中天】白：「兀那王林，有酒麼？不則這般白吃你的，與你一抄碎金子，與你做酒錢。」

　　抄，古代容量小單位名。《孫子·算經》上：「量之起起於何？答曰：量之起起於粟，粟是陰陽而生，從六甲而出，故六粟為一小圭，十圭為一抄，十抄為一撮，十撮為一勺，十勺為一合。」宋話本《快嘴李翠蓮記》：「半抄新炒白芝蔴」，是其例，《李逵負荊》劇中的「一抄」，猶言一握或一把。

　　按：到清末，容量的最小單位至「合」為止，其下勺、撮、抄、圭，皆所不取。

一弄

一弄兒　一弄裡

　　一弄，或作一弄兒、一弄裡，猶一片、一古腦、一曲，例釋如下：

（一）

《東牆記》二【正宮端正好】：「過回廊一弄淒涼景，好教我添悲興。」

《韓翠蘋御水流紅葉》【倘秀才】：「一弄兒殘荷敗柳，這塌兒是俺那去年前題橋御構。」

《西廂記》三本三折【沉醉東風】白：「今夜這一弄兒助你兩箇成親。」

《誤入桃源》四【雙調新水令】：「一弄兒行色蕭條，恰便似游仙夢撒然覺。」

《漁樵記》三【一煞】：「他往常黃乾黑瘦衣衫破，到如今白馬紅纓彩色新，一弄兒多豪俊，擺列著骨朵衛仗、水礶銀盆。」

一弄，猶云一派、一片。王安石【漁家傲】詞：「一弄松聲悲急管，驚夢斷，西看日窗猶嫌短。」「一弄松聲」，即一派松聲也。蘇軾和陶詩《神釋》：「如今一弄火，好惡都焚去。」「一弄火」，即一片火也。《長生殿·製譜》：「愛風來一弄明紗。」「一弄明紗」，即一片明紗也。一弄，或作一弄兒，義同。

（二）

《梧桐雨》四【倘秀才】白：「回到這寢殿中，一弄兒助人愁也。」

《百花亭》二【耍孩兒】白：「多承見愛，將你這一弄兒都借與我。」

《太平樂府》卷五王和卿小令【梧葉兒】：「只被這一弄兒淒涼，斷送的愁人登時病了。」

《盛世新聲》子集薛昂夫散套【端正好·高隱】：「一弄兒農器家活。」

上舉各例，一弄兒，猶云所有的、一古腦、蓋合總數而言。《小孫屠》九【北折桂令】：「一弄兒淒涼，摁（總）促在愁眉」，亦其例也。張相解為「種種」，亦是。

（三）

《董西廂》卷四【雙調·尾】：「你且試聽一弄，休道你姐姐，遮莫是石頭人也心動。」

《玉鏡臺》二【梁州第七】：「一弄兒指法泠泠，早合著古操今聲。」

《東牆記》二【幺篇】：「〔梅香遞簡旦接看科。〕〔念云：〕……瑤琴撥一弄，春色在東牆。」

《西廂記》二本四折【絡絲娘】：「一字字更長漏永，一聲聲衣寬帶鬆，別恨離愁，變成一弄。」

王伯良注《西廂》云：「弄，琴曲名也。一弄，猶言一曲。」一曲也叫一操。唐・牛殳《琵琶行》：「金谷園中草初綠，石崇一弄思歸曲。」劉商《胡笳十八拍》：「載持巾櫛禮儀好，一弄絲桐生死足。」黃滔《贈鄭明府》詩：「垂柳五株春婀娜，鳴琴一弄水潺湲。」宋・張先【菩薩蠻】詞：「哀箏一弄湘江曲，聲聲寫盡湘波綠。」清・葉申薌《本事詞》卷上【好事近】詞：「一弄心絃，情任兩山斜疊。」皆其例。

一直

《盆兒鬼》三【越調鬥鵪鶉】：「恰繞行了一直，又蚤歇了一會。」

《玩江亭》二【尾聲】白：「恰離紫府下瑤池，再向人間登一直，度脫了你箇好酒貪盃的牛員外，則你手裏要那不信神佛的趙江梅。」

一直，這裏是指行路的時間和路程，猶云一陣或一程。《水滸》第十八回：「雷橫也趕了一直回來。」第二十三回：「武松走了一直，酒力發作，焦熱起來。」皆其例。但同書第二十一回：「宋江得脫，往鬧裏一直走了。」第二十四回：「一直地只顧走了。」此二例，意謂不拐彎地往前走，與以上曲例意不同。

一和
一合　一合兒

一和，或作一合、一合兒，謂一會、一次、和（huò）在一起。

（一）

《董西廂》卷六【越調・蠻牌兒】：「料得我兒今夜裏，那一和煩惱呷嚥。」

《黃粱夢》四【滾繡毬】：「睡朦朧無多一和，半霎兒改變了山河。」

《貨郎兒》一【後庭花】：「那賤人俏聲兒訴一和，俺這廝側身兒摟抱著。」

《董西廂》卷一【高平調・木蘭花】：「店都知，說一合，道：『國家修造了數載餘過，其間蓋造的非小可，想天宮上光景，賽他不過。』」

《神奴兒》二【南呂一枝花】：「一合兒使碎我心，半霎兒憂成我病。」

一和，即一會兒，指短時間。和，一作合，入聲讀平聲，同音通用。《古今小說・張古老種瓜娶文女》：「韋義方去懷裏摸索，一和把出蒻帽兒來」，亦其例也。

與「一回家」可互參。

（二）

戲文《張協狀元》：「欲去在伊兩個，不去在伊兩個，說與我每一和，又說與我公一和。」

戲文《小孫屠》白：「自家當朝一日和那婦人叫了一和，兩下都有言語。」

六十種曲本《琵琶記》三十四【前腔】白：「你彈得也不好，唱得也不好，你不信時，再彈唱一和看看。」

北語謂一和曰一次、一番；和，讀如貨。或簡作和，如《誶范叔》三【呆骨朵】：「則不要槽中拌和草。」「拌和草」，即拌一和草也。朱有燉《香囊怨》劇中云：「細草添三和。」「三和」即三次。《雍熙樂府》卷二散套【端正好・自序】：「滔滔清江濯幾合？」合與和同音通用。幾合即幾次。

（三）

《魔合羅》二【尾】詩云：「官人清似水，外郎白如麵；水面打一和，糊塗成一片。」

《神奴兒》三【迎仙客】詩云：「官人清似水，外郎白似麵，水面打一和，糊塗做一片。」

一和，謂和（huò）在一起，即將粉狀物加水攪拌揉弄，使之粘合在一起的意思。

除以上三解外，還解作「一起、一塊兒」，如《西遊記》六本第二十三齣【尾】：「來日箇景陽鐘罷雞人唱，一合兒同朝帝王。」合字讀如 gě（葛），則解作容量的單位，如《小張屠》一【混江龍】：「常則是半抄兒活計，一合

兒餱糧。」有時也可解作一樣、相同，如《張協狀元》戲文：「都說得一合」，謂都說得一樣也。

一例

《王粲登樓》一【天下樂】：「我則待輔皇朝萬姓安，哎！你可便枉將人做一例看。」

《存孝打虎》二【哭皇天】：「似梁園採木把我做凡花凡花一例看。」

《謝金吾》楔、白：「差你丈量官街闊狹高下，一例拆毀。」

一例，猶言同等、一般、一樣、一律。《公羊傳》僖公元年：「其稱子何？臣子一例也。」《史記・禮書》：「諸侯藩輔，臣子一例，古今之制也。」《漢書・五行志》：「臣子一例，不得在憝上。」晉・葛洪《抱朴子・審舉》：「今若遐邇一例，明考課試，則不多負笈千里，以尋師友。」敦煌變文《八相成道變文》：「一例如狀。」宋・陳郁【念奴嬌】詞：「不論高低併上下，平白都教一例。」此語現在仍通行。

此外，一例，也指一種體制或規則，如《張子全書》卷十《易說》中：「王弼於此無咎，又別立一例，只舊例亦可推行。」亦猶云循例（援例），如《兒女英雄傳》第四十回：「前兩天還不過一例兒的叫聲戴嬸子，華太太。」

一垛（duò）

《西廂記》二本三折【折桂令】：「他那裏眼倦開，軟癱做一垛；我這裏手難擡，稱不起肩窩。」

《貨郎旦》一【賺煞】：「氣的我死沒騰軟攤做一垛。」

《樂府群珠》卷四關漢卿小令【普天樂・母親變卦】：「我這裏軟攤做一垛。」

垛，堆積之義。一垛，即一堆。《京本通俗小說・錯斬崔寧》：「沉吟了一會，卻把這十五貫錢，一垛兒堆在劉官人腳後邊。」一垛兒，即一垛，兒為名詞語尾，無義。此詞用作量名，唐代已有，如段成式《酉陽雜俎・物異》云：「金最上六兩爲一垛。」

一柞

《李逵負荊》四【步步嬌】：「似這般好器械，一柞來銅錢，恰便似砍麻稭。」

柞，本讀作「則（zé）」或「作（zuò）」，這裏借作「扠（zhǎ）」，指食指和拇指間的長度。或作一搾（zhà），《宣和遺事》亨集：「十指露春笋纖長，襯一搾金蓮穩小」參見「半拆」條。

一剗

一斾

一剗，一作一斾：意謂一味、一概、一派。

（一）

《誶范叔》二【紅芍藥】：「我則見半空中瑞雪亂飛揚，一剗顚狂。」

《冤家債主》四【駐馬聽】：「想人生一剗的錢親；呆癡也！豈不聞有限光陰有限的身！」

《牆頭馬上》四【滿庭芳】：「他那裏談天口噴珠玉，一剗的者也之乎。」

《柳毅傳書》一【混江龍】：「可曾有半點兒雨雲期，敢只是一剗的雷霆怒。」

《陳州糶米》三【哭皇天】：「一剗的在青樓纏戀。」

一剗，謂一味地、一个勁地。《長生殿·復召》：「悔殺咱一剗兒粗疏。」亦其例。剗（chàn），一作剸（shàn），如《荊釵記》十九【前腔】：「忒無狀，把花言巧語，一剸胡謊。」剸、剗，音近義同。

（二）

《董西廂》卷八【中呂調·古輪臺】：「許多財禮，一剗是好金銀。」

《調風月》四【折桂令】：「一斾的全無市井俗，壓盡其餘。」

《救孝子》三【滿庭芳】：「你要我數說你大小諸官府，一剗的木笱司糊突，並無聰明正直的心腹。」

《竹葉舟》一【鵲踏枝】：「一剗是貝闕珠宮，霞徑雲衢。」

《東堂老》二【滾繡毬】：「那孟嘗君是個公子，公孫弘是個名卿，他兩個在朝中十分恭敬，但門下都一劃群英。」

同劇四【水仙子】：「畫閣蘭堂一劃新。」

《貨郎旦》四【九轉】白：「敢是拿我們到東岳廟裏來，一劃是鬼那。」

一劃，這裏是全部、一概、統統之意。一刴，同一劃。

（三）

《金線池》二【梁州第七】白：「我去的半月其程，怎麼門前的地也沒人掃，一劃的長起青苔來，這般樣冷落了也！」

《桃花女》四【沉醉東風】白：「到這東南角上打一望，只見茫茫蕩蕩，一劃都是荊榛草莽。」

《爭報恩》四【沉醉東風】：「則俺這眼兒邊一劃的愁，心兒上著甚些喜？」

一劃，這裏猶一派、一片。此與第二義頗相近，但略有區別。前者是個體的總和，這裏是不能用數目計算的總的觀感。

一晌

一餉

一晌，指時間，一般謂片時、片刻，但也有反其意而用之的，例釋如下。

（一）

《董西廂》卷四【仙呂調·賞花時】：「聽沉了一晌，流淚濕卻臙脂。」

同書同卷【仙呂調·繡帶兒】：「低頭了一晌，把龐兒變了眉兒皺。」

《竹葉舟》四【堯民歌】：「則俺曾夢黃粱一晌滾湯鍋，覺來時蚤五十載閒消磨。」

《樂府群珠》卷四失註小令【普天樂·秋夜閨怨】：「玉人嬌一晌歡，碧醞釀十分悅。」

同書卷三、苦齋鮮于必仁小令【折桂令·李翰林】：「百代風光，一餉徜徉。」

一晌，或作一餉，猶云片時、片刻、不多幾時。韓愈《醉贈張祕書》詩：「雖得一餉榮，有如聚飛蚊。」白居易《對酒》詩：「無如飲此銷愁物，一餉愁消值萬金。」盧仝《感古》詩：「萬世金石交，一餉如浮雲。」李煜【浪淘沙】詞：「夢裏不知身是客，一晌貪歡。」柳永【鶴沖天】詞：「青春都一餉，忍把浮名，換了淺斟低唱。」以上皆其意也。或作一曏，如胡銓【鷓鴣天】詞：「夢回一曏難存濟，這錯都因自打成。」按：曏乃晌之本字；餉，讀如响，形近而訛。

（二）

《合同文字》三【普天樂】白：「呀！伯娘入去了，可怎麼這一晌還不見出來？」

這裏的一晌，意為好久、許久、這些時候。但此類例證少見，不是常例。

一射

《西廂記》二本楔子、白：「將軍若要做女婿呵，可按甲束兵，退一射之地。」

《望江亭》三【調笑令】：「見官人遠離一射，索用甚從人攔當者，俺只待拖狗皮的拷斷他腰截。」

《氣英布》二、白：「喀如今到成皋關隔的一射之地。」

一射，謂一箭的射程所達到的距離。《破天陣》二【迎仙客】白：「既是這般，俺領軍馬，且退一射之地。」《三國志平話》卷上：「約離城一射之地。」皆其例，亦作一箭，如《五代史平話·周史》上：「兩陣圓處，一箭炮石打不到處，一員將軍出陣。」息機子本《望江亭》又作一舍。舍為射的同音借字，義同。

一徑

一逕　一境

《董西廂》卷二【大石調·玉翼蟬】：「衝軍陣，鞭駿馬，一徑地西南上迓。」

《竇娥冤》楔、白：「小生今日一徑的將女孩兒送來與婆婆。」

《虎頭牌》一【天下樂】白：「孩兒，相別了數載，俺兩口兒好生的思想你哩。今日一徑的來望你也。」

《玉壺春》二、白：「媽媽，我今日一逕的來你家吃茶。」

《兒女團圓》二、白：「我自一逕走到姐姐根前去。」

同劇二【梁州第七】白：「我一徑的來。」

《詞林摘艷》卷二無名氏散套【黃鍾畫眉序・元宵景堪題】：「更澄澄明月圓，明月正圓，似冰輪碾出一洞天，洞天，一境移來世間。」

上舉各例，一徑，爲一直、徑直、專程、特意等義。徑，或作逕、境。逕、徑同。境爲徑的同音假借字。《京本通俗小說・西山一窟鬼》：「吳教授一徑先來錢塘門城下王婆家裏看時，見一把鎖鎖著門。」知宋語已然，現在仍然這樣用。

一徑，或又作一境，義同。如六十種曲本《琵琶記》三十五：「薄倖兒夫，久留都下，一竟不還。」「一竟不還」，謂一直不回家。竟亦借用字也。

一逕亦解作一塊、一同、一起，如《水滸》第二回：「今日小弟陳達不聽好言，誤犯虎威，已被英雄擒捉在貴莊，無計懇求，今來一逕就死，望英雄將我三人，一發解官請賞，誓不皺眉。」

一彪

一標　一颩　一丟

《射柳捶丸》三、白：「這廝走了也，遠遠的一彪軍馬來了。」

《三戰呂布》一、白：「今有呂布，領一標人馬，威鎮在虎牢關下。」

《存孝打虎》二【尾聲】：「一颩軍馬沒揣的撞入長安。」

《太平樂府》卷九、睢景臣散套【般涉調哨遍・高祖還鄉】：「見一颩人馬到莊門，匹頭裏幾面旋舒。」

《智勇定齊》一、白：「俺統領一丟人馬，收拾行裝等物，跟公子打圍去。」

《圯橋進履》二【呆骨朵】白：「兀那塵土起處，一丟人馬，不知是那裏來的也。」

　　一彪，或作一標、一颩、一丢，都是一隊的意思。宋・周密《癸辛雜識》別集下「一颩」條云：「虜中謂一聚馬為彪，或三百疋，或五百疋。」則指馬數而言。《字彙補》：「颩，巴收切，音彪。」按彪、標、颩，音義并同；「丢」音近通用。

一望

　　《麗春堂》一【油葫蘆】：「則見貝闕、蓬壺一望中，從地湧。」

　　《張生煮海》三【滾繡毬】白：「老師父你不要耍我，這海中一望是白茫茫的水，小生是個凡人，怎生去的？」

　　《范張雞黍》四【幺篇】：「列旌旗一望中，擺頭踏半里長。」

　　《留鞋記》二【倘秀才】：「看一望瓊瑤月色，似萬盞瑠璃世界。」

　　極目所視，收入眼界以內的範圍，謂之一望。梁・沈約《餞謝文學離夜》詩：「一望沮漳水，寧思江海會。」唐・錢起《樂游原晴望》詩：「爽氣朝來萬里清，憑高一望九秋輕。」孟浩然《送杜十四之江南》詩：「日暮征帆何處泊？天涯一望斷人腸。」《今古奇觀・誇妙術丹客提金》：「離此一望之地，便是學生莊舍。」《桃花扇・沈江》：「你看一望煙塵，叫小生從那裡歸去？」皆其例。

一終

　　《莊周夢》一【賺煞】：「玳筵開一終，把布袍扇動，駕白雲飛上建章宮。」

　　一終，古代時間單位，古謂十二年為「一終」。《左傳》襄公九年：「晉侯曰：十二年矣，是謂一終，一星終也。」杜預注：「歲星十二歲而一周天」，故謂十一年為一終。

一等

　　《竇娥冤》二【南呂一枝花】：「有一等婦女每相隨，並不說家克計，則打聽些閑是非。」

　　《黑旋風》一【耍孩兒】白：「那泰安山神州廟，有一等打擂台賭本事的，要與人廝打。」

《東堂老》一【天下樂】白：「叔叔，您孩兒平日間敬的可是那一等人？不敬的可是那一等人？叔叔，你説與孩兒聽咱。」

《來生債》二【中呂粉蝶兒】：「有一等寒儉的泛泛之徒，他出來的不誠心，無實行，一個個強文假醋。」

一等，猶云一種。唐·寒山拾得詩：「世間一等流，誠堪與人笑。」「一等流」即「一種人」。宋·陸游《老學庵筆記》卷二：「隆興中，議者謂文武一等，而輒為分別，力欲平之。」此「一等」，謂一樣，與「一種」義亦近。

一發
一法

一發，有一同、越發、索性、統統等意；或作一法，音義並同。

（一）

《董西廂》卷八【般涉調·哨遍傳令】：「快準備車乘鞍馬，主僕行李，一發離門走。」

《周公攝政》一【寄生草】：〔做將文冊同卜兆書一發放在金縢櫃中了。〕

《漁樵記》楔、白：「兄弟，你正來的好，一發同進去。」

一發，謂一同、一起、一齊、一塊。《七國春秋平話》卷中：「是夜開門，一發撞燕兵，遂保駕得出。」《水滸》第二回：「這個不妨，我家也有頭口騾馬，教莊客牽出後槽，一發喂養。」皆其例。

（二）

《救風塵》三【幺篇】白：「打一棒快毬子，你捨的宋引章，我一發嫁你。」

《秋胡戲妻》四【得勝令】白：「這等，一發可惡。明明是廣放私債，逼勒賣女了。」

《鴛鴦被》一【寄生草】白：「小姐，若真個打起官司來，出乖露醜，一發不好。」

《劉弘嫁婢》一【混江龍】白：「姑父老人家，一法老的糊突了。」

　　以上各例，一發，猶言越發，有更（gèng）的意思。《京本通俗小說·錯斬崔寧》：「便是半路上出家的一般，買賣行中一發不是本等伎倆，又把本錢消折去了。」或作一法，如《劉弘嫁婢》例。或作益發，如《桃花扇·選優》：「益發說錯了。」

（三）

　　《看錢奴》二【滾繡毬】白：「這等，你一發搬在俺家中住罷。」

　　《連環計》四【胡十八】白：「呸！好悔氣！遇這等兩個孝順兒子，一發連夫人貂蟬也著他拏繩子來細縛了我罷。」

　　《鴛鴦被》二【黃鍾尾】白：「你如今去將小姐接到我家裏來，一發永遠做夫妻。」

　　《抱粧盒》三【七弟兄】白：「陳琳，你一發打幾下，打殺我罷。」

　　《盆兒鬼》一【天下樂】白：「好酒也！我一發喫你幾杯，怕做甚麼？」

　　上舉各例，一發為索性之意。或作亦發，如《金瓶梅》第十六回：「到那裏沒處堆放，亦發再寬待些時」。

（四）

　　《合汗衫》三、白：「母親有的話，一發說了罷。」

　　《漁樵記》楔、白：「我一發都與了你，一路上好作盤纏。」

　　以上一發，為統統、全部之意。

一搭

一塔　一搭兒　一搭裏　一答裏　一塌兒

　　一搭：一、謂一塊、一片；二、謂一齊、一同、一起、一處；三、謂一類、同類，是引申義。搭，或作答、塔、塌，音近意並同。

（一）

　　《貨郎旦》四【六轉】：「怎禁那颼颼颭颭風，點點滴滴雨，送的來高高下下，凹凹凸凸，一搭模糊？」

《誶范叔》二【隔尾】白：「祇從人，與我掃一塔乾淨田地，請先生去了衣服者！」

《梧桐雨》二【醉春風】「沉香亭畔晚涼多，把一搭兒親自揀揀。」

《看錢奴》三【逍遙樂】白：「你老兩口兒，就在這一塌兒乾淨處安歇。」

上舉「一搭」，或作一搭兒、一塔、一塌兒，意謂一塊、一片。明·朱權《荊釵記》二十八：「親家，我有一搭地，指望令郎與小女把我兩塊老骨頭埋葬。」《水滸》第十二回：「面皮上老大一搭青記。」又第十四回：「鬢邊一搭硃砂記。」皆其例。

（二）

《伍員吹簫》四【幺篇】白：「一發借那把白金劍與我，也勒死了，好與我家老子做一搭兒埋葬。」

《魔合羅》一【金盞兒】白：「這裏有避雨的，都來一搭兒說話咱。」

《燕青博魚》一、白：「俺一搭裏也難住，則今日辭別了哥哥。」

《西廂記》五本三折、白：「揀一箇吉日，了這件事，好和小姐一答裏下葬去。」

以上一搭裏、一答裏、一搭兒、謂一齊、一同、一起、一處。清·翟灝《通俗編·數目·一搭》：「盧仝《月蝕》詩：『當天一搭如炱（tái）煤。』按《周禮》掌客注、秅稯麻苔疏云：『稯是束之總名，秅（zǐ）是數之總名，苔是鋪名，刈麻者，數把共爲一鋪。』睹此可知一搭之義。」

（三）

《單刀會》二【滾繡毬】白：「你是紫荊，你和松木在一答裏，我報師父去。」

這裏的一答裏，謂一類、同類，是一處的引申義。

一搦

《董西廂》卷一【仙呂調·整花冠】：「解舞的腰肢，瘦嵓嵓的一搦。」

《西廂記》四本一折【元和令】：「繡鞋兒剛半拆，柳腰兒勾一搦。」

《陽春白雪》前集三關漢卿小令【碧玉簫】：「寬盡衣，一搦腰肢細。」

同書後集五王伯成散套【鬭鵪鶉‧紫花兒序】:「一搦腰肢,半折金蓮。」

一搦,謂一握、一把:形容美人腰身之細,只容一搦。唐‧李百藥《少年行》:「千金笑裏面,一搦掌中腰。」《宣和遺事》亨集:「束素纖腰恰一搦。」元‧郝經《宣和內人圖》:「腰肢一搦不勝衣。」皆其例。

一餅

《單鞭奪槊》二【小梁州】白:「左右,將一餅金來!」

《秋胡戲妻》三、白:「謝得魯昭公可憐,賜小官黃金一餅,以充膳母之資。」

《村樂堂》三【么篇】白:「我支轉了他,將這一餅黃金,我放在這飯罐裏。」

金銀鑄成餅狀的叫餅金或餅銀。《後漢書‧樂羊子妻傳》:「羊子嘗行路,得亦金一餅,還以與妻。」《南史‧褚彥回傳》:「累遷吏部尚書,有人求官,密袖中將一餅金,因求請間,出金示之,曰:『人無知者。』彥回曰:『卿自應得官,無假此物。』」宋‧張耒《續明道雜志》:「張文定公,以端明殿學士尹成都日,其門醫李生,以藥獻公。公於府第小亭,躬取水銀搆火,一粒烹之。既烹有聲,如粥沸有紅光,自鼎中起,俄頃光照一亭,而鼎中聲亦屢變,火滅,視鼎中,爛然餅金矣。」唐‧韓偓《咏浴》詩:「不知侍女簾幃外,贖取君王幾餅金?」

一椿

一椿兒　一椿椿　一莊　一莊莊　一庄庄

《合汗衫》一【天下樂】白:「您孩兒有一椿事,不曾稟問父親母親,未敢擅便。」

《鴛鴦被》二【黃鍾尾】白:「誰想到這菴中,成了此一椿親事。」

《謝天香》一【醉扶歸】白:「潑禽獸,你則管這一椿兒,且過一壁。」

《東堂老》四【鴈兒落】:「今日便一椿椿待送還,你可也一件件都收盡。」

《哭存孝》三【醉春風】：「是做的潑水難收，至死也無對，今日箇一莊也不借。」

《裴度還帶》楔、白：「長老，小子相人多矣，未嘗有這等一莊事。」

同劇二【尾聲】白：「小官在此洛陽，體察的如此一莊事，我不敢久停久住，則今日便索往京師去也。」

《太平樂府》卷九高安道散套【哨遍·皮匠說謊】：「裁縫時用意下工夫，一莊莊聽命休違。」

《詞林摘艷》卷六劉庭信散套【端正好·香塵暗翠幃屏】：「打扮的一庄庄停當。」

分株比立曰椿，俗用爲計量之詞，吳語及北京話至今仍通用，相當於件字。一椿，即一件；一椿椿，即一件件。椿，或作莊、庄，均爲同音假借字。庄爲莊字的省寫。

一頭

一頭的　一頭地　一投　一投的

一頭：一、謂一經、一到、及至；二、謂一旦、一下子；三、猶一注、一宗；；四、猶一面、一邊。

（一）

《貶夜郎》三【耍孩兒】：「一頭離了鶯花地，直赴俺蓬萊宴會。」

《太平樂府》卷七貫酸齋散套【鬥鵪鶉·憶別】：「一頭相見，兩意相投。」

《襄陽會》一【混江龍】：「一頭的袁紹興兵行跋扈，可又早曹公霸道騁奸回。」

《漢宮秋》二【梁州第七】：「我雖是見宰相似文王施禮，一頭地離明妃，早宋玉悲秋。」

《㑳梅香》四【駐馬聽】：「〔帶云：〕那窮酸每一投得了官呵，〔唱：〕胸脯在九霄雲外，可正是春風來似不曾來。」

《老生兒》一【混江龍】白：「一投的憑罷那脈也，婆婆道，老的你索與我換上蓋咱。」

以上各例，一頭，即一經、一到、及至之意；頭，一作投，音義同。的、地，爲語助詞。

（二）

《劉弘嫁婢》一【鵲踏枝】白：「果若劉弘無那兒女的分福，索一頭的生將下來，就在那褥草上便著天厭了者波。」

《鐵拐李》二【倘秀才】白：「我有些好歹，一頭地停喪在家，……你不出去接待，可著誰人接待？」

上舉之例，意爲一旦、一下子。明‧無名氏雜劇《龐掠四郡》一【幺篇】白：「元帥一頭身故，孔明便知也。」例意同。

（三）

《冤家債主》楔、白：「我今日不見了一頭錢物，這和尚可送將十箇銀子來。」

這裏，一頭猶一注、一宗。

（四）

《介子推》四【寨兒令】：「您向當心裏水瓮防身，您卻四面火把燒焚：一投於水於水浪滾，一投放火把火光焚。〔云：〕做皇帝一投放水，一投放火。〔唱：〕那的是您天子重賢臣？」

上例，謂一面、一邊。一投，或作一頭，例如：《清平山堂話本‧陳巡檢梅嶺失妻記》：「巡檢一頭行，一頭哭。」《喻世明言‧沈小官一鳥害七命》：「張公一頭走，一頭心裏想。」《水滸》第十四回：「晁蓋一頭相待雷橫飲酒，一面自肚裏尋思。」皆是。《水滸》例一頭與一面互文，其意益明。

此外，宋元小說中亦有作「一椿」解者，例如：《京本通俗小說‧西山一窟鬼》：「好教官人得知，卻有一頭好親在這裏。」《水滸》第四十五回：「我和你明日飯罷去寺裏，只要證盟懺疏，也是了當一頭事。」

一蔫

《五侯宴》一【金盞兒】：「我這裏兩步爲一蔫，急急下街衢。」

同劇五【七弟兄】：「入門來兩步爲一蔫，大踏步一夥上前來。」

《黃梁夢》二【逍遙樂】：「早難道：『侯門深似海』，兩步那（挪）爲一驀。」

《張天師》四【梅花酒】：「淹的呵下瑤階，將兩步做一步驀。」

《還牢末》四【中呂粉蝶兒】：「躲難逃災，行行裏兩步一驀。」

《抱粧盒》二【二煞】：「恨不得到這一座濯龍門側，將兩步爲一驀。」

兩步爲一驀，即一大步；現在口語叫做「邁步」。驀、邁雙聲通用。《元曲選》音釋：「驀音邁。」

一攢

一簇　一攢攢　一簇簇

《漁樵記》三、白：「則見那城中百姓每，三個一攢，五個一簇，說道是接待新太守相公哩。」

《隔江鬥智》三、白：「他擺設的花一攢，錦一簇，好大大的筵席也！」

《玉壺春》一【那吒令】：「一攢攢蹴踘場，一處處鞦韆院。」

《薛仁貴》三【十二月】：「敢則是一簇簇踏青拾翠，一攢攢傍隴尋畦。」

《倩女離魂》四【刮地風】：「一攢攢綠楊紅杏，一雙雙紫燕黃鶯。」

《村樂堂》三【醋葫蘆】白：「壁上孩兒，一簇簇畫的來不曾哭。」

攢（cuán）、簇（cù）都是聚的意思。一攢、一簇，謂一群、一夥、一團、一堆、一叢。疊言之，則曰一攢攢、一簇簇，即一群群、一團團、一叢叢、一處處、一堆堆之意。曰群、曰夥，是對人說；曰團，是對物說；曰處是對地方說；曰堆、曰叢，兼指人或物。攢、簇雙聲通用。

杜甫《江畔獨步尋花》詩：「桃花一簇開無主，不愛深紅愛淺紅。」杜荀鶴《題嶽麓寺》詩：「一簇楚江山，江山勝此難。」柳永【夜半樂】詞：「一簇煙邨，數行霜樹。」知唐宋語已然。

一抹（兒）

《玉鏡臺》一【賺煞尾】：「恰纔則掛垂楊一抹斜陽，改變了黯黯陰雲蔽上蒼。」

《貶黃州》二【三煞】：「漲一竿春水，帶一抹寒煙。」

《風光好》四【耍孩兒】：「我自離了鶯花市，無半星兒點污，一抹兒瑕疵。」

　　一抹，猶言塗抹一筆，常指輕微疏淡的痕跡，為狀景色之詞。唐・羅虬《比紅兒》詩：「一抹濃紅傍臉斜，妝成不語獨攀花。」宋・秦觀《泗州東城遠望》詩：「林梢一抹青如畫，應是淮流轉處山。」宋・翁卷《過太湖》詩：「一抹斜陽濕欲沉。」張炎【高陽臺・西湖春感】詞：「更淒然，萬綠西泠，一抹荒煙。」金・元好問《楚山青曉圖》詩：「遙知別後西州夢，一抹春愁淡淺中。」意並同上。

　　《風光好》例，「一抹兒」與「半星兒」互文，是一些兒的意思，亦上義的引申。「一抹兒瑕疵」，言其缺點不多也。

一陌（兒）

　　一陌，或作一陌兒，一般為一百張紙或一串之意；偶而也解作「一向」。

（一）

《殺狗勸夫》一、白：「俺燒一陌紙與祖宗，願你都好處托生去咱。」

《賺蒯通》二【快活三】：「我為甚的瀽一椀漿飯水，燒一陌紙錢灰？則為喒行軍數載不相離，曾與你刎頸為交契。」

《竇娥冤》三【叨叨令】白：「月一十五，有瀽不了的漿水飯，瀽半碗兒與我吃，燒不了的紙錢，與竇娥燒一陌兒。」

《貨郎旦》二【鴛鴦尾煞】：「那時節遙望著西樓，與你爺燒一陌兒紙，看一卷兒經，奠一杯兒酒。」

　　陌，通百，又作佰；一陌，就是一百張，亦即通常所說的一串、一掛、一刀或一垛。《警世通言・俞伯牙摔琴謝知音》：「今日是百日之忌，老夫提一陌紙錢，往墳前燒化」，亦其例。《漢書・食貨志上》：「有仟伯之得。」顏師古注：「伯謂百錢也。」世俗作陌。《梁書・武帝紀下》：「自今可通用足陌錢。」足陌錢，即謂每百張足數不打折扣的錢。

（二）

《董西廂》卷三【中呂調・棹孤舟纏令】：「一陌兒來，直恁地難偎傍，死冤家，無分同羅幌。」

一陌兒，在這裏爲一向之意。「一陌兒來，直恁難偎傍」，是說一向竟這樣地難親近。

一拳（兒）

一權

一拳：一、謂一注、一宗；二、謂掌權；三、謂一個。

（一）

《西遊記》一本一齣【仙呂賞花時】白：「算命買卦，合有一拳財分。」

《合汗衫》二、白：「我這一去，不得一拳兒好買賣不回來。」又白：「我如今趁著這個機會，辭了俺哥哥，別處尋一拳兒買賣，可不好？」

《硃砂擔》一【賺煞尾】白：「哇！我兒也，一拳兒好買賣在我手裏，放的他走了，更待干罷！」

同劇二【牧羊關】白：「嗨！這廝走了也！想這一拳兒買賣，不該是我的。」

以上「一拳兒」，指財物一注、一宗之意。《警世通言・萬秀娘仇報山亭兒》：「大官人道：『他今日看得外婆家報與我，是好一拳買賣。』」《古今小說・宋四公大鬧禁魂張》：「王秀道：『你見白虎橋下大宅子，便是錢大王府，好一拳財。』」

（二）

《桃園結義》一、白：「不是我騙口，憑著這管刀筆，一拳爲主。衙門中大小事叐，都與我計較，全憑我做主。」

《調風月》三【小桃紅】：「但教我一權爲政，情取火上等冬凌。」

這裏的「一拳」，意指掌權、把持政柄。《桃園結義》例中的令史在前文中曾明確表明：「爲吏當權，故官模樣，官吏奸猾，全憑主張。」可證。在這裏，權是正寫，拳爲同音假借字。

（三）

《猿聽經》三【紅繡鞋】：「〔念詞科：〕竊以生一拳夢幻之身，蓋由
惡業；熟三峽煙霞之路，亦自善緣。」

這裏的「一拳」，猶言小小一個，含有微小之意。

又如：《長生殿》三十七【南呂過曲·香柳娘】：「只見一拳培塿，這便是
前生宿艷藏香藪。」這裏的「一拳」，用爲不定量詞，猶言一堆，如拳頭大。
白居易《太湖石記》：「百仞一拳，千里一瞬。」宋·陳造《龍眼磯》詩：「誰
謂石一拳，不作江流礙。」意並同上。

一壁（兒）

一壁廂　一壁相

《楚昭公》一、白：「且一壁有者！令人，與我喚將伍子胥、伯嚭來
者！」

《西廂記》一本楔、白：「一壁寫書附京師去，喚鄭恒來相扶回博陵
去。」

《趙氏孤兒》一、白：「一壁與我張掛榜文，遍告諸將，休得違誤，
自取其罪。」

《兒女團圓》一【鵲踏枝】白：「韓二，我老實和你說，你棄一壁兒，
就一壁兒，你愛他時休了我，愛我休了他者！」

《漢宮秋》二、白：「就一壁廂引控甲士，隨地打獵，延入塞內，偵
候動靜。」

《虎頭牌》一【金盞兒】白：「小的，一壁廂刲羊宰豬，安排筵席者！」

《李逵負荊》一【油葫蘆】：「一壁廂肉又熟，一壁廂酒正篘，抵多
少錦封未拆香先透，我則待乘興飲兩三甌。」

《輟耕錄》卷十七載散套【哨遍·耍孩兒】：「一壁相投河奔井，一
壁相爛額焦頭。」

一壁，或作一壁兒、一壁廂、一壁相，意爲一面、一邊。《元曲選》音
釋：「壁音彼。」黃庭堅《答季泉州元善》詩：「要當堅一壁，詎可立兩界？」
陸游《老學庵筆記》卷四：「時考試官葛某眇一目，（晁）之道戲作詩云：『沒

興主司逢葛八，賢弟被黜兄薦發，細思堪羨又堪嫌，一壁有眼一壁瞎。』」元本《琵琶記》四：「一壁廂來辟召，自家力以親老爲辭。」皆其例。盧全《月蝕》詩：「初露半個壁，漸吐滿輪魄。」此唐人以壁爲邊之例。

一二三

《董西廂》卷七【中呂調·尾】：「掂詳了這廝趨蹌身分，便活脫下鍾馗一二三。」

《雍熙樂府》卷十散套【一枝花·道情】：「飄零的不知明暗，默默的自取勘。眼底澤無一二三，流落在江南。」

《盆兒鬼》三【幺篇】：「〔（正末）做出門科，云：〕且住！私場演，官場用。若到開封府去，他不說時，如何是了？待俺試敲咱，這是盆沿兒，〔做敲科，云：〕一、二、三。」

上列各例，意義有二：一、表不定數量，猶幾分、多少。例一是說鄭恒的醜態，有幾分活像鍾馗的模樣。例二是說現在流落江南，往事沒有多少印象了。二、是在有動作之時，一面動作，一面口說數字以計數，習慣常說至三爲止，如《盆兒鬼》例是也。

一火灑

《蝴蝶夢》三【滾繡毬】：「兩邊廂列著祗候人役，貌堂堂都是一火灑合娘的。」

一火灑，猶云一群、一幫。一火，即一伙，灑爲語助詞，無義。

一札腳

一扎腳

《兩世姻緣》四【沉醉東風】：「俺那老虔婆見錢多賣，一札腳王侯宰相宅，誰敢道半米兒山河易改。」

《詞林摘艷》卷三蘭楚芳散套【粉蝶兒·驕馬金鞭】：「常則是比翼鳥、連理枝、雙飛燕：蜜和酥，分外相偏，一扎腳住定無移轉。」

一札腳，猶一插腳、插住腳，謂投身某處而能穩定不移。札，一作扎。

一托氣

一脫氣　一掇氣

《哭存孝》三【醉春風】:「一托氣走將來,兩隻腳不暫歇。」

《存孝打虎》四【黃鍾醉花陰】:「一托氣直走數十里。」

《酷寒亭》二【收尾】:「我如今一脫氣直走向京都地,一句句向哥哥說知。」

《雍熙樂府》卷十二散套【行香子·祿山憶楊貴妃】:「一掇氣走偌來遠近。」

一托氣,猶云一口氣,即一呼氣或一吸氣也;形容趕路之急。《單鞭奪槊》四【黃鍾醉花陰】:「兩隻腳驀嶺登山快撚,走的我一口氣似攛橡。」句意正與上舉各例同。托、一作脫、掇,音近通用。

一回家

一回兒　一會　一會兒　一會價

《追韓信》一【天下樂】:「空教我日夜思量計萬條,一回家心焦,何日了?」

《圯橋進履》三【呆骨朵】:「他一回兒忿怒生嗔,心勞意穰。」

《曲江池》一【天下樂】:「行行裏翫一會景致,行行裏聽一會管絃。」

《張生煮海》二【感皇恩】:「一會兒起波濤,一會兒摧山岳,一會兒捲江淮。」

《梧桐雨》四【叨叨令】:「一會價緊河,似玉盤中萬顆珍珠落;一會價響呵,似玳筵前幾簇笙歌鬧;一會價清呵,似翠岩頭一派寒泉瀑;一會價猛呵,似繡旗下數面征鼙操。」

一回,或作一會,指短暫的時間。回、會,均為量詞,同音通用。價、家、兒,均為詞尾語助,不為義。《古今小說·張古老種瓜娶文女》:「一會子掣出太阿寶劍。」一會子之子,亦為語助,同價、家、兒。明·張鳳翼《紅拂記》十九【前腔】白:「不免在耳房內避一迴,待他回報。」一迴之迴,回的異體字。

一合相

《西遊記》四本十五齣【幺】：「你休恁輕狂，我和你一合相。」

《陽春白雪》後集二彭壽之散套【八聲甘州・元和令】：「合著兩會家，相逢一合相；憐新棄舊短姻緣，強中更有強。」

一合相，本佛家語。凡是眾人緣分集合在一起的，都叫做「一合相」。《金剛經》：「若世界實有者，則是一合相。」這是說世界是微塵所集合的。《華嚴經大疏演義鈔》：「一合相者，眾緣和合，故攬眾微以成一色，合五陰等以成於人，名一合相。」元曲中借用「一合相」，說明兩個人都是男性，意在打諢。

一字王

《漢宮秋》三【川撥棹】：「若是他不戀恁春風畫堂，我便官封你一字王。」

《陳摶高臥》四【鴈兒落】：「曾道你官封一字王，位列頭廳相。」

《麗春堂》四【風流體】：「我則道官封做、官封做一字王，位不過、位不過頭廳相。」

封建等級制度，爵位分為王、公、侯、伯、子、男；王這一級，僅用一個字為封號者，曰「一字王」，例如燕王、趙王等，歷代均有，地位極尊貴。《金史・百官志四》：「皇統二年，定制，皇兄弟及子封一字王者為親王，給二品俸，餘宗室封一字王者以三品俸給之。」清・袁枚《隨園隨筆》上：「遼史有一字王之稱，蓋如趙王、魏王之類，皆國王也。若郡主則必二字，如混同郡王、蘭陵郡王之類，較一字王為卑。」元代也有一字王、兩字王的差別。《元史・哈剌哈孫傳》：「初仁宗之入也，阿忽台有勇力，人莫敢近，諸王禿剌實手縛之，以功封越王，三宮盡幸其第，賜與甚厚，以慶元路為其食邑。哈剌合孫力爭之，曰：『祖宗之制，非親王不得加一字之封。禿剌疏屬豈得以一日之功廢萬世之制哉！』帝不聽。」

一星星
一惺惺

《劉知遠諸宮調》十二【般涉調・耍孩兒】：「破早來私地奔沙陁，一星星見了本末。」

《董西廂》卷四【中呂調·鶻打兔】：「怎得箇人來，一星星說與，教他知道？」

《風光好》四【哨徧】：「對著這千乘當今帝子，待教我一星星數說你喬行止。」

《魔合羅》二【尾】：「所有金珠共財寶，一星星不剩分毫，他緊緊的將馬兒駄去了。」

《東堂老》二【滾繡毬】：「休言家未破，破家的人未生；休言家未興，興家的人未成，古人言一星星顯證。」

《謝金吾》三【收尾】：「到來日我一星星奏與君王，不到得輕輕的索放了你。」

《三奪槊》三【尾】：「向那龍床側近調泛得君王，一惺惺都迥順。」

一星星，或作一惺惺，意爲一椿椿、一件件或一些些，一點點。唐·皮日休《病孔雀》詩：「盡日春風吹不起，鈿毫金縷一星星。」

星、惺音義同。

一架子

《救風塵》一【元和令】白：「那周舍，穿著一架子衣服，可也堪愛哩。」

《看錢奴》一【賺煞】白：「我若做了財主呵，穿一架子好衣服，騎著一匹好馬，去那三山骨上贈上他一鞭，那馬不刺刺。」

一架子，猶云一套、一身（指衣服）。明人雜劇《魚兒佛》一【醉春風】白：「便好賺一主子大錢，穿一架子衣服，做一個財主兒，可不強似今日喫一沒二的也。」亦其例。《東堂老》二【三煞】白：「看我這架子衣服如何？」「這架子衣服」，猶「這一架子衣服」，蓋「架子」乃「一架子」之省語，數詞「一」，習慣上被省略了。

一班兒

一般兒

《雙赴夢》四【倘秀才】：「立在丹墀內，不由我淚交流，不見一班兒故友。」

《金線池》二、白：「今日打聽得虔婆和他一班兒老姊妹在茶房中吃茶，只得將我羞臉兒揣在懷裏，再到蕊娘家去走一遭。」

《敬德不伏老》三【小桃紅】：「他兩個都歸泉世，俺一班兒白髮故人稀。」

《西遊記》六本二十一齣【煞尾】：「恁既來佛會下，則恁這一班兒都是有緣人。」

《持漢節蘇武還鄉》三【朝天子】：「你一般兒武職文臣，隨朝還轉。」
（《詞林摘艷》卷三收此曲作「一班兒」）

一班兒，謂同輩、一輩。《救風塵》一、白：「大姐，你在家執料，我去請那一輩兒老姊妹去來。」《老生兒》一、白：「聽的我那一輩兒老相識朋友每，說我些甚麼來？」這裏「一輩兒」與上舉各例含意皆同。又班，或作般，音義並同。

一捻紅

《金錢記》一、白：「今奉聖人的命，明日三月初三，但是在京城裏外官員、市户軍民、百姓人家，或妻或妾或女，都要赴九龍池，賞楊家一捻紅。」

一捻紅，紅牡丹花之別名。宋・陳景沂《全芳備祖》云：「唐明皇時，有獻牡丹者，時貴妃勻面，口脂在手，印於花上，詔栽於仙春館，來歲花開，瓣有指印，名為一捻紅。」宋・高承《事物紀原・草木花果部・一捻紅》：「今牡丹中有一捻紅，其花葉紅，每一花葉，端有深紅一點如半指。明皇時，民有以此花上進者，值妃子正作粧，偶以粧指捻之，胭脂之痕染焉，植之，明年花開，俱有其迹，亦見《明皇雜錄》也。」後亦用為詞曲之曲牌名。

一堝兒

一坨兒　一坨　一陀兒

《蝴蝶夢》一【油葫蘆】：「你覷那著傷處一堝兒青間紫，可早停著死屍。」

《趙氏孤兒》五【脫布衫】：「直剁的他做一堝兒肉醬，也消不得俺滿懷惆悵。」

《看錢奴》三【逍遙樂】白：「暫借一坨兒田地，與我歇息咱！」

《翫江亭》二【清江引】：「呆漢喏！你尋一坨兒穩便處閑坐的。」

《爭報恩》楔、白：「來到這權家店，只見一個男子搭著個婦人一坨兒坐著喝酒。」

同劇四【雙調新水令】：「今日個宰肥羊，斟糯酒，須不是長休飯、永別杯，山寨崔嵬。哎！煞強如那一坨慘田地。」

《竹葉舟》一【混江龍】：「量那些一陀兒寰土，經了些前朝後代戰爭餘。」

一塥兒，猶一塊、一堆。塥（guō）、坨（twō）、陀（tuò）音近義同。單言之曰塥、曰坨，重言之曰塥坨。《遼史國語解》云：「《集韻》塥下注窩陀二音。」可參看「那塥兒」條。

一腳地

一腳的　一腳　一覺地

一腳地：一、謂瞬時、片刻、一會兒；二、謂一旦。

（一）

《董西廂》卷八【越調‧渤海令】：「夫人不敢大喘氣，連忙揀下吉日。只爭一腳地，大分與那畜生效了連理。」

《周公攝政》四【川撥棹】：「我一腳地過江淮，怎生的便禍從天上來？」

《破窰記》二【倘秀才】白：「大嫂，有甚麼人到俺家裏來？我一腳的不在家，把我銅斗兒家緣都破敗了也。」

《陽春白雪》後集四孫叔順散套【粉蝶兒】：「一腳的陌門東，來到這乾闥內。」

上舉「一腳地」各例，即瞬時、片刻、一會兒之意。地，一作的，音義同。

（二）

《魯齋郎》三【石榴花】：「我一腳的出宅門，你待展汙俺婚姻簿，我可便負你有何辜！」

《鐵拐李》二【脫布衫】：「我和你十七八共枕同眠，二十載兒女姻緣，一腳的停屍在眼前，則落的酒茶澆奠。」

《劉弘嫁婢》一【寄生草】白：「我如今一腳的出了這門，使不的你可使人來趕我。」又白：「我一腳的出了這門，這地就無人掃。」

《賺蒯通》二【耍孩兒】：「若將軍一腳到京畿，但踏著消息兒你可也便身虧。」

《盛世新聲》亥集小令【風情答】：「一覺地青蚨虧欠，薄嬢苦熬煎。」

一腳的，猶云一旦、一下子。一腳的，或作一覺地，簡作一腳，義並同。《水滸》第二十四回：「一腳歇了擔子，便去除了簾子，關上大門，卻來家裏坐地」，亦其例。

一壺天

一壺天地

《抱粧盒》一【混江龍】：「尚兀自嫌他拘倦，向御園中別是一壺天。」

《誤入桃源》三【三煞】：「他那裏一壺天地寬，兩輪月日遲。」

一壺天，壺中天地，謂壺中別有一個天地也，道家語。《後漢書·費長房傳》：「費長房者，汝南人也，曾為市掾。市中有老翁賣藥，懸一壺於肆頭，及市罷，輒跳入壺中。市人莫之見，唯長房於樓上覩之，異焉。……長房旦日復詣翁，翁乃與俱入壺中，唯見玉堂嚴麗，旨酒甘肴，盈衍其中，共飲畢而出。」宋·張君房《雲笈七籤》：「施存學大丹之道，遇張申為雲臺治官，常懸一壺如五升器大，化為天地，中有日月，夜宿其內，自號壺天，人謂曰壺公。」明·王哲《遊齊山記》：「過一石門，偏僂而入，得平地可三數丈，如壺中之天，修丹者法天象地，反身而求，則身中自有一壺天也。」

一湧性

一勇性

《救風塵》三【正宮端正好】：「那婆娘家一湧性無思忖，我可也強打入迷魂陣。」

《李逵負荊》三【浪裏來煞】詩云：「但愁他一湧性殺了假宋江，連累我滿堂嬌要帶前夫孝。」

《黃鶴樓》一【油葫蘆】：「哎！你箇一湧性的劉封不忖量，你做不的些好勾當。」

《連環計》一【那吒令】：「你如今怕甚麼計不成，怕甚麼謀難就，便待要一勇性亂舉戈矛。」

《千里獨行》一【天下樂】白：「想三叔他是一勇性也。」

一湧性、謂一時衝動、莽撞任性，即想做甚麼就做甚麼，不加思考之意。湧，一作勇，音義同。

一遞一

《救風塵》二【倘秀才】白：「我拿一把刀子，你拿一把刀子，和你一遞一刀子截哩！」

《西廂記》四本三折【朝天子】：「一個這壁，一個那壁，一遞一聲長吁氣。」

《降桑椹》二【南青哥兒】：〔二淨挈著藥包一遞一個打著念科。〕

《翫江亭》二【十二月】白：「俺師父有兩箇徒弟，一遞一日打柴，他打柴，我學道；我打柴，他學道。」

《百花亭》二【醉春風】白：「你吃這等寡醋做甚麼？你如今不要鬧，喒兩個則一遞一夜便了。」

一遞一，猶言更番，即彼此輪替著來，接連不斷之意。「一遞一刀子」，謂兩人刀來刀去，你一下，我一下也。餘可類推。《水滸》第二十四回：「西門慶和這婆子一遞一句，說了一回。」亦其例。

一鼓收

《澠池會》楔【賞花時】白：「二將若肯同心意，覷那大國秦邦一鼓收。」

《西遊記》二本五齣、白：「龍戰河山二十秋，腰懸雙鐧覓封侯，老君堂上逢眞主，四海風塵一鼓收。」

《射柳插丸》四、白：「某與葛監軍領兵，到於彼處，將賊兵一鼓平
收。」

一鼓收，比喻戰爭之詞，極言制勝敵人，很容易就取得勝利。一鼓，語
出《左傳》莊公九年：「夫戰，勇氣也。一鼓作氣，再而衰，三而竭。」古代
戰爭，擊鼓表示進攻，敲鑼表示退卻。一鼓收，猶言一鼓而下，即一下子打
敗敵人之意。

一跳身

《調風月》一【天下樂】：「哥哥的家門，不是一跳身。」

《東窗事犯》四【二煞】：「陛下自離京兆泥馬走，似高祖滎陽一跳
身。」

《霍光鬼諫》二【蔓青菜】：「偏不曾一跳身都榮顯。」

《太平樂府》卷八無名氏散套【粉蝶兒・閱世】：「一跳身平步登臺
省。」

《樂府群珠》卷二曾瑞小令【四塊玉・感懷】：「功名縱得成虛幻，
一跳身，百尺竿。」

據《東窗事犯》例，知「一跳身」，與漢高祖（劉邦）有關。按：「跳」，
古與「逃」通用，即逃走之意。漢高祖曾守滎陽，與項羽相拒，糧盡逃出；
到廣武，繼續相持不下，項羽約他在陣前談判，暗中「伏弩射中漢王（劉邦）；
漢王傷走入成皋」（見《史記・項羽本紀》）。其後不久，漢軍擊敗楚軍，項
羽自刎，劉邦作了皇帝。元劇用「一跳身」，比喻先危後安，先失敗後成功
之意。

一滅行

元刊本《氣英布》二【一枝花】：「兩國嶒爭難使風雷性，三不歸一
滅行，省死圖生，劍斫了差來的使命。」

《調風月》三【鬼三台】：「俺那廝做事一滅行，這妮子更敢有四星。」

一滅行，謂任性行事，不顧一切（見朱居易《元劇俗語方言例釋》）。王
季思謂：「一滅行的行字念去聲，一滅行是罵他的性行絲毫沒有可取。」（見
《玉輪軒曲論》），亦近是。

一遞裏

《殺狗勸夫》三【梁州第七】：「一遞裏暗昏昏眼前花發；一遞裏古魯魯肚裏雷鳴。」

一遞裏，一會兒、一障子的意思。

一頭蹉（cuō）

《氣英布》一【油葫蘆】：「他可也忒不合，他可也忒放潑，恰便似一箇飛蛾兒急颮颮來投火，這的是自攬下一頭蹉。」

一頭蹉，意爲一場災禍。蹉，跌跤也，如云蹉跌（《漢書・朱博傳》：「功曹後常戰栗，不敢蹉跌。」）、蹉跎（《楚辭・九懷・株昭》：「驥垂兩耳兮，中坂蹉跎。」）。

一謎地

一謎裏　一謎哩　一迷里　一迷裏　一迷哩　一覓的　一覓里
一密裏　一昧　一昧裏

一謎地：一、謂一味；二、謂一概。謎，或作迷、覓、密、昧；地，或作的、里、裏、哩，音近義並同。

（一）

《劉知遠諸宮調》十一【高平調・賀新郎】：「一謎地殺呼高叫，把貴人齊圍遶。」

《兒女團圓》三【梧葉兒】：「那廝敢平地下鍬撅，一謎裏便胡謅亂說。」

《盛世新聲》小令【醉太平】：「被那火桃皮每一謎哩胡商總和。」

《詞林摘艷》卷三王世甫散套【粉蝶兒・浪靜風恬】：「往常時一迷里嫌，到今日都是諂。」

《忍字記》二【烏夜啼】：「你可休叫吖吖，一迷裏胡撲搭。」

《獨角牛》三【白鶴子】白：「打的來七手八腳，一迷哩橫行。」

《詞林摘艷》卷一劉庭信小令【寨兒令・戒漂蕩】：「一覓的亂棒胡茄，只辨的架搞（隔）攔截。」（亦見於《元人小令集》）

同書卷二無名氏散套【越調山坡紅‧暗思金屋配合春嬌】：「是咱思筭（算）少，又被傍人一覓里撱（攪）。」

《雍熙樂府》卷一湯式散套【醉花陰‧離思】：「將、將、將好姻緣成架閣，他、他、他一密裏鏈快鋼鍬。」

《勘頭巾》四【川撥棹】：「你、你、你敢昧神天，將平人招罪愆，還待要攞袖揎拳，假潑佯顛，一昧胡纏。」

《魯齋郎》一【天下樂】：「那其間敢賣了城南金谷園，百姓見無權；一昧裏掀潑家私如敗雲風亂捲。」

上舉各例，一謎地，謂一味地、一股勁地，是就言行的表現程度而言。或作一謎價，如《長生殿‧疑讖》：「一謎價痛飲興豪粗。」或作一謎家，如《長生殿‧哭像》：「不催他車兒馬兒，一謎家延延挨挨的望。」價、家亦皆語助詞，無義。

（二）

《劉知遠諸宮調》十二【仙呂調‧繡帶兒】：「強人五百威猛如虎，茶灰抹土，他又不通個名目，把小李村圍住，烜天地燒著草垛，一謎地大刀夆（舉）。」

《董西廂》卷一【商調‧玉抱肚】：「重簷相對，一謎地是寶粧就。」

上舉「一謎地」，意為一概，是就言行表現的範圍而言。或作一迷，意同；如《清平山堂話本‧快嘴李翠蓮記》：「不問青紅與白皂，一迷將奴厮胡鬧」。

一靈兒

《竇娥冤》四【得勝令】：「呀！今日箇搭伏定攝魂臺，一靈兒怨哀哀。」

《梧桐雨》四【么】：「依舊的兩般兒點綴上陽宮，他管一靈兒瀟洒長安道。」

《三奪槊》四【鮑老兒】：「元吉那廝一靈兒正訴冤，敢論告他閻王殿。」

《合汗衫》四【得勝令】：「也是我心專，作念的一靈兒須活現。」

《爭報恩》三【金蕉葉】：「我一靈兒悲風內喧喧聒聒，我一靈兒怨雲裏招招磨磨。」

《陳州糶米》四【駐馬聽】：「投至的分屍在市街，我著你一靈兒先飛在青霞外。」

一靈兒，舊時迷信，意指游魂。

一分人家

《看錢奴》二【滾繡毬】白：「只要那一分人家養的活，便與他去罷。」

同劇同折【倘秀才】白：「自從與那一分人家打牆，鉋出一石槽金銀來，那主人家也不知道，都被悄悄的搬運家來。」

《盆兒鬼》一【金盞兒】白：「俺這裏方圓四十里，再無一分人家。」

一分人家，謂一戶人家。

一冲一撞

一衝一撞

《單刀會》三【醉春風】：「董卓又不仁不義，呂布又一冲一撞。」

《蔣神靈應》一【醉中天】：「休誇逞百能百強，莫施逞一衝一撞。」

《三戰呂布》四【滾繡毬】：「若不是劉玄德一衝一撞，俺端的逞英雄惡戰在沙場。」

《黃鶴樓》一【金盞兒】：「據著他一衝一撞，賣弄高強。」

一冲一撞，意謂專憑勇力，不用思考，冒冒失失，瞎碰瞎撞。冲，為衝之簡體。今簡化漢字仍作冲。《水滸》第三回：「史進當頭，朱武、楊春在中，陸達在後；和小嘍囉並莊客一衝一撞。」亦其例。現在仍這樣說。

一房一臥

《黃粱夢》二【高過浪裏來】白：「呂岩去了，我收拾一房一臥嫁魏舍去來。」

《救風塵》三【幺篇】白：「俺姐姐將著錦繡衣服，一房一臥來嫁你，你倒打我！」

《神奴兒》三【迎仙客】白：「你若是私休呵，你將那一房一臥都留下，則這般罄身兒出去。」

《貨郎旦》一、白：「只今日我收拾一房一臥，嫁李彥和走一遭去。」

同劇同折【寄生草】白：「妾身張玉娥，收拾了一房一臥，嫁李彥和去。」

一房一臥，簡作房臥，謂嫁粧。唐宋以來民間習俗，嫁粧包括用具、衣服、床帳、臥具等，故稱房臥。敦煌變文《醜女緣起》：「陪些房臥不爭論。」《京本通俗小說·西山一窟鬼》：「好教官人得知，卻有一頭好親在這裏：一千貫錢房臥，帶一個從嫁，又好人才，卻有一床樂器都會，又寫得算得。」《警世通言·萬秀娘仇報山亭兒》：「帶著一個房臥，也有數萬貫錢物。」皆其證也。

一家一計

一家無二　一家無外

《竇娥冤》二【鬪蝦蟆】：「壽數非干今世，相守三朝五夕，說甚一家一計。」

《蝴蝶夢》三【脫布衫】：「爭奈一家一計，腸肚縈牽。」

《漁樵記》三【醉春風】：「道不的個『一夫一婦，一家一計』，你可甚麼一親一近！」

《看錢奴》四【調笑令】：「可早知一家無二，父子們廝見非同造次。」

《瀟湘雨》一、白：「他自到我家來，倒也親熱，一家無二。」

《冤家債主》一【混江龍】：「俺大哥一家無外，急巴巴日夜費籌劃。」

《韓彩雲絲竹芙蓉亭》【村里迓古】：「你休教一時風火，燒了咱百年恩愛，則爲你衾寒枕冷，咱廝敬重，一家無外。」

《蕭淑蘭》二【鬼三台】白：「蕭公共汝一家無外，怎生持此淫詞戲我，是何道理？」

一家一計，是一家人，一條心的意思。元明間無名氏雜劇《龍門隱秀》二折：「都則要一意一心，一家一計，便有那一親一近。」現在天津郊區仍有這種說法。一家無二、一家無外，也是說一家人，沒有二心，意同一家一

計。明·朱有燉《神仙會》三〔幺〕:「這是俺煉丹人一家不外。」一家不外,
猶一家無外。

一親一近

《漁樵記》三【醉春風】:「道不的個『一夫一婦,一家一計』,你可
甚麼一親一近?」

《梨園樂府》上無名氏散套【新水令】:「文君不寄平安信,可知道
一親一近。」

一親一近,謂彼此一心,親如一家。明·無名氏雜劇《龍門隱秀》二【醉
春風】:「都則要一意一心,一家一計,便有那一親一近。」亦其例。

伊

伊家

伊,在現代漢語中,用作女性第三人稱,但在元明戲曲中,伊字卻多作
第二人稱,有時也用作第一人稱,偶而也用作感嘆詞,例釋如下:

(一)

《拜月亭》四【水仙子】:「一投得官也,接了絲鞭,我常把伊思念,
你不將人掛戀,虧心的上有青天。」

《范張雞黍》三【掛金索】:「早知你病在膏肓,我可便捨性命將伊
救。」

《倩女離魂》二【麻郎兒】:「你道我為甚麼私離繡榻,待和伊私走
天涯。」

同劇二【幺】:「比及你遠赴京華,薄命妾為伊牽掛:思量心,幾時
撇下?」

《馬陵道》三【掛玉鉤】:「我這裏吐膽傾心說與伊,難道你不解其
中意?」

《留鞋記》二【煞尾】:「本待要秦樓夜訪金釵客,倒教我楚館塵昏
玉鏡臺,則被伊家廝定害。」

《劉弘嫁婢》二【耍孩兒】:「我不曾見伊家面皮,你和咱素日不相識。」

伊或伊家，均用作第二人稱，猶你；家爲語尾助詞，無義。伊爲第二人稱，在唐、五代時已見，如：敦煌變文《舜子變》：「妾見後院空倉，三二年來破碎，交伊舜子修倉，四畔放火燒死。」趙崇祚輯《花間集》三韋莊【謁金門】詞：「新睡覺來無力，不忍把伊書跡。」（《全唐詩》伊作君）「把伊」，即把你也。宋·柳永【定風波】詞：「莫拋躲，針線閒拈伴伊坐。」「伴伊坐」，即伴你坐也。陳瓘【蝶戀花·志全長髭】詞：「莫向細君容易說，恐他嫌你將伊摘。」上云「你」，下云「伊」，伊即你也；「將伊摘」，把你指摘也。南戲《張協狀元》：「欲去在伊兩個，不去在伊兩個。」《小孫屠》【迎仙客】：「謝娘子恁提攜，料想前生曾會伊。」又同劇孫二白：「伊不聽兄弟勸時，也須看前人例。」巾箱本《琵琶記》二十九：「他那裏須怨著你，沒音信，笑伊家短行，無情忒甚。」又同劇三十：「呀！夫人你緣何獨坐，想你爹爹不肯麼？伊家道利齒伶牙，爭奈你爹行不可。」以上皆其例也。歷元明到清初，仍沿用不變，如《長生殿》九【尾聲】：「妃子，我且把這一日相思訴與伊。」「訴與伊」，就是「告訴你」。但同時在《長生殿》中也有把「伊」當作「她」字用的，如在第八齣【榴花燈犯】曲文中有句云：「我只道任伊行笑謔」，是也。從古漢語「伊」用作第二人稱，過渡到近代漢語「伊」字用作女性第三人稱，衍變之迹，略如上述。

〈二〉

《醉寫赤壁賦》一：「〔正末扮蘇東坡上，云：〕想俺秀才每學就文章，扶持聖主，方顯大丈夫之志也。」接唱【仙呂點絳唇】：「想伊每十載寒窗，平生指望，登春榜。」

《怒斬關平》四：「〔正末云：〕我饒不的也」。接唱【鴈兒落：】「則您這眾將軍來勸伊，想當日四海皆兄弟，有馬孟起、趙子龍，有黃漢昇，少張車騎。」

以上二例，說白俺、我和曲詞中的伊都指的是同一個人，證明伊在元明戲曲中也用作第一人稱。

〈三〉

《陽春白雪》後集一無名氏小令【遊四門】：「伊！快活了是則宜。」

此用作感嘆詞，但偶一見之。

伊誰

《昇仙夢》二【南千秋歲】白：「撥轉頂門關捩子，伊誰不是大羅仙？」

《謝金吾》三【幺篇】：「你道是楊和尚破天陣吃了些虧，卻不道救銅臺是靠著伊誰？」

伊誰，即誰。伊，用在句首作發語詞，無義。《爾雅·釋詁》：「伊，維也。」注：「發語辭。」《詩·小雅·正月》：「伊誰云憎？」箋：「伊，當讀為緊（yī）。」按緊與維皆語首助詞。陶潛《答龐參軍》詩：「伊余懷人，欣德孜孜。」伊余即余。按：伊誰即阿誰，伊阿古音同屬「影」紐，伊屬「微」部，阿屬「歌」部，韻部亦相近，故得通轉；參見「阿誰」條。

伊哩烏蘆

一溜兀剌　一留兀剌　亦溜兀剌　壹留兀淥　剔溜禿魯　咿喔嗚剌

《凍蘇秦》楔、白：「老的也，即然他兩箇要去，等他自措盤纏求官去來，省的在我耳朵根邊，終日子曰子曰，伊哩烏蘆的這般鬧炒，倒也淨辦。」

《詞林摘艷》卷三無名氏散套【哨遍·鷹犬從來無價】：「打番語一溜兀剌。」

同書卷十散套【鬭鵪鶉·滿長空雲霽天開】：「一留兀剌說貼里，剔溜禿魯打著番語。」

《梨園樂府》下無名氏小令【柳營曲·題章宗出獵】：「剔溜禿魯說體例，亦溜兀剌笑微微，呀剌剌齊和凱歌和。」

《李逵負荊》二【叨叨令】：「他這般壹留兀淥的睡。」

《全元散曲》下、湯式小令【湘妃引·京口道中】：「咿喔嗚剌杜宇聲乾。」

伊哩烏蘆，表聲詞。一至三例狀說話聲囫圇不分；例四狀笑聲；例五形容鼾聲；例六狀鳥鳴聲。或作一溜兀剌、一留兀剌、亦溜兀剌、壹留兀淥、剔溜禿魯、咿喔嗚剌凡狀聲字，均無定字，音近義並同。明·湯顯祖《南柯記·就徵》：「聽他唧嚼蚯蟻絮的我無聊賴。」「唧嚼蚯蟻」，義同一至三例。

衣鉢

《忍字記》一【醉中天】：「我謝你箇達磨俫把衣鉢親交。」

衣指袈裟，鉢指食具（飯盂），二者是僧侶物資之最關重要者，是佛家師弟相傳的法器。宋·道原《傳燈錄》一：「爾時世尊，說此偈已，復告迦葉，吾將金縷僧伽梨衣傳付於汝，轉授補處，至慈世佛出世，勿令朽壞。」後世因對一切師徒間的傳道、授業等繼承問題，皆借用此語稱之。宋·邵伯溫《邵氏聞見錄》卷七：「范魯公質舉進士，和凝爲主文，愛其文賦。凝自以第十三登第，謂魯公曰：『君文宜冠多士，屈居十三者，欲君傳老夫衣鉢爾。』魯公以爲榮至。先後爲相，有獻詩者云：『從此廟堂添故事，登庸衣鉢亦相傳。』」清·翟灝《通俗編·服飾·傳衣鉢》：「按傳衣鉢，本釋家故事，唐宋間舉子借以比師弟耳。」

衣飯

衣食

《金線池》一【混江龍】：「佛留下四百八門衣飯，俺占著七十二位兇神。」

《對玉梳》一、白：「暗想俺這門衣飯，又無甚黃牛耕，黑牛種，止則是賣笑求食，非同容易也呵？」

《兩世姻緣》一、白：「解元，俺這門衣食，不知幾時是了也呵！」

《舉案齊眉》三【紫花兒序】：「他著你奮志奪魁，劃地在這裏舂著粗糧，篩著細米，……可不空著你七步文才，只這等是一世衣食！」

衣飯，猶云衣食；謂行業、生計。《水滸》第十五回：「我們有一年多不去那裏打魚。如今泊子裏把住了，絕了我們的衣飯」，亦其例也。或作衣餙，如明·朱有燉雜劇《香囊怨》二折：「妹子，俺這衣餙是這等，便辛苦也無奈何。」餙爲飯的異體字。

依還的

依還

《楚昭公》二【越調鬭鵪鶉】：「只道他暮景蕭蕭，依還的雄威糾糾。」

《漢宮秋》三【鴛鴦煞】詩云：「不如送他去漢朝哈喇，依還的甥舅禮，兩國長存。」

《牆頭馬上》四、白：「回到洛陽，父母雙亡，遺下幾個使數和那宅舍庄田，依還的享用富貴不盡。」

《漁樵記》四【折桂令】：「我如今旱地上也無田，水路裏也無船；只除這紫綬金章，可不的依還是赤手空拳。」

依還的，或作依還，謂依舊，仍然。宋・吳文英【滿江紅・甲辰歲盤問外寓居過重午】詞：「結束蕭仙，嘯梁鬼，依還未滅。」

夷猶

《范張雞黍》三【逍遙樂】：「恰荒邨雪霽雲收，猛聽的哭聲哽咽，遙望見旛影飄揚，眼見的滯魄夷猶。」

《陽春白雪》前集二阿魯威小令【蟾宮曲】：「君不行兮何故夷猶？」
（亦見於《樂府群珠》卷三）

夷猶，謂猶豫不前；古人詩文中常見。屈原《九歌・湘君》：「君不行兮夷猶。」又《九章・抽思》：「悲夷猶而冀進兮，心怛傷之憺憺。」南齊・謝朓《新亭渚別范零陵云》詩：「停驂我悵望，輟棹子夷猶。」李白《代寄情楚詞體》：「朝馳余馬於青樓，怳若空而夷猶。」李商隱《無題》詩：「萬里風波一葉舟，憶歸初罷更夷猶。」皮日休《初夏遊楞伽精舍》：「遇勝即夷猶，逢幽且淹泊。」《桃花扇・迎駕》：「臨大事，敢夷猶？」或作夷由。《後漢書・馬融傳》：「或夷由未殊，顚狽頓躓。」李賢注：「夷由，不行也。」

姨夫

《魯齊郎》三【石榴花】：「我是你姐夫，倒做了姨夫。」

《青衫淚》二【三煞】：「赤緊的大姨夫緣分咱身上淺，老太母心腸這壁廂偏。」

同劇四【么篇】：「是他百般地妳妳行過從不下，怎當那獠姨夫物撞高價。」

《西廂記》五本四折【慶東原】：「張生呵，你撞著箇水浸老鼠的姨夫。」

《陽春白雪》後集五呂止軒散套【風吹松・天仙子】：「猛可裏見姨夫，敗壞風俗。」

同書後集五關漢卿散套【新水令・落梅風】：「姨夫鬧，咱便燒，君子不奪人之好。」

《詞林摘艷》卷一張鳴善小令【普天樂・詠世】：「千廝迁的姨夫快起，緊統鑷的郎君熱趨，忒聰明的小姐休頑。」

姐妹的丈夫互稱姨夫；引申之，舊時北人以兩男共狎一妓，亦互稱為姨夫。清・梁章鉅《稱謂錄・嫖客・姨夫》：「《癸辛雜志》：北人以兩男子共狎一妓，則呼為姨夫。」上舉元曲諸例是也。

稱呼母親姐妹的丈夫為姨夫，始見於北齊・顏之推《家氏家訓》，宋元以來小說中亦見之，如《古今小說・楊思溫燕山逢故友》：「猶幸相逢姨夫張二官人。」今仍沿用此稱。

姨姨

《救風塵》一、白：「當初姨姨引章要嫁我來，如今卻要嫁周舍，我央及你勸他一勸。」

《玉壺春》三・白：「昨日央陳玉英姨姨，要與素蘭相見一面。」

《曲江池》一、白：「請我這姨姨李亞仙同賞春景，大姐，你自家請一請去。」

同劇一【寄生草】白：「我姨姨著我來請你哩，你過去同吃幾杯兒酒。」

上舉各例：均為嫖客對妓女的客氣稱呼。按一般「姨姨」的稱謂：一指妻子的姊妹，如《詩・衞風・碩人》：「東宮之妹，邢侯之姨」，是也。二指母親的姊妹，如《左傳》襄公二十三年：「穆姜之姨子也。」孔穎達疏：「據父言之，謂之姨，據子言之，當謂之從母，但子效父語，亦呼為姨。」舊時子女對父之妾亦稱姨，當是從上述二義引申而來。

遺留

留遺

《麗春堂》二【幺篇】：「你的是無價寶，則我的也不是無名器，是祖宗遺留，兄弟相傳，輩輩承襲。」

《霍光鬼諫》二【倘秀才】白：「孩兒，我上天遠入地近也，有幾句遺留，聽我說與你。」

《王妙妙死哭秦少游》【折桂令】：「覷了這一曲新詞，便是他兩句遺留。」（亦見於《盛世新聲》【雙調新水令‧似一江春水向東流】）

《神奴兒》一【賺煞尾】：「你也須索念著好門風祖上留遺。」

《劉弘嫁婢》二【耍孩兒】：「你和咱素日不相識，知道也那臨危向妻子行留遺。」

凡祖先留給後代兒孫的東西，如遺囑、遺物、遺風等，均可稱遺留或留遺。在上舉各例中：例一指遺物，例四指遺風，其它三例指遺囑。按遺，也是留的意思。《史記‧孝文紀》：「太僕見馬遺財足。」《索隱》：「遺猶留也。」故遺留乃複義辭。

遺漏

《合汗衫》二【幺篇】：「我則聽的張員外家遺漏火發，哎喲！天那！諕得我立掙癡呆了這半霎。」

《太平樂府》卷九無名氏散套【耍孩兒‧拘刷行院】：「恰便似又遭遺漏，小王抗著氈縷，小李不敢泥頭。」

遺漏，宋元時代「失火」的隱語。宋‧吳自牧《夢粱錄》卷十「帥司節制軍馬」條：「遇有救撲，百司官吏，俱整隊伍，急行奔馳駐箚遺漏地方，聽行調遣，不勞百姓餘力，便可撲滅。」《京本通俗小說‧碾玉觀音（上）》：「連忙推開樓窗看時，見亂烘烘道：『井亭橋有遺漏』。」《元典章‧刑部十九‧禁遺漏》：「禁治遺火事理除另行外，仰欽依聖旨處分事。」《古今小說‧史弘肇龍虎君臣會》：「當夜黃昏後，忽居民遺漏。」皆其例。

以回

已回

《澠池會》四【得勝令】白：「自澠池會上以回，廉頗將軍與大夫相如不睦。」

《三戰呂布》一、白：「俺二將巡綽邊境以回，無甚事，見大哥走一遭去。」

同劇二【夜行船】白：「催運糧草已回，來到元帥府門首也。」

《老君堂》四、白：「某乃唐元帥是也，平定江南已回，今日班師。」

以回，謂已經回來；又作已回，已、以古通用。元明間無名氏雜劇《桃園結義》一、白：「恰纔街市上買書冊以回」，亦其例。

抑勒

以擲

《拜月亭》二【二煞】：「只願的南京有俺親娘，我寧可獨自孤孀，怕他大（待）抑勒我則（別）尋箇家長，那話兒便休想。」

《調風月》二【哨遍】：「並不是婆娘人把你抑勒招取，那肯心兒自説來的神前誓。」

《太平樂府》卷九曾瑞卿散套【哨遍・塵腰】：「拘鈐寂寞，抑勒孤悽。」

《劉弘嫁婢》一【天下樂】：「你倚仗著我這幾貫錢索，則麼以擲的些窮人家每，著他無是處。」

抑，抑制、壓制；勒，猶馬勒，是用以控制馬的進退的：故強人所難的舉動，即強迫人去作某事，謂之抑勒。一作以擲，音近義同。宋・釋道原《景德傳燈錄》卷十九「永明大師」：「國師三喚侍者，意旨如何？師曰：『抑逼人作麼？』」抑逼，猶抑勒。

義男兒

《延安府》一、白：「那壁官人的言語，借你那年紀小的大姐，與俺官人遞三杯酒，叫三聲義男兒，俺官人上馬便去也。」

《黃花峪》一【南駐雲飛】白：「你問那秀才，借他渾家來，與我遞三杯酒，叫我三聲義男兒，我便上馬啞不啞剌步就走。」

同劇同折同曲、白：「那蔡衙內聽的你唱，問秀才借嫂子，與他遞三鍾酒，叫三聲義男兒，便上馬啞不也。」

義男兒，舊時妓女對嫖客的暱稱。曲例是蔡衙內借以對良家婦女的調戲。

義細軍

《救孝子》一、白：「老夫今奉郎主之命，隨處勾邊義細軍。」

兵以正義而起者曰義軍。《漢書・魏相傳》：「救亂誅暴，謂之義兵」杜甫《悲陳陶》：「野曠天清無戰聲，四方義兵同日死」，是也。趙宋則以爲鄉兵之名號。《宋史・兵志四》：「鄉兵者，選自戶籍，或土民應募，在所團結訓練，以爲防守之兵也。……河北東、陝西有勇義，麟州有義兵，川峽有土丁、壯丁。」又云：「慶歷二年，籍河北強壯，得二十九萬五千，揀十之七爲義勇。」據此得知，義細軍，蓋青壯年參加之義軍也，略如後世的民兵。《元史・百官志八》記有「義兵萬戶府」和「義兵千戶所」，都是政府組織、訓練義兵的機關。

囈掙

讛掙　意掙

《梧桐雨》一【油葫蘆】：「我恰待行，打個囈掙，怕玉籠中鸚鵡知人性，不住的語偏明。」

《燕青博魚》三【倘秀才】：「我這裏呵欠罷翻身，打個囈掙。」

《氣英布》二【牧羊關】：「直氣的嗒不鄧鄧按不住雷霆，眼睜睜慢打回和，氣撲撲重添讛掙。」

《雍熙樂府》卷十四散套【集賢賓・喬斷鬼】：「諕的我打了個意掙。」

《詞林摘艷》卷九宋方壺散套【醉花陰・雪浪雲濤大江迥】：「喚稍公忙答應，休要意掙，誰敢道是半霎消停，直趕到豫章城。」

囈，擬袂切，音藝，睡中語也。在夢中由於下意識作用而引起的言行或猛然吃驚作聲、打冷噤、發怔，均謂之「囈掙」（yì・zheng）。這個口語，在今河北省一些地區仍在使用，它與山東人所說的「楞掙」，含義略有不同。王季烈校元明雜劇，把《度黃龍》中的「意掙」改爲「囈症」，昧於方言，並誤「掙」音爲「症」，不足信。囈、讛音義並同，「意」爲借音字。

因而

《謝天香》一【醉中天】：「初相見呼你爲學士，謹厚不因而。」

《西廂記》三本一折【煞尾】：「我中心日夜藏之，怎敢因而？」

同劇五本二折【耍孩兒】：「當如此，切須愛護，勿得因而。」

《㑳梅香》二【歸塞北】白：「不爭小姐因作戲，那生實心指望，以致臥病不起。」

《倩女離魂》一【村里迓鼓】：「今日來祖送長安年少，兀的不取次棄舍，等閒拋掉，因而零落。」

《剪髮待賓》二【滾繡毬】：「交朋友皆呼信有之，你可休看覷因而。」

《隔江鬥智》一【賺煞】：「這姻緣甚些天賜，且因而勉強從之。」

《太平樂府》卷七周德清散套【鬬鵪鶉·贈小玉帶】：「我則是想像因而，你敢那就里知之。」

《雍熙樂府》卷二商政叔散套【月照庭間花】：「仗聰明國色兩件兒，覷五侯英俊因而。」

因而，謂草率，輕易、馬虎、粗略。與一般文言因果句中作轉折詞的用法不同。宋·趙彥衡《雲麓漫抄》卷一載許翁翁詩云：「窮通偶耳非干志，進退因而熟處家。」宋·史達祖【杏花天·清明】詞：「屏山幾夜春寒淺，卻將（別作怕）因而夢見。」皆其例。

因依

因宜

《劉知遠諸宮調》一【正宮·錦纏道】：「至沙陀，小李逢老丈，語話因依，便相隨書文立契。」

同書二【仙呂調·尾】：「知遠具說因依，今夜與妻故來相別，不敢明白見你。」

《灰闌記》四【水仙子】：「姐姐也，卻不道您是第一個賢慧的，今日就開封府審問出因依。」

《東窗事犯》二【石榴花】：「太師一一問真實，你聽我說因依。」

《太平樂府》卷八李致遠散套【粉蝶兒·擬淵明】：「問因宜把功名棄，豈不見張良、范蠡，這兩簡多大得便宜。」

　　因依，一作因宜，謂經過、緣由。敦煌變文《維摩詰經菩薩品變文甲》：
「有數件因依不敢去。」「數件因依」，即謂幾種緣由也。《京本通俗小說・錯
斬崔寧》：「小娘子說起是與小人同路，以此作伴同行，卻不知前後因依。」《清
平山堂話本・簡帖和尚》：「那小娘子又不知上件因依。」以上皆其例也。或
作因伊，如明・朱權《荊釵記》三十五：「昭告靈魂，聽剖因伊。」或作因衣，
如《大唐三藏取經詩話・經過女人國處第十》：「大限到來無處避，髑髏何處
問因衣。」按：宜、伊、衣均爲依的同音假借字。

　　因依，又謂相依傍、相依托也。例如：三國・阮籍《詠懷》詩：「迴風吹
四壁，寒鳥相因依。」杜甫《閬木歌》：「嘉陵江色何所似？石黛碧玉相因依。」
蘇軾《辨題詩札子》：「臣今省憶，此詩自有因依。」辛棄疾【新荷葉・和趙
德庄韻】：「南雲雁少，錦書無個因依。」皆是。

陰人

　　《柳毅傳書》楔子白：「〔淨扮小龍上，詩云：〕堂堂作靈聖，小鬼
　　害勞病，身邊沒陰人，就死也乾淨。」

　　《馮玉蘭》三【金菊香】白：「你看那老爺，聽的那船上一個女人啼
　　哭，便要管他，想是出巡久了，一向不曾見陰人哩！」

　　舊時謂婦女曰陰人。晉・葛洪《神仙傳》：「天門子曰：陰人所以著脂粉
者，法金之白也。」《牡丹亭》四十四【前腔】：「陰人難伴你這冷長宵。」《紅
樓夢》第二十五回：「除親身妻母外，不可使陰人沖犯，三十三日之夜，包
管身安病退，復舊如初。」解放前，算命卜卦的術士，猶稱婦女爲陰人。

陰隲（yīn zhì）

陰騭

　　《魯齋郎》四、白：「我如今著他兩家孩兒，各帶他兩家女兒，天下
　　巡視燒香，若認著他父母，教他父子團圓，也是老夫陰隲的勾當。」

　　《合汗衫》一【混江龍】白：「你扶上樓來，救活他性命，也是個陰
　　隲。」

　　《來生債》一【幺篇】白：「據著居士這等陰騭太重，必然增福延壽
　　也。」

《桃花女》四【得勝令】白：「兒也，你怎生救得周公一家兒，也是你的陰騭哩。」

《莊周夢》三【煞尾】：「陰騭綿綿若肯修，福祿重重無了休。」

古人認爲：暗中做了對人家有好處的事，不讓他知道，這種行爲就叫陰騭或陰德、陰功。《書·洪範》：「惟天陰騭下民。」傳：「騭，定也。」《釋文》：「陰，默也。」謂天能默定下民，就是說老天爺能無聲地造福於民。《京本通俗小說·錯斬崔寧》：「冥冥之中，積了陰騭。」《清平山堂話本·合同文字記》：「這是陰騭勾當。」《桃花扇·逢舟》：「救他一命，積個陰騭如何？」皆其例，但此說後人常疑之。唐·秦韜玉《問古》詩：「大底榮枯各自行，兼疑陰騭也難明。」宋·洪邁《夷堅志》云：「如陰騭可憑，爲後人利多矣。」隲、騭同字異體。

陰陽人

《存孝打虎》一、白：「某夜來睡中得一夢，夢見一輪紅日，在帳房裏滾，又問陰陽人圓此夢。他說道：日乃人君之相，此夢必主朝中有宣。」

舊時以卜課、打卦、算命、擇日、選擇住宅及墳地風水爲職業者，謂之陰陽人。宋·司馬光《涑水記聞》卷二：「（李）繼隆復爲檄，言陰陽人狀：國家不利八月出師。」宋·孟元老《東京夢華錄》卷五「娶婦」條：「新婦下車子，有陰陽人執斗，內盛穀豆錢菓草節等呪祝，望門而撒，小兒輩爭拾之，謂之撒穀豆。」《五代史平話·晉史》上：「服藥皆不見效，請得陰人房衍來占六壬課。」《水滸》第三十九回：「陰陽人已揀定了日期，請二位今日便煩動身。」又作陰陽官，如《五代史平話·周史》上：「一日，在御街上閑行，有陰陽官費博右設肆賣卦。」

瘖氣

暗氣　飲氣　噎氣

《雲窗夢》二【煞尾】：「不隄防俺這一棍，教那廝醉裏驚醒後昏，就裏疼瘖氣忍。」

《太平樂府》卷九無名氏散套【耍孩兒·拘刷行院】：「也不是沿村串疃鑽山獸，則是暗氣吞聲喪家狗。」

《梨園樂府》下無名氏小令【十二月過堯民歌】:「一箇烏江岸飲氣
自揮了頭。」

張雲莊小令【寨兒令・赴詹事丞】:「帶行人所望無成,管伴使飲氣
吞聲。」

太平樂府卷七朱庭玉散套【梁州第七・思憶】:「嗜氣吞聲,形容憔
悴。」

瘖(yīn)謂緘默,不說話;瘖氣,即忍氣,言氣在心中,無由陳訴。暗
氣、飲氣、嗜氣,音近義並同。敦煌變文《維摩詰經菩薩品變文甲》:「會中
悄悄,飲氣吞聲。」或倒作「氣飲」,如元本《琵琶記》二十九:「非是我聲
吞氣飲,只爲你爹行勢逼臨。」

隱淪

《漁樵記》四【太平令】白:「王安道、楊孝先、劉二公等,並係隱
淪、不慕榮進。」

《來生債》一【那吒令】:「我如今待覓一個隱淪,待尋一個逃遁,
也只要免的惡業隨身。」

隱淪,指隱士。南朝宋・謝靈運《入華子崗是麻源第三谷》詩:「既往
隱淪客,亦棲肥遁賢。」注:「向曰:隱淪、肥遁,皆幽居者。」顏延之《嵇
中散》詩:「立俗忤流議,尋山洽隱淪。」杜甫《奉贈韋左丞丈二十二韻》
詩:「此意竟蕭條,行歌非隱淪。」蘇軾《遯軒》:「冠蓋相望起隱淪,先生
那得老江村?」《牡丹亭・僕貞》:「尋得仙人防隱淪。」義並同。

又,埋沒,沉淪,不爲時用,亦謂之隱淪。南朝宋・鮑照《行樂至城東
橋》詩:「尊賢永照灼,孤賤長隱淪。」注:「善曰:『隱淪,謂幽隱沈淪也。』」

印板兒

經板兒

《圯橋進履》二【鵪鶉兒】白:「師父這言語,便似印板兒記在心上
一般。」

《合汗衫》一【天下樂】白:「老爹是金獅子張員外,妳妳趙氏,小
大哥張孝友,大嫂李玉娥,小人印板兒似記在心上。」

《風光好》二【二煞】：「把美繾綣則怕貴人多忘，則要你經板兒印在心上。」

《凍蘇秦》四【步步嬌】：「當日箇父親行得處分，恰便似經板兒由然在心印。」

《爭報恩》二【紅繡鞋】白：「姐姐，你放心，李千嬌的姓名，經板兒也似印在我這心上。」

印板兒，形容記憶牢固，好象印刻在木板上一樣；或作經板兒，義同。

窨付

窨腹　窨附　窨服　嚌腹　暗付　暗伏　應付　暗付

《董西廂》卷一【般涉調·牆頭花】：「聰明的試相度，惺惺的試窨付。」

《賺前通》一【天下樂】：「老夫不是廝賣弄，丞相你也須自窨付，端的是誰推翻楚項羽？」

《董西廂》卷二【黃鍾調·四門子】：「國家又不曾把賢每虧負，試自心窨腹：衣糧俸祿是吾皇物，恁自有福。」

《太平樂府》卷六秦竹村散套【行香子·知足】：「手搭在心頭窨附。」

同書卷九、朱庭玉散套【哨遍·傷春】：「試嚌服，重三思。」

《雍熙樂府》卷十三散套【鬥鵪鶉·詠小卿】：「自忖度，自窨腹。」

《張生煮海》四【駐馬聽】：「你自暗付，則俺這水晶宮是一搭奢華處。」

《九世同居》一【六幺序】：「我這裏頻囑付，孩兒每自暗伏。」

《延安府》一【天下樂】：「自應付，我則待赤心報國，將社稷扶。」

《陽春白雪》後集五呂止軒散套【風入松·喬牌兒】：「俊禽著網惜翎羽，忍不住自暗付。」

窨付（yìn fù），謂思忖、考慮、揣度；指一種心理活動，又作窨腹、窨附、窨服、嚌腹、暗付、暗伏、應付、暗付，音近義並同。《小孫屠》戲文又作俺付，如云：「自俺付，臨行曾把哥哥稟，常侍奉，莫因循。」上舉《陽春白雪》鈔本作暗忖，元刊《陽春白雪》本作暗咐。

窨約

暗約　暗約　黯約　恁約

《董西廂》卷六【雙調·倬倬戚】：「相國夫人自窨約：是則是這冤家沒彈剝，陡恁地精神偏出跳，轉添嬌，渾不似舊時了。」

《羅李郎》二【隔尾】：「窨約想度，把我半世兒清名誤賺了。」

《魔合羅》二【出隊子】：「似這般無顛無倒，越教人厮窨約。」

《薦福碑》二【滾繡毬】：「洛陽書坐化了，黃州書自窨約，比及到那時節有一個秀才來投託，這世裏誰似晏平仲善與人交？」

《雙赴夢》三【幺】：「哥哥你自暗約，這事非小可。」

《虎頭牌》三【慶宣和】詩云：「告相公心中暗約，將法度也須斟酌。」

《灰闌記》二【幺篇】：「哎！兒也！則你那心兒裏自想度，自暗約，見您娘苦懨懨皮肉上捱著荊條。」

《小孫屠》【梧桐樹】：「落的恓惶爲他成孤冷，何日黯約何情興。」

《衣襖車》二【牧羊關】：「你心中自恁約，違了限半月期高。」

　　窨約，也是考慮、思付意，與窨付相近。或作暗約、暗約、黯約、恁約。暗約，亦揣度之意、暗約之暗，黯約之黯，俱應作窨。作恁約者，北人呼日紐字齊齒音同喻紐，故呼恁亦同窨，此猶擷窨倒作恁迭，詞義沒有兩樣。又：恁解作思、念，義亦可通。

　　又：例二窨約與想度連文，例六暗約與斟酌互文，例七暗約與想度互相排比，皆可見義。

噇喝

迭噇　喝掇

《殺狗勸夫》二【五煞】：「你迸著臉噇喝的我。我好心兒搭救著你，背將來煖處和衣睡，我指望行些孝順圖些賞，他劃的不見了東西倒要我陪。」

《西廂記》三本四折【紫花兒序】：「怒時節把一箇書生來迭噇，歡時節將一箇侍妾來逼臨。」

《後庭花》三【掛玉鈎】：「你教他近向前來我問咱，你休喝掇休驚詫。」

《張天師》三【正宮端正好】：「則被你催逼得我兩三番，喝撥得十餘次。」

《藍采和》三【滾繡毬】：「哎！你個小業魔，可怎生纏定我？我可也不將他喝撥，遇著我的喜笑呵呵。」

《元曲選》音釋：「嗽同蔭。」嗽喝（yīn hè），表怒斥聲，猶呵喝。北語或作喝撥，或作嗽迭。喝、嗽意同。撥、迭音近，皆助詞，無義。迭嗽，因叶韻故倒用之。王伯良注《西廂》以迭嗽為擷窖，王季思沿用其說，蓋由對此二詞未加明辨故也。

嬰兒

《陳摶高臥》二【梁州第七】：「降伏盡嬰兒姹女，將煉成丹汞黃銀。」

《黃粱夢》一、白：「神鑪仙鼎，把玄霜絳雪燒成；玉戶金關，使姹女嬰兒配定。」

《莊周夢》二【南曲柳搖金】：「聽吾所告，仙丹匪遙，八卦布周遭，保守的嬰兒壯。」

《金安壽》三【牡丹春】：「嬰兒姹女趣，黃芽白雪枯，被金枷玉鎖緊相拘，將心猿意馬牢拴住。」

道家把煉丹的原料（鉛），稱作嬰兒，不同於一般作小孩解的意義。《西遊記》第十九回：「嬰兒姹女配陰陽，鉛汞相投分日月。」亦其例。與「姹女」條可互參。

元·陶宗儀《輟耕錄》卷十六「藥譜」條，說侯寧造藥譜，盡出新意，戲改「桃仁」為「脫核嬰兒」，此「嬰兒」，才是指一般小孩的意思。

纓絡
瓔珞

《調風月》四【駐馬聽】：「包髻是纓絡大真（珍）珠，額花是秋色玲瓏玉。」

《金安壽》三【雙鴈兒】：「團衫纓絡綴真（珍）珠。」

《詞林摘艷》卷七賈仲明散套【集賢賓·黃梅細絲江上雨】：「團衫纓絡綴琭（珍）珠。」

《麗春堂》二【紅繡鞋】：「金彩鳳玲瓏翡翠，繡蟠龍瓔珞珠璣，他
怎生下工夫，達著俺那大人機。」

　　纓絡（yīng luò），同瓔珞，服飾也。《妙法蓮花經・普門品》：「即解頸眾
寶珠瓔珞，價值百千兩金，而以與之。」《晉書・南蠻林邑傳》：「其王服天冠，
被纓絡。」梁・簡文帝《菩提樹頌》：「十千纓絡，懸空下垂。」敦煌變文《維
摩詰經講經文》：「整百寶之頭冠，動八珍之瓔珞。」又《維摩詰經問疾品變
文》：「你且身嚴瓔珞，光明而似月舒空。」《大唐三藏取經詩話下・轉至香林
寺受心經本第十六》：「香花幡幢，七寶瓔珞。」皆其例。

營勾

營搆　贏勾　嬴勾

　　營勾或作營搆、贏勾、嬴勾，有姦淫、勾引、哄騙等義。

（一）

《牆頭馬上》二【隔尾】白：「兀的是不出嫁的閨女，教人營勾了身
軀，可又隨著他去。」

《風光好》三【滾繡毬】：「好也囉！學士你營勾了人，卻便糚忘魂，
知他是甚娘情分？」

輯佚《海神廟王魁負桂英》【折桂令】：「我叫一聲王魁、王魁喒，
你營勾了我當甚末便宜？」

輯佚《柳耆卿詩酒翫江樓》【幺篇】：「我怎敢把恩人營搆，一重愁做
兩重愁。」

　　營勾，謂姦淫。《清平山堂話本・柳耆卿詩酒翫江樓記》：「周月仙被舟人
營勾，不敢明言，乃往黃員外家，至曉回家，亦其例也。勾，一作搆，音近
義同。

（二）

《鐵拐李》三【收江南】：「我只怕謊人賊營勾了我那腳頭妻，腳頭
妻害怕便依隨，依隨了一徧怎相離？」（元刊本《鐵拐李》「營勾」
作「嬴勾」。）

《羅李郎》一【仙呂點絳唇】：「蝸角蠅頭，利名營勾，空生受。」

《董西廂》卷七【中呂調·古輪臺】：「說盡虛脾，使盡局段，把人贏勾廝欺謾，天須開眼。」

營勾，意謂勾引，哄騙。例一「營勾」與「謊人賊」相應，例二與「利名」連文，例三上與說「虛脾」、使「局段」，下與「欺謾」相應，均可證。營，一作贏，古音齊齒呼與撮口呼常相通轉。贏是贏的形誤字。

蠅拂子

纓拂　拄拂子

《燕青博魚》二【金盞兒】：「我將那竹根的蠅拂子，綽了這地皮塵。」

《開詔救忠》一、白：「皂旗招颭入雲磨，纓拂團圓烈火紅。」

《黃鶴樓》二、白：「我將此箭藏在拄拂子裏面。」

同劇三【尾聲】白：「軍師也，你既然差關平來，送暖衣、拄拂子來與我，可怎生無計救我回去。」

蠅拂子，拂蠅之具，今俗稱蠅甩子。《晉書·王衍傳》：「妙善玄言，唯談《老》、《莊》為事。每捉玉柄麈尾，與手同色。」《南史·陳顯達傳》：誡子休尚曰：「麈尾蠅拂，是王、謝家物，汝不須捉此自逐。」宋·吳自牧《夢粱錄》卷三「宰執親王南班百官入內上壽賜宴」條：「參軍色執竹竿拂子。」《水滸》第二十九回：「拿著蠅拂子，坐在綠槐樹下。」皆其例。蠅拂子，又作纓拂、拄拂子。纓為蠅的同音假借字。拄為麈的同音假借字。麈拂子，即今之蠅拂子。按：麈（zhǔ）屬於鹿一類的動物，牠的尾巴，可以做拂塵。

影占

《後庭花》一【後庭花】：「等來朝到早晨，快離了此郡門，向他州尋遠親，往鄉中投近鄰，向山中影占身。」

《太平樂府》卷七馬致遠散套【集賢賓·思情】：「有燈光恨殺無月色，是何相待？姮娥影占了看書齋。」

影占，原義為佔據，如《元典章·刑部十六·擅科·民官影占民戶》：「鄭州達魯花赤紐憐蒙古人氏，狀招占破軍民人戶耿順。」上列劇例，是遮掩、隱蔽之意。《水滸》第五回：「這兩個那裏似個出家人，只是綠林中強盜一般，

把這出家影占身體」；是說這兩人表面上是出家人，而暗中作強盜，以出家人的身份爲掩護。

　　此詞，唐已見之，如李德裕《李文饒集》卷三《討回鶻制》：「其回鶻及摩尼等莊宅錢物，並委功德使與御史臺京兆府各差精強幹事官點檢收錄，不得容諸色職掌人及坊市富人輒有影占。」李商隱《賦得月照冰池》詩：「影占徘徊處，光含的皪時。」皆其例。

影神

　　　　《裴度還帶》四、白：「奉聖人命，著老夫就招裴度爲壻，令官媒挑絲鞭，掛影神。」

　　　　《秋胡戲妻》一【後庭花】：「莫不我成親的時分，下車來衝著歲君，拜先靈背了影神？早新婦兒遭惡運，送的他上邊庭，離當村。」

　　　　《詞林摘艷》卷六吳昌齡散套【正宮端正好‧墨點柳眉新】：「多應是西廂下鶯鶯的影神，便有丹青畫不眞。」

　　影神，即人物肖像。《古今小說‧楊思溫燕人逢故人》：「韓思厚看見影神上衣服容貌，與思溫元夜所見的無二，韓思厚淚下如雨。」亦其例。或簡作「神」，如《三國志平話》卷下：「姜維掛起先君神。」或簡作「影」，如《紅樓夢》第三十一回：「老太太和舅母那日想是才拜了影回來。」以上各例義並同。

影樓

影神樓兒

　　　　《霍光鬼諫》三【收尾煞】：「出殯威儀迎過路口，登五門君王望影樓，陛下若可憐微臣，遙望著靈車奠一盞酒。」

　　　　《曲江池》二【牧羊關】白：「他舉著影神樓兒哩。」

　　影樓，爲影神樓兒的簡稱，是放置畫像的似神龕一類的木制小樓。

影壁

照壁

　　　　《望江亭》二【中呂粉蝶兒】：「轉過這影壁偷窺，可怎生獨自個死臨侵地。」

《勘頭巾》一【混江龍】：「我這裏下堦基，轉影壁，親身問。」

《魯齊郎》二【黃鍾尾】：「轉過照壁，出的宅門，扭回身體，遙望著後堂內養家的人，賢惠的妻。」

上舉「影壁」，指門外正對大門作爲屏障的牆壁，也稱照壁、照牆或屏牆。《紅樓夢》第三回：「北邊立著一個粉油大影壁。」亦其例。這種建築，唐代已有記載，如唐·萬齊融《阿育王寺常住田碑》云：「影壁空存，搖落青園之寺。」（見《金石萃編》卷一零八）韓愈《送文暢師北遊》：「昨來得京官，照壁喜見蠍。」其實早在春秋時代就已有這類建築物，如《論語·八佾》云：「邦君樹塞門，管仲亦樹塞門。」朱熹注：「屏謂之樹。塞，猶蔽也。設屏於門，以蔽內外也。」可見「樹」就是古影壁之名。

亦指有浮雕的牆壁，是壁塑藝術的一種。據宋·郭椿《畫繼》卷九《雜說·論遠》：「（唐）楊惠之塑佛壁爲天下第一，（宋）郭熙見之，又出新意，令圬者以手搶泥，或凹或凸，乾則以墨隨其形迹，暈成峰巒林谷，宛然天成，謂之影壁。」

應口
依口

應口：一、言行相符，即說的與做的相應驗；二、謂對答。三、適口、可口。

（一）

《董西廂》卷三【黃鍾調·尾】：「把山海似深恩掉在腦後，轉關兒便是舌頭，許了的話兒都不應口。」

《救風塵》二【金菊香】：「我作念你的言詞，今日都應口。」

《黑旋風》四【隨尾】：「這都是親身作業親身受，不枉了立軍狀的山兒果應了口。」

《生金閣》三【黃鍾尾】：「我若是不應口，今番不姓包。」

《瀟湘雨》一【賺煞】：「莫便要心不應口，早做了背親忘舊。」

《千里獨行》二【尾聲】：「則你那忠直勇烈依了你口。」

以上「應口」猶應言，即說的與做的相符應之意。宋・吳處厚《青箱雜記》卷七：「時又有謠曰：『騎馬來，騎馬去。』蓋光啓丙午國亡之應也。」此謂民謠應驗也。又作依口，義同。

（二）

《牆頭馬上》一、白：「小生是工部尚書舍人裴少俊，自三歲能言，五歲識字，七歲草字如雲，十歲吟詩應口。」

《曲江池》楔【仙呂賞花時】：「這萬言長策須當應口，直著那狀元名喧滿鳳凰樓。」

以上「應口」猶應付、對答。按：應《說文》作「應」，云：「以言對也。」《水滸》第三回：「魯達罵道：『直娘賊！還敢應口！』」亦其例。

（三）

《金錢記》三【上小樓】：「〔王府尹云：〕敢酒食餚饌不應口麼？」

此「應口」，乃指飲食方面合於胃口。不應口即不合胃口也。《雍熙樂府》卷十三：「茶飯不應口」，義同。

應昂

元刊本《看錢奴》三【元和令】：「他叫爺爺，我這里便應昂，都做了浮生夢一場。」

元刊本《魔合羅》三【醋葫蘆】：「他緊拽住我衣服不放，不由咱須索廝應昂。」

《謝天香》二【南呂一枝花】：「我則道是那箇面前桑，恰纔陪著笑臉兒應昂，怎覷我這查梨相？」

《霍光鬼諫》一【幺】：「應昂，行唐，走奔龍床，扯住衣裳。」

應昂（ying·ang），謂答應；昂，語尾助詞，輕聲。

怵忦

由由忦忦

《梨園樂府》上商政叔散套【風入松】：「心怵抒，剛道不思慮，除飲香醪，醉時節睡足。」

《蝴蝶夢》二【鬬蝦蟆】：「這壁廂、那壁廂由由抒抒，眼眼覷覷，來來去去，啼啼哭哭。」

怞忬（yóu yù），音義同猶豫，拿不定主意、心神不定的情態。亦作猶與，《漢書·爰盎鼌錯傳》：「錯猶與未決。」顏師古注：「與，讀曰豫。」複言之，則曰由由怞忬，即猶猶豫豫的借音字。《元曲選》音釋：「忬，餘去聲。」

油麪

《救風塵》一【么篇】白：「你著我保宋引章那些兒？保他那針指油麪，刺繡鋪房，大裁小剪，生兒長女？」

油，指煎炒烹炸，猶今云油案、竈上；麪，指製作米飯和麪食，猶今云白案、案上。副食和主食合而言之，謂之油麪。

油頭

《對玉梳》二【二煞】：「俺這粉面油頭，便是非災橫禍。」

《陳州糶米》四【殿前歡】白：「劉衙内原非令器，楊金吾更油頭。」

清·梁同書《直語補證》：「山谷《戲題下巖》詩：『未嫌滿院油頭臭，蹋破台錢最惱人。』注：『言兒女子混雜，污此淨坊也。』」俗稱娼妓之濃裝艷裏者，亦以指佻儻男子修飾之狀，今謂之油頭粉面。

油木梳

《東坡夢》一【醉中天】白：「吾兄，常言道：『座中無有油木梳，烹龍炰鳳總成虛。』那裏有善歌的妓女，請一個來唱一曲。」

《風光好》一【醉中天】白：「俗語云：『座上若有一點紅，斗筲之器盛千鍾；座上若無油木梳，烹龍炮鳳總成虛。』」

油木梳，本為妓女頭上所戴的梳子，借用為妓女的代稱。（採朱居易說，見《元劇俗語例釋》）。

油鬆髻

油鬆髻

《對玉梳》一【混江龍】：「都是俺個敗人家油鬆髻太歲，送人命粉

臉腦凶神。」

《陽春白雪》後集一王和卿小令【仙呂醉扶歸】：「我嘴搵著他油鬇
髻，他背靠著我胸皮。」

《替殺妻》二【滾繡毬】：「從然面搽紅粉，是一個油鬇髻吊客喪門。」

鬇髻（dí jì），古時婦女頭上套網的假髮，帶有裝飾性的一種假髻。油鬇
髻，本指婦女擦油的髮髻；借用為妓女的代稱。鬇，剃的異體字，這裏借用
為鬇。

猶自

由自　由子　猶古自　猶兀自　由兀自　尤兀自

《劉知遠諸宮調》十一【仙呂調·相思會】：「洪義不知吾發迹，獨
自看人似舊時。」

同書十一【般涉調·蘇幕遮】：「只見身邊布衣破，由自將他喚做窮
劉大。」

《董西廂》卷七【道宮·美中美】：「去年此夜，猶自月圓人在。」

元刊本《魔合羅》【刮地風】：「由子未下澁道，恰道（到）簷梢。」

《拜月亭》四【雙調新水令】白：「你好不知福！猶古自不滿意沙？」

《西廂記》三本三折【離亭宴帶歇指煞】：「猶古自參不透風流調法。」

《紅梨花》三【亂柳葉】：「俺孩兒正青春，猶兀自未三旬。」

《雍熙樂府》卷一散套【醉花陰·榮歸】：「心坎上由兀自不思醒。」

《西遊記》六本二十三齣：【金蕉葉】白：「我來時，孫悟空、豬八
戒如此神通，尤兀自喫了許多魔障。」

猶自，「還（hái）」的意思，又作由自、由子、猶古自、猶兀自、由兀自、
尤兀自，義並同。猶自，另又作尤自，如戲文《張協狀元》四十：「今日到此，
我還見它後，說一兩句好時，尤自庶幾，稍更無知，一劍教死。」猶古自，
另又作尤骨（自），如《張協狀元》十六：「尤骨（自）不喫。」義亦同上。
按：由、尤是猶的同音假借字。兀、古（骨）通轉，如「蒙古」作「蒙兀」，
「唐古忒」作「唐兀忒」，均可證。自，猶子，語助詞，無義。敦煌變文《頻
婆娑羅王後宮綵女功德意供養塔生天因緣變文》：「更期老年腰背曲，駈駈（驅）

猶自爲妻兒。」宋・戴復古《織婦歎》詩：「有布得著猶自可，今年無麻愁殺我。」辛棄疾【念奴嬌】詞：「元宵過也，春寒猶自如此。」是唐宋已有此語矣。至清仍用之，如《長生殿・雨夢》：「猶兀自現在人間，當面堪邀。」

猶閑

《董西廂》卷六【黃鍾宮・尾】：「白日猶閑，清宵更苦。」

《西廂記》五本一折【逍遙樂】：「曾經消瘦，每遍猶閑，這番最陡。」

《雍熙樂府》卷二散套【端正好・別悶】：「白日猶閑，怕到黃昏，昏睡臥不寧。」

猶閑，猶閑可的省語。有時也省作猶可。意謂還無所謂、還不打緊、還可以。或謂「猶閑」，爲「猶自等閑」之省，亦通。猶，一作由，如《張協狀元》戲文：「查裏由閑，可惜一條短棒。」《北詞廣正譜》卷一白無咎散套【醉花陰・涼夜厭厭】：「白日且由閑，到晚來冷清清獨臥。」又作尤，如《張協狀元》戲文：「它說靠我尤閑，你也說靠我。」按：由、尤均爲猶之同音假借字。閑、閒同字異體。唐・于狄《靈應錄》：「自死即閑，不忍兒子未見日光。」其云「即閑」，亦「猶閑」意也。《南西廂》改《西廂》「每遍猶閑」爲「每遍閒由」，失之。

又道是

用法有二，釋例如下：

（一）

《王粲登樓》一【金盞兒】白：「賢士差矣！卻不道『學成文武藝，貨與帝王家』；又道是『十年窗下無人問，一舉成名天下知』。」

《東堂老》一【幺篇】白：「那錢物則有出去的，無有進來的，便好道『坐吃山空，立吃地陷』；又道是『家有千貫，不如日進分文』。」

《抱粧盒》二【隔尾】白：「你道『忠臣不怕死』，又道是『保護潛龍掌命司』。這兩句話似經板兒印在我心上。」

又道是，猶又說道；元曲常在第二次引述成語或古語時用之。明・梁辰魚《浣紗記・通嚭》：「又道是：楚王愛細腰，宮中皆餓死。」亦其例。

（二）

《金線池》一【天下樂】：「他只待夜夜留人夜夜新，殷勤顧甚的恩。不依隨，又道是我女孩兒不孝順。」

《舉案齊眉》二【上小樓】：「我有甚的敗壞風俗，羞辱爺娘，玷累家門？你將這赤的金、白的銀，饕餮都盡，又道是這女孩兒背槽拋糞。」

上二例，不引用成語、古語或熟語，意謂又會說成是。用法與（一）有別。

於濟

《殺狗勸夫》二【二煞】：「我過一冬兩三層單布襖遮冷，捱一日十二個時辰常忍饑，哥哥行並不敢半句兒求於濟。」

同劇同折【三煞】：「你欺負呵則欺負咱，你於濟呵曾於濟誰？你懷揣著鴉青料鈔尋相識，並沒有半升粗米施饘粥，單有一注閒錢買笊籬。」

於濟，謂對困苦的人加以幫助、救濟。於，猶與；助也。《孔融與韋林甫書》：「舉杯相於。」曹植《當來日大難》：「廣情故，心相於。」賈島《酬姚少府》：「君子自相於。」濟，亦相助之意，《易·乾卦》：「天道下濟而光明。」故「於濟」實為複義詞。

魚封

《拜月亭》四【水仙子】：「今日這半邊鸞鏡得團圓，早則那一紙魚封不更傳。」

《梧桐葉》四【梅花酒】：「為家鄉信未通，題詩罷告天公。替鴈帖當魚封，風捲起入長空，任南北與西東。」

《雍熙樂府》卷十二無名氏散套【鬬鵪鶉·離恨】：「難憑信鵲驗龜靈，無定準魚封雁帖。」

《盛世新聲》酉集無名氏散套【珍珠馬南·情】：「燕山絕，湘江竭，斷魚封雁帖。」

魚封，指書信。古樂府《飲馬長城窟行》：「呼兒烹鯉魚，中有尺素書。」舊時因稱書信為魚書。唐·韋皋《憶玉簫》詩：「長江不見魚書至，為遣相思

夢入秦。」魚封猶魚書。又作魚箋，如《雍熙樂府》卷十二無名氏散套【夜行船·憶所見】：「雁書又乖，魚箋倦裁。」

愚鼓

漁鼓

《魯齋郎》四：【正末愚鼓簡板上。】

《岳陽樓》三：【正末愚鼓簡子上。】

《城南柳》四【得勝令】：〔正末背劍打漁鼓簡子……上。〕

《甄江亭》三、白：「出家扮道最稀奇，漁鼓簡子手中提。」

同劇二【堯民歌】：「打簡子摑漁鼓。」

愚鼓，即漁鼓，舊時道士唱道情詩時所用的樂器。製法：用二、三尺長的竹筒，下端蒙以魚皮而成。今謂之竹琴。演奏時，用手拍打或揉搓。簡板，是用作助音拍的竹片。愚，一作漁，都是魚字的借用。《續文獻通考·樂考九》：「元壽星隊第十隊，有魚鼓簡子八，制未詳。王圻《續通考》曰：『按近制截竹為箭，長三四尺，以皮冒其首，用兩指擊之。』」可見愚（漁）鼓即魚鼓。關於它的來源，明·郎瑛《七修類稿》卷二十四「漁鼓」條云：「漁鼓起於宋，名通同部。」

愚濁

《劉知遠諸宮調》一【仙呂調·六么令】：「愚濁匹夫，直恁折敢無禮！」

《遇上皇》四【折桂令】：「朝野裏誰人似俺，衝薈懂愚濁癡憨！」

《伊尹耕莘》三【倘秀才】：「我本是田野中愚濁村鄙。」

《醉寫赤壁賦》四【攪箏琶】白：「此人是箇愚濁之人，不識賢士也。」

《詞林摘艷》卷一劉庭信小令【醉太平·走蘇卿】：「聰明的志高，憒懂的愚濁。」

愚濁，謂愚昧，即不智、不聰明。唐·釋道世《法苑珠林》：「今值世尊顧臨，眾生蠲我愚濁，安以淨慧。」明·朱有燉雜劇《香囊怨》二折：「只怕留了箇村拗愚濁之人，便是我一世前程也。」意同。

愚濫

餘濫　余濫　漁濫

《秋胡戲妻》四【折桂令】：「據著你那愚濫荒唐，你怎消的那烏靴象簡紫綬金章？」

《西遊記》四本十三齣【寄生草】：「見一人光紗帽，黑布衫，鷹頭雀腦將身探，狼心狗行潛踪躥，鵝行鴨步懷愚濫。」

《陽春白雪》後集五關漢卿散套【新水令‧喬牌兒】：「這番天對勘，非是俺愚濫。」

《遇上皇》四【得勝令】：「你往日特餘濫，今番刀下斬。」

《雍熙樂府》卷十散套【一枝花】：「無半點兒破風聲餘濫情懷。」

《太平樂府》卷八無名氏散套【粉蝶兒‧閱世】：「悲喜聚散常無定，落得去秦樓謝館余濫風聲。」

《陽春白雪》後集五呂止軒散套【風入松‧喬牌兒】：「再不將風月參，勾斷欠余濫。」

《雍熙樂府》卷一散套【醉花陰‧離恨】：「雖漁濫，可慣經？」同書同卷同套《怨恨》：「才郎直恁忒漁濫。」

愚謂愚笨，濫指行為不檢點；愚濫，又笨又壞，詈詞。愚，或作餘、余、漁，同音假借。

餘閏

《貨郎旦》三【倘秀才】：「沿路上身輕體健，這搭兒觔乏力軟，到廟兒外不曾撒紙錢。爺爺，你廝餘閏，廝哀憐，我這老婦人咒願。」

閏，也是餘的意思。故「餘閏」為複義詞，意謂額外賜恩，包涵保佑。

與

與字用法頗多，隨文而異，舉其要有九：一、猶坐罪之坐；二、猶如，猶比；三、猶請，猶央；四、用作介詞，猶向；五、用作使令詞，猶讓，猶叫，猶使；六、猶發；七、猶謂，猶語；八、謂贊許；九、猶及。

（一）

《竇娥冤》二【黃鍾尾】：「情願認藥殺公公，與了招罪。婆婆也，我若是不死呵，如何救得你？」

《後庭花》四【笑和尚】：「休、休、休待推辭，來、來、來索請夫人敢與這招伏罪。」

《勘頭巾》三【醋葫蘆】：「〔正末云：〕可知不干你事哩，你則與個不應的狀子。〔張千云：〕怎麼把我也問個不應？」

以上各與字猶坐罪之坐，即特指辦罪的因由。例一「與了招罪」和例二「與這招伏罪」意同。例三「與」和下文「問」字相應，「問」即問罪也。按法律上有連坐、反坐等規定。《漢書·賈誼傳》：「古者大臣有坐下廉而廢者」，意謂大臣有因貪污而被革職的。敦煌變文《舜子變》：「舜子與招伏罪過」，意與曲例一、二同。宋·陳師道《答李簿》詩：「與罪寧無說」，意謂坐罪豈無原因呢？《牡丹亭·尋夢》：「絮了小姐一會，要與春香一場」，意謂要坐春香一場罪過也。

（二）

《董西廂》卷一【仙呂調·賞花時】：「西有黃河東華嶽，乳口敵樓沒與高。」

《盛世新聲》【越調鬥鵪鶉·香篆簾櫳】：「嬌嬌媚媚天下無，那妖嬈不與尋常。」

與，意猶如，猶比。例一「沒與高」，即無物與之比高也；例二「不與尋常」，謂不能與平常相比也。此用法早見於《漢書》。如《匈奴傳》：「單于自度，戰不能與漢兵。」師古云：「與，猶如也。」《高帝紀》：「今某之所就，孰與仲多？」師古曰：「與，亦如也。」唐詩宋詞中亦用之頗多，如韋應物《郡內閒居》詩：「腰懸竹使符，心與廬山緇」，是說身雖為郡吏，心卻如廬山的黝黑。李商隱《送從翁從東川弘農尚書幕》詩：「甘心與陳阮」，說願比陳琳、阮瑀也。陳師道【西江月】詞：「憑將雙葉寄相思，與看釵頭何似？」與看，是說比比看也。

（三）

《董西廂》卷三【仙呂調·賞花時】：「與你試評度，這一門親事，全在你成合。」

《救風塵》一、白：「有一歌者宋引章，和小生作伴，當初他要嫁我
　　來，如今卻嫁了周舍。他有個八拜交的姐姐，是趙盼兒，我去與他
　　勸一勸，有何不可？」

上舉「與」字，猶請，猶央。張孝祥【鵲橋仙・落梅】詞：「與君不用歎
飄零」，與君，謂請君也。

（四）

《竇娥冤》一、白：「因爲賽盧醫少我二十兩銀子，今日與他取討。」

同劇二【隔尾】白：「我婆婆因爲與賽盧醫索錢，被他賺到郊外勒死。」

與，用作介詞，猶向。「與他取討」，就是向賽盧醫索債也。

（五）

《裴度還帶》四【水仙子】：「這裴中立身榮貴，那韓瓊英守志貞，
　　我怎肯與別人做了夫人！」

與，用作使令詞，有讓、叫、使等義。下文「他怎著別人做了夫人」，句
意正同，著，亦使令詞也。

（六）

《拜月亭》二【牧羊關】「白：阿馬，你可怎生便與這般狠心？」

與，猶發也。「與這般狠心」，謂發這般狠心也。陶潛《諸人共遊周家墓
柏下》詩：「今日天氣佳，清吹與鳴彈。」「與鳴彈」，謂發鳴彈也。李白《訪
道安陵遇蓋寰》詩：「懸河與微言，談論安可窮？」「與微言」，謂發微言也。
皆其例。

（七）

《張協狀元》三十六【太師引】：「唱名了故來尋覓，都不道朱紫滿
　　朝，還知後與阿誰？」

與，猶謂或語也。「都不道」句是說：如果滿朝大臣知道了呵，說是什麼人
呢？李白《南陽送客》詩：「斗酒勿與薄，寸心貴不忘。」勿與，勿謂也。宋・
高觀國【喜遷鶯】詞：「鬢華晚，念庾郎情在，風流誰與？」誰與，誰語也。

（八）

《董西廂》卷三【商調・玉抱肚】：「自心審腹，鶯鶯指望同鴛侶，
　　誰知道打脊老嫗許不與。」

　　與，贊許、同意之義。許不與，謂如此不贊許也。《論語‧先進》：「夫子喟然歎曰：『吾與點也！』」同書《述而》：「與其進也，不與其退也。」又同書《公冶長》：「子曰：『弗如也，我與女（汝）弗如也。』」朱熹注：「與，許也。」

（九）

　　《追韓信》一〔仙呂點絳唇〕：「想著我獨步才超，性與天道，凌雲浩。世事皆濁，則我這美玉難彫琢。」

　　與，及也。《論語‧公冶長》：「夫子之文章，可得而聞也；夫子之言性與天道，不可得而聞也。」《正義》曰：「與，及也。」

玉山

　　《單刀會》二【滾繡毬】：「他若是玉山低趄，你安排著走。」

　　《望江亭》三【禿廝兒】：「那廝也忒懵懂，玉山低趄，著鬼祟醉眼乜斜。」

　　《風光好》一【後庭花】：「那學士若見了南唐秦弱蘭，更不說西京白牡丹，則消得我席上歌【金縷】，管取他尊前倒玉山。」

　　《莊周夢》二【南呂一枝花】：「倒玉山非自頹，儘君心走罕飛觥，快我意追歡共喜。」

　　玉山，本喻容姿美好之詞，如《晉書‧裴楷傳》：「楷風神高邁，容儀俊爽，博涉群書，特精理義，時人謂之『玉山』。」劉義慶《世說新語‧容止》：「嵇叔夜之為人也，巖巖如孤松之獨立；其醉也，傀俄若玉山之將崩。」後因用以形容醉倒者的身體，詩詞曲中屢見，如李白《襄陽歌》：「清風朗月不用一錢買，玉山自倒非人推」；劉禹錫《揚州春夜》詩：「紛紛只見玉山頹」；鄭審《酒席賦得匏瓢》詩：「何曾斟酌處，不使玉山頹」？辛棄疾【江神子】詞：「花底葉深寒色重，須捵卻，玉山傾。」范成大【滿江紅】詞：「誰勸我，玉山倒。」皆是。或又作玉峰，如白居易《宴興化池亭送白二十二東歸聯句》詩：「歌亭歌貫斷，欲罷玉峰頹。」

玉納

納子　玉納子　玉束納

《金錢記》一【賺煞尾】：「〔賀知章云：〕敢是羅帕籐箱玉納子？〔正末唱：〕也不是那羅帕籐箱玉納。」

《調風月》二【上小樓】：「我敢捽碎這盒子玳瑁，納子交石頭砸碎。」

《太平樂府》卷六趙明道散套【夜行船・寄香羅帕】：「鹿頂盒兒最喜，羊脂玉納子偏宜。」

《樂府群玉》卷五高敬臣小令【黃薔薇過慶元貞】：「玉納子籐箱兒問肯，便待要錦帳羅幃就親。」

《謝天香》三【滾繡毬】：「想前日使象棋，説下的、則是箇手帕兒賭戲，你將我那玉束納籐箱子，便不放空回。」

　　玉納，或作納子、玉納子、王束納，是用來卡關、綴繫手帕、籐箱的一種玉飾工具。徐嘉瑞《金元戲曲方言考》云：「納子，箱子。」誤。

玉筍（笋）

玉筍（笋）班

　　玉筍，一作玉笋、玉筍班、玉笋班；習用為比喻美人手、足或人才秀美之詞。

（一）

《董西廂》卷六【般涉調・沁園春】：「玉筍纖纖不住搓。」

《西廂記》一本二折【三煞】：「翠裙鴛繡金蓮小；紅袖鸞銷玉筍長。」

《魔合羅》四【滾繡毬】：「比及你露十指玉筍穿針線，你怎不啓一點朱唇説是非，教萬代人知。」

《紅梨花》三【迎仙客】：「諕的我慌搓玉笋。」

《碧桃花》二【上小樓】：「他生的纖纖玉笋，小小銀鉤。」

《樂府群珠》卷二鍾繼先【南呂小令・歡】「翠袖揎，玉筍呈，金盃勸。」

《猿聽經》二【牧羊關】：「〔外扮山神上，詩云：〕中和正直列英才，玉筍親臨聖勅差，休道空中無神道，霹靂雷聲那裏來？」

上列前六例，玉筍喻美人手指，最後一例喻美人之足。唐、宋已有此用法。如韓偓《詠手》詩：「腕白膚紅玉筍牙，調琴抽線露尖斜。」此「玉筍」指美人的手指。杜牧《詠襪》詩：「鈿尺裁量減四分，纖纖玉筍裹春雲。」此「玉筍」指美人之足。《今古奇觀·女秀才移花接木》：「窄窄靴鞋，套著一雙玉筍。」一雙玉筍，亦指美人之足。

（二）

《雍熙樂府》卷十七張養浩小令〔沉醉東風·隱居嘆〕：「見了些無下梢從前玉筍班，因此上功名意懶。」

問書卷二十汪元亨小令【雁兒落過得勝令·歸隱】：「且入白蓮社，休題玉筍班。」

《陽春白雪》後集三、劉時中散套【端正好·上高監司】：「願得早居玉笋朝班上，佇看金甌姓字香。」

上三例玉筍（笋）下加「班」字，喻人才眾多秀美，唐·趙璘《因話錄》卷三：「李相國武都公知貢舉，門生多清秀俊茂。唐伸、薛庠、袁都輩，時謂之玉筍班。」明·彭大翼《山堂肆考》：「唐·蔣凝美風標，號玉筍班。」

笋、筍，同字異體。

玉馬（兒）

《梧桐雨》四【蠻姑兒】：「懊惱，窨約，驚我來的又不是樓頭過鴈、砌下寒蛩、簷前玉馬、架上金雞。」

同劇同折【笑和尚】：「吉丁當玉馬兒向簷前鬧。」

《盛世新聲》辰集蘭楚芳散套【粉蝶兒·思情】：「捧金杯勸醲醑，按銀箏，那（挪）玉馬，似展開幅吳道子觀音畫。」

《雍熙樂府》卷一散套【醉花陰·愛戀】：「撥銀箏，那（挪）玉馬。」

玉馬，也稱鐵馬，古代建築，在房簷下懸掛玉片，風吹過，互相撞擊發聲，這種東西稱爲「玉馬（兒）」，後來改用鐵片，又稱「鐵馬」。參看「鐵馬」條。

三、四兩例，指箏上支絃的柱。今胡琴筒上的柱也叫做「馬」，「玉」是「馬」的形容詞，美好之意。明·無名氏雜劇《賽嬌客》一【幺】：「銀箏乍

—1586—

調移玉馬。」亦其例。清・鄭板橋《板橋散記》卷上：「蒲桃架下，戲鄭金錢；芍藥欄邊，閒拋玉馬。」此「玉馬」是指箏，是本義的引申。

冤家

冤家：一、猶言仇人；二、反言若正，常用以指情人。

（一）

《漢宮秋》四【上小樓】：「早是我神思不寧，又添個冤家纏定。」

《燕青博魚》一【歸塞北】：「天那！您不肯道是相齎發，專與俺這窮漢做冤家。」

《來生債》二【滿庭芳】：「呀！卻原來都是俺冤家倈債主。」

上舉「冤家」，猶云仇人、對頭。敦煌變文《目連緣起》：「冥官獄卒，休嗔惡業，冤家解脫。」亦其例也。一作怨家，意同，如《漢書・張耳陳餘傳》：「九年，貫高怨家知其謀，告之。」敦煌變文《頻婆娑羅王後宮綵女功德意供養塔生天因緣變文》：「政爾不久，怨家來至。」皆是。

（二）

《劉知遠諸宮調》十二【正宮・尾】：「冤家聚會應難捨，惡業相逢看怎休？」

《董西廂》卷一【雙調・尾】白：「與那五百年前疾憎的冤家，正打箇照面兒。」

《太平樂府》卷五關漢卿小令【一半兒】：「罵你個俏冤家，一半兒難當一半兒耍。」

《雍熙樂府》卷十九【小桃紅・西廂百詠三十九】：「誰知你個小冤家，走滾機謀大，不想今番變了卦。」

以上「冤家」，是舊時對情人的暱稱，以反語見意，猶云親愛的。晉・干寶《搜神記》：「只此小娘子，便是大夫冤家。」唐・無名氏【醉公子】詞：「門外猧兒吠，知是蕭郎至，剗襪下香階，冤家今夜醉。」黃庭堅【晝夜樂】詞：「其奈冤家無定據，約雲朝又還雨暮。」《清平山堂話本・花燈轎蓮女成佛記》：「小官人道：『只為一箇冤家，惱得我過活不得。』」以上皆其例。

－1587－

　　按：宋·蔣津《葦航記談》云：「閱《煙花記》：『冤家之說有六：情深意濃，彼此牽縈，寧死無二，一也；兩情相繫，阻隔萬端，心想魂飛，寢食俱廢，二也；長亭短亭，臨岐分袂，黯然魂消，悲泣良苦，三也；山遙水遠，魚雁無憑，夢寐相思，柔腸寸斷，四也；憐新拋舊，辜恩負義，恨切惆悵，怨深刻骨，五也；觸景悲傷，抱恨成疾，六也。』」特附錄以作參考。

冤苦錢

苦惱錢　免苦錢

　　《蝴蝶夢》三【滾繡毬】白：「燈油錢也無，冤苦錢也無，俺吃著死囚的衣飯，有鈔將些來使。」

　　《黑旋風》三【甜水令】白：「若是要見他，須是替他將油燈錢、苦惱錢都與我些。」

　　又同劇三、白：「你燈油錢也無，免苦錢也無，倒要吃著死囚的飯？」

　　舊時牢獄中吏卒勒索犯人，巧立各種名目，向犯人要錢，這是其中一種。冤苦錢，或作苦惱錢、免苦錢，義同。「免」或爲冤字之省誤。

鴛鴦客

　　《東堂老》一【一半兒】白：「你們都是鴛鴦客，把那卓子與我一字兒擺開著。」

　　古時請客，一個人一張桌子。鴛鴦客，是兩個人共坐一張桌子。明·權衡《庚申外史》：「甲戌：燕帖木兒宴趙中丞家，男女共席，名爲鴛鴦筵席。」此說雖與本例不甚切，錄之供參考。

鵷班

　　《梧桐雨》楔、詩云：「調和鼎鼐理陰陽，位列鵷班坐省堂；四海承平無一事，朝朝曳履侍君王。」

　　《趙氏孤兒》二【梁州第七】：我、我、我在太平庄罷職歸農，再休想鵷班豹尾相隨從。

　　《王粲登樓》一【幺篇】：「要見天顏，列在鵷班。」

《抱粧盒》楔、白：「雖不曾陪從他鵷班豹尾，卻也常接奉那鳳輦龍床。」

《衣襖車》一、白：「職列鵷班眞棟梁，恩霑雨露坐琴堂；調和鼎鼐安天下，燮理陰陽定萬方。」

鵷（yuān），鳳凰一類的鳥，飛行時有次序，故以鵷班喻朝臣的行列。明・無名氏雜劇《騙英布》四折蕭何白：「職居在鵷班鷺位，身朝覲鳳閣龍樓。」清・孔尚任傳奇《桃花扇・鬨丁》：「趨蹌環珮，鵷班鷺序旋轉。」皆其例。或作鵷鷺，如《隋書・音樂志中》：「懷黃綰白，鵷鷺成行。」清・洪昇《長生殿・罵賊》：「瑤池下，熊羆鵷鷺，拜送酒如泉。」或作鵷行，如杜甫《至日遣興奉寄北省舊閣老兩院故人》詩：「去歲茲辰捧御床，五更三點入鵷行。」

員外

《合汗衫》一、白：「俺在這竹竿巷馬行街居住，開著一座解典鋪，有金獅子爲號，人口順都喚我做金獅子張員外。」

《鴛鴦被》楔、白：「劉員外廣放私債，莫說十個，二十個也有。」

《殺狗勸夫》四【紅繡鞋】白：「這就是孫員外的親兄弟，他兩個合謀殺人哩！」

員外，古代官名。名員外者，別於正額（正式編制）官而言。六朝以來，始置員外郎，以別於侍郎。隋唐因之，以迄明清各部皆有員外郎，位郎中之次。但自唐末、五代以來，官爵泛濫，以官名相濫稱，成爲社會風氣。如呼工匠爲待詔，呼典當鋪主管爲朝奉，呼賣茶人、賣花人、賣酒人爲茶博士、花博士、酒博士，等。其中呼富人爲員外，亦其一例也。故《竹葉舟》三、白：「因爲家中有幾貫錢鈔，人皆稱我做陳員外。」《灰闌記》二折有個祗從說：「俺們這裏有幾貫錢的人，都稱他做員外，無過是個土財主，沒品職的。」清・翟灝《通俗編・仕進》：「所云員外者，謂在正員之外，大率依權納賄所爲，與今部曹不同，故有財勢之徒皆得假借其稱。」

圓成

圓就　員就

《望江亭》一、白：「等他來時，我圓成與你做個夫人。」

《牆頭馬上》二【黃鍾尾】：「你也會圓成，會分解，我也肯過從、肯躭待。」

《風光好》三【黃鍾煞】：「怕不想舊日人，要圓成要尋問，則這續斷鸞膠語句兒真。」

《鴛鴦被》一、白：「好姑姑，我央及你替我圓成，我唱喏。」

《張生煮海》二【採茶歌】白：「秀才，我如今圓就你這事，與你三件法物，降伏著他，不怕不送出女兒嫁你。」

《太平樂府》卷五趙彥暉小令【醉中天·嘲人右手三指】：「他媳婦問他索休，別無甚員就，到官司打與一箇拳頭。」

圓成，謂成全人家的好事，多指成全婚姻。敦煌變文《佛說阿彌陀經講經文》：「各領無邊眷屬俱，總到圓成極樂會。」清·洪昇《長生殿·慫合》：「念盟言在彼，與圓成仗你。」皆其例。現在仍然這樣講，如柳青《種穀記》：「我給你們圓成。」又如韓起祥《劉巧團圓》：「才算圓裏成啦。」圓，或作員，圓的省筆字。成，或作就，義俱同。

圓光

《董西廂》卷一【越調·鬪鵪鶉】：「只少箇圓光，便似聖僧模樣。」

《西廂記》一本二折【迎仙客】：「貌堂堂，聲朗朗，頭直上只少箇圓光，卻便以捏塑來的僧伽像。」

佛教認為佛、菩薩頂上放光，狀如圓輪，稱為「圓光」。宋·釋法雲《翻譯名義集》：「釋迦世尊，圓光一尋，阿彌陀佛，光明無量。」唐·法琳《辯正論·十喻篇、上》：「如來身長六丈，方正不傾，圓光七尺，照諸幽冥。」（見《廣弘明集》十三）《觀無量壽經》云：「彼佛圓光如百億三千大千世界，於圓光中有百萬億，那由他恒河沙化佛。」又云：「頂有圓光。」皆其例。

圓和

《金線池》三、白：「今日在金線池上，專爲要勸韓輔臣、杜蕊娘兩口兒圓和。」

同劇四、白：「這蚤晚不見來回話。多唦是圓和了也。」

同劇四【收江南】白：「賢弟，恭喜你兩口兒圓和了也！」

《澠池會》四【得勝令】白：「某使令人與他二人圓和，廉將軍負荊請罪，結爲刎頸之交。」

　　爲之說詞曰圓，息事曰和；圓和，即說合，使破裂的關係得到和解，重歸於好。

圓寂

《西遊記》二本五齣、白：「師父回金山圓寂。」

同劇六本二十二齣【商調浪來里煞】：「三箇徒弟都圓寂了，貧僧與他作把火。」

　　梵語謂和尚死了曰圓寂，或叫涅槃，或稱滅度，這是新舊翻譯的不同。所謂圓寂，根據佛家的解釋，是諸德圓滿、諸惡寂滅之意，即離生死之苦，全靜妙之樂，乃窮極之果德也。唐・釋義淨譯《大寶積經》五十六：「我求圓寂，而除欲染。」賢首《心經略疏》：「涅槃，此云圓寂，謂德無不備稱圓，障無不盡曰寂。」李白《地藏菩薩讚》：「焚蕩淫怒癡，圓寂了見佛。」《京本通俗小說・菩薩蠻》：「可常脫了衣裳，遍身抹淨，穿了衣服，入草舍，結跏趺坐圓寂了。」《清平山堂話本・花燈轎蓮女成佛記》：「料應元寂光中客，定是楞嚴會上人。」《水滸》第四十六回：「大和尚今朝圓寂了。」明・陳汝元《紅蓮債》四【挂玉鉤】白：「五戒便自知不是，圓寂去了。」皆其例。

遠鄉牌

《薛仁貴》二【商調集賢賓】：「哎喲，兒也！你可只落的定一面遠鄉牌。」

《李逵負荊》四【駐馬聽】：「我死後墓頂陽誰定遠鄉牌？」

《碧桃花》四【七弟兄】：「若不是薩真人顯出神通大，則我這墓頂上簽釘遠鄉牌，可不的一靈兒永久欠下鴛鴦債。」

　　舊時，客死在異鄉的人，墓前立牌，寫明死者姓名、籍貫等，叫做遠鄉牌。

怨暢

《拜月亭》二【哭皇天】：「男兒，兀的是俺親爺的惡儻，休把你這
妻兒怨暢。」

《薛苞認母》一、白：「打著你，你可怨暢麼？」

怨暢，謂埋怨、怨恨。《警世通言·白娘子永鎮雷峰塔》：「如今怕你怨暢，
我特地來分說明白子，我去也甘心。」《古今小說·楊思溫燕山逢故人》：「口
中喃喃埋怨，怨暢那大伯。」又同書《閒雲菴阮三償冤債》：「我心裏也道罷
了，只愁大哥與老官人回來怨暢，怎的了？」皆其例。《雨窗集·戒指兒記》
怨暢作願暢，《水滸傳》怨暢與怨悵雜出（今排印本明容與堂刻《水滸傳》一
律改爲怨悵）。按怨與願，暢與悵，皆同音假借，義並同。張相謂：「怨暢，
怨之甚也。」「怨，甚辭。」

院公

院子

《兒女團圓》二、白：「等孩兒吃些茶飯，著院公送的他學堂裏去。」

《神奴兒》楔、白：「家裏別無得力的人，則有一個老院公，家私裏
外，多虧了他。」

《小尉遲》四【太平令】白：「哦！我只道是那個宇文養爺，元來就
是我家院子宇文慶孩兒。」

宋元時稱青年家僕爲院子，稱老年家僕爲院公。元·陶宗儀《輟耕錄》
載金人院本中，有院公狗兒。又宋元古典小說中亦稱家僕爲院公或院子，例
如：《京本通俗小說·菩薩蠻》：「郡王不去，分付院公。」《清平山堂話本·五
戒禪師私紅蓮記》：「學士見佛印如此言語，問答如流，令院子俻（備）齋佛印。」

院子，在古典小說中，有時亦指妓院，例如：《警世通言·鈍秀才一朝交
泰》：「終日穿花街，過柳陌，在院子裏表子家行樂。」《水滸》第六十九回：
「只見九紋龍史進起身說道：『小弟舊在平安府時，與院子裏一個娼妓有交，
喚做李睡蘭，往來情熱。』」皆其例，與元劇各例有別。

院本

《麗春堂》一【天下樂】白：「也會做院本，也會唱雜劇。」

《西遊記》二本六齣【雁兒落】白：「這是做院本的。」

《藍采和》一【混江龍】：「做一段有憎愛勸賢孝新院本。」

同劇四【七弟兄】：「舊么麼院本我須知，論同場本事我般般會。」

院本，金元時演劇腳本之一種。元・陶宗儀《輟耕錄》卷二十五「院本名目」條：「唐有傳奇，宋有戲曲、唱諢、詞說，金有院本、雜劇、諸宮調。院本、雜劇，其實一也。國朝，院本、雜劇，始釐而二之。」明・朱權《太和正音譜》：「院本，行院之本也。」明・王伯良《曲律》曰：「金時院本雜劇合而爲一，元分爲二。雜劇者，雜戲也；院本者，行院之本也。」王國維《宋元戲曲考・金院本名目》：「南宋戲劇，均謂之雜劇，至金而始有院本之名。院本者，《太和正音譜》云：行院之本也。初不知行院爲何語。後讀元刊《張千替殺妻》雜劇云：『你是良人良人宅眷，不是小末小末行院。』則行院者，大抵金、元人謂倡伎所居，其所演唱之本，即謂之院本云爾。」

越越

越越的　越越地

越越，一作越越的、越越地，有越發、暗暗等義。

（一）

《竇娥冤》二、白：「可不悔氣！剛剛討藥的這人，就是救那婆子的。我今日與了他這服毒藥去了，以後事發，越越要連累我。」

《東堂老》四【水仙子】白：「這前堂後閣，比在前越越修整的全別了也。」

《金線池》二、白：「俺想來，他只爲我囊中錢鈔已盡，況見石府尹滿考朝京，料必不來復任，越越的欺負我。」

《薦福碑》一【混江龍】：「則我這飯甌有塵生計拙，越越的門庭無徑舊遊疎。」

《西廂記》四本一折【混江龍】：「越越的青鸞信杳，黃犬音乖。」

《董西廂》卷六【仙呂調・醉落魄纏令】：「悶打孩似吃著沒心草，越越的哭到月兒落。」

同書卷二【般涉調・麻婆子】：「君瑞聞言，越越地笑。」

以上各例，意爲越發、更加。《宣和遺事》亨集：「天子帶酒觀師師之貌，越越的風韻，」亦其例。的、地爲語助詞，音義同。

（二）

《董西廂》卷六【越調·廳前柳纏令】：「倚定箇枕頭兒越越的哭，哭得悄似癡呆。」

此例，意爲暗暗的，與下文「悄」字相應，可證。

除以上兩解外，亦謂輕易貌，如《呂氏春秋·本味》：「聖王之道要矣，豈越越多業哉！」高誘注：「越越，輕易之貌。」

樂戶

《金線池》三、白：「賢弟不知，樂戶們一經責罰過了，便是受罪之人，做不得士人妻妾。」

古時婦女列入樂籍，從事歌舞，承應官府的，稱爲樂戶；也有因觸犯法令或受牽連，而被強行沒入官府，學習吹彈歌舞，以供統治階級享樂的，也稱樂戶。《魏書·刑罰志》：「諸強盜殺人者，首、從皆斬，妻子同籍，配爲樂戶。其不殺人，及臟不滿五匹，魁首斬，從者死，妻子亦爲樂戶。」

上舉曲例，爲官妓之通稱。又爲妓院之別稱，如《古今小說·單符郎全州佳偶》：「春娘年十二歲，爲亂兵所掠，轉賣在泉州樂戶人家。」樂戶人家，即妓院之家。

樂牀

《藍采和》一：「〔做見樂牀坐科，淨云：〕這個先生，你去那神樓上或腰棚上看去，這裏是婦人做排場的，不是你坐處。」

同劇一【天下樂】白：「老師父，你去那腰棚上看去，這樂牀不是你坐處，這是婦女做排場，在這裏坐。」

《太平樂府》卷九高安道散套【哨遍·嗓淡行院·七煞】：「坐排場眾女流，樂牀上似歡頭，欒睃來報是十分醜。」

樂牀，元劇術語。勾欄中把女伶在演唱之前所坐的位置，叫做樂牀。

樂探

《謝天香》一【醉扶歸】白：「我是開封府尹，又不是教坊司樂探。」

《風光好》一、白：「樂探，你與我喚將上廳行首秦弱蘭來者！」

《劉行首》二、白：「自家樂探是也，奉官人台旨，今日是重陽節令，官府在衙中飲酒，著我喚劉行首，可早來到門首也。」

《太平樂府》卷九無名氏散套【耍孩兒·拘刷行院】：「忙呼樂探差祗候。」

舊時衙門中管理僧尼道俗和官妓的吏役，名爲樂探。關漢卿《謝天香》劇楔子中一個樂探自我介紹說：「小人張千，在這開封府做著個樂探執事。我管的是那僧尼道俗，樂人迎新送舊，都是小人該管。」可證。

樂籍

樂案　樂案

《謝天香》二【牧羊關】：「妾身樂籍在教坊，量妾身則是箇妓女排場。」

《青衫淚》一、白：「在這教坊司樂籍中，見應官妓。」

《雲窗夢》一、白：「老身姓鄭，是這汴梁樂籍。」

《紅梨花》四【收江南】白：「我將這婦人樂籍上除了名字。」

古代樂部所轄官妓之名籍，謂之樂籍，後用以指妓院。唐·杜牧《樊川文集》卷一《張好好詩·序》：「好好年十三，始以善歌來樂籍中。後一歲，公移鎮宣城，復置好好於宣城籍中。」宋·陳恩《海棠譜》：「東坡謫居齊安，齊安樂籍中，李宜色藝不下他妓。」亦指官妓，宋·景煥《牧竪閑談》：「元和中，成都樂籍薛濤者，善篇章，足辭辯。」皆其例。

雲板

雲陽板

雲板，或作雲陽板：一、指官署傳事之板；二、爲古樂器名。

（一）

《望江亭》四【雙調新水令】白：「左右，擊雲板，後堂請夫人出來。」

　　上舉「雲板」，即官署傳事板，是一種作雲頭形的響器。封建時代，官僚、貴族家庭，男女防閑，內外隔絕，亦懸雲板於中堂的邊側，遇有大事，即敲雲板作響，借以通知後堂。後堂只要聽到響聲若干下，即知前廳發生甚麼事。這種雲板，俗呼爲點，故又有鳴點通知內宅有事之類的話。《燕子箋·試窘》：〔內打雲板三聲，吆喝開門介。〕《牡丹亭·延師》白：「院子，敲雲板，請小姐出來。」《紅樓夢》第四回：「雨村尚未看完，忽聞傳點，報：『王老爺來拜！』」皆其例。

（二）

　　《西廂記》一本四折【碧玉簫】：「暢懊惱，響璫噹雲板敲。」

　　《岳陽樓》二【黃鍾尾】：「我著你看藍采和舞春風六扇雲陽板。」

　　《藍采和》四【收江南】：「我這裏雲陽板撒上堦基。」

　　上舉「雲板」，爲古樂器名。形如小鑼鼓，中間隆起，邊有兩孔，繫繩提在手上敲打。一作雲陽板，意同。

雲腴

　　《范張雞黍》楔【幺篇】：「何必釀雲腴，若但殺雞炊黍，豈避千里遠程途！」

　　《金安壽》二【黃鍾尾】：「你止不過掘黃精和土斷，砍青松帶葉燒，蒸雲腴煮藜藿，飲澗泉吃仙藥。」

　　同劇三【逍遙樂】：「瓜分金子，鱠切銀絲，茶煮雲腴。」

　　《太平樂府》卷二孫周卿小令【水仙子·仙居自樂】：「雲腴漲雪甌，傲煞王侯。」

　　雲腴（yún yú），茶之別名，猶雲腳、雲華。唐·皮日休《青櫚子》詩：「味似雲腴美，形如玉腦圓。」宋·黃庭堅《雙井茶送子瞻》詩：「我家江南摘雲腴，落磑霏霏雪不如。」

雲陽

雲楊　鬧市　鬧市雲陽

　　《魔合羅》三【幺篇】：「可怎生葫蘆提推擁他上雲陽？」

同劇四【煞尾】：「我將殺人賊斬首在雲陽內，還報的這衒冤負屈鬼。」

《金錢記》三【耍孩兒】：「幾曾見偷香庭院裏挈了韓壽，擲果的雲陽內斬首？」

《殺狗勸夫》四【醉春風】：「我敢向雲陽市裏挺著脖子，替哥哥死、死。」

《詞林摘艷》卷十散套【閩鵪鶉‧簑笠做交游】：「一箇秦李斯在雲楊（陽）中滅簇（族）。」

《趙氏孤兒》二【南呂一枝花】：「若不是急流中將腳步抽迴，險些兒鬧市裏把頭皮斷送。」

《秋胡戲妻》二【煞尾】：「我則罵你鬧市雲陽吃劍賊。」

雲陽，為秦代首都（咸陽）北的重鎮，曾徙他處五萬戶充實其地，並開有馳道通咸陽。韓非、李斯等人均因冤屈而被處決於此（見《史記‧秦始皇本紀》及《鹽鐵論》）。宋本唐人胡曾《詠史詩》詠李斯云：「直待雲陽血染衣。」漢初，雲陽仍為繫獄、行刑的場所，如鉤弋夫人由政治原因而被枉殺於雲陽，並葬於其地（事見《史記》及《漢書》）。因之古典戲曲小說中遂用雲陽作為刑場的代詞；並暗寓元代統治黑暗，刑獄枉濫，略寄托其諷刺、反抗之微意。后來皮黃戲中仍有沿用雲陽典故的，如《青鋒劍》云：「拋下了嬌妻幼子，死不瞑目，喪在雲陽」。按：雲陽，或作雲楊，楊為誤書；或作鬧市、鬧市雲陽；「鬧市」為「鬧市雲陽」之省，義並同。

雲璈（áo）

《張天師》四【雙調新水令】：「則聽得奏雲璈仙音一派。」

《金安壽》四【不拜門】：「金釵金釵兩下擺，共奏著雲璈天籟。」

雲璈，樂器名。《元史‧禮樂志五》「宴樂之器」條：「雲璈，制以銅，為小鑼十三，同一木架，下有長柄，左手持，而右手以小槌擊之。」明‧朱權《荊釵記》四十五、白：「取出雲璈，讚揚法事。」亦其例。或稱雲鑼，如清‧孔尚任《桃花扇‧訪翠》：〔內打雲鑼介〕。清‧姚燮《今樂考證‧樂器》謂「雲鑼」即元之「雲璈」。唯「俗製簡略，只九面，因亦謂之『九雲鑼』」。